INSIGHT
인사이트
좀 있는 사람

INSIGHT
인사이트 좀 있는 사람

박병태 지음

리더북스

"생각은 걷는 자의 발끝에서 나온다."

- 니체(Friedrich Wilhelm Nietzsche)

|추천사|

관점을 바꿔 도전하라

우선 두 가지 질문을 떠올려보자. 첫째, 경영학은 문과인가 이과인가? 많은 사람이 경영학을 문과라고 답하지만 경영학은 더 이상 문과가 아니다. 오늘날 경영을 잘하기 위해서는 기술과 과학을 활용하는 것이 필수적이다. 더구나 인공지능이 어느 업종이나 혁신의 동력이 되고 있다. 경영학은 문과에서 이과 영역으로 많이 기울어지고 있다. 그렇다면 경영학은 이과인가? 경영은 여전히 사람의 마음을 읽고 협업의 동력을 끌어내는 것이 필수적이다. 결론은 경영학은 문과와 이과가 합쳐진 융복합학이라고 할 수 있다.

둘째, 경영학 이론을 잘 알면 경영을 잘할 수 있나? 경영은 이론대로 전개되지 않는다. 실제 경영을 해보면 수많은 불확실성과 싸워야 하고 이 과정에 맞는 정답이 있는 게 아니기 때문이다. 경영은 이론의 영역이기보다는 실제의 영역이다. 경영학 교과서에 나와 있는 이론대로 경영해서 성공한다는 것은 거의 불가능하다. 경영학과 교수들이 힘을 합쳐 창업하여 성공했다는 소리를 들어본 적이 없다. 성공 요인들은 대부분 현장에서 나온다. 그렇다고 경영학 이론이 필요 없다거나 중요하지 않다는 건 절대 아니다. 이론을 알고 실전에 임하고 다시 실전에서 깨닫고 이론을 심화시키는 과정이 반복되면서 남다른 통찰력을 얻어내는 사람이 좋은 성과를 낼 수 있다. 이론과 실제의 융합이 중요하다는 결론에 이르게 된다.

이 책의 저자인 박병태 박사는 이 두 가지 질문을 모두 충족시키는 해결책을 제시하고 있다. 병원 현장에서 직접 경험하며 깨달은 현장지식과 학문으로 익힌 지식을 융복합시켜 다양한 지혜와 해결책을 찾아내는 융복합 통찰력을 지니고 있기 때문이다.

이미 거대한 4차 산업혁명의 물결이 파도처럼 밀려오는 대변혁기에 전대미문의 코로나 사태가 겹치고 말았다. 우리가 겪고 있는 팬데믹은 코로나바이러스 때문만은 아니다. 조만간 코로나 사태는 끝이 날 것이다. 중요한 것은 코로나 이후의 상황이다. 지금 많은 사람이 포스트 코로나를 놓고 고심하는 이유다. 저자는 코로나 이후에 대응하는 도전정신과 해결책을 제시하고 있다. 첫째는 생각하는 힘을 기르는 것이고, 둘째는 인공지능(AI)을 포함한 스마트기술을 활용하는 것이다. 생각하는 힘을 기르기 위해서는 관점과 습관을 과감하게 바꾸라고 말한다. 고정관념에서 벗어나 융복합 안목으로 현상을 볼 줄 알아야 한다. 융복합 안목과 참신한 질문이 창의력의 원천이라는 주장과 함께 흥미로운 사례들을 제시하고 있다. 현장에서 찾아낸 보석 같은 값진 지식이다. 인공지능 활용은 단순히 도구로만 쓰지 말고 인간과 AI가 협업하면 어떤 놀라운 성과가 나올 수 있는지까지 생각을 확장하고 있다. 지금 경영자나 개인이나 포스트 코로나 시대에 살아남고 발전하기 위해 새로운 해결책을 찾고 있다. 이 책은 이분들에게 소중한 내비게이션 시스템이 될 것이라고 확신한다.

특히 고객이 모든 혁신의 동기가 되어야 한다는 주장에 다시 주목하게 된다. 혼자만의 생각은 화려한 백일몽으로 끝나기 쉽지만 고객이 던지는 수많은 과제와 씨름하면서 얻는 자극과 통찰력은 살아있는 현장의 지혜이기 때문이다. 이제는 고객이 스승이다. 고객을 스승으로 모시고 배우는 사람이 성공하는 세상이다.

4차 산업혁명 이전의 경영이 구경영이라면 이후의 경영은 신경영이다. 신경영의 시작은 신사고로부터 출발한다. 이 책의 표지에서 밝힌 것처럼 '새로운 부를 이끄는 생각과 관점의 대전환'을 원하는 사람들은 꼭 읽어보기를 권한다. 코로나는 유한하고 생각하는 힘은 무한하다.

-윤은기(한국협업진흥협회 회장, 전 중앙공무원교육원장)

|추천의 글|

30년간 의료현장을 완전히 이해하고 이미 곁에 와 있는 미래를 꿰뚫어 보지 않고는 이런 멋진 책을 쓸 수 없을 것이다. 내가 아는 한 의료경영 전문가이자 최고의 기획가인 박병태 박사는 이 책을 통해 독자들에게 미래에 대한 지식을 공유하고 해답을 주고 있다. 이 책을 모든 사람에게 권하고 싶지만, 제일 먼저 임신 중인 딸에게 선물하여 장차 태어날 아이에게 미래를 들려주고, 두 번째는 이제 막 창업한 아들에게 세상을 이해하고 경영을 잘 할 수 있도록 선물하고 싶다.

-김용식(가톨릭대학교 서울성모병원장)

평소 박병태 박사의 논문과 칼럼들을 읽으며 생각의 깊이와 폭이 심오하고 광대하다 느꼈는데 이 책 속에 그 비결이 있다. 좋은 생각이 좋은 미래를 만든다. 평생 옆에 두고 읽어야 할 선물과 같은 책 하나를 만났다.

-김찬배(《진정한 혁신》, 《요청의 힘》 저자)

현장을 누비는 의료경영의 최고 전문가이자 부지런한 연구자인 박병태 박사가 본인의 이름을 걸고 책을 낸다는 소식이 반갑다. 사회과학에서 인문학까지, 현장에서 학술 이론까지 통섭의 모범인 박병태 박사가 전개해가는 사고의 힘과 지식의 넓이를 느끼게 한다.

-신영식(가농바이오㈜ 부사장/CMO)

박병태 박사는 '인사이트 좀 있는 사람'을 넘어 '인사이트로 뭉친 사람'이다. '생각은 발끝에서 나온다'는 사실을 다시 한번 일깨워 준 이 책에서 그의 독서량과 창의적 탐구 정신을 엿볼 수 있다.

-정영권(대한병원행정관리자협회장)

포스트 코로나로 4차 산업혁명 시대는 빠르게 각 산업 분야가 융합을 이루면서 대변혁을 만들어 가고 있다. 이 책에서는 4차 산업혁명 시대에 개인과 조직에 꼭 필요한 인사이트에 대한 저자의 통찰력과 힘이 느껴진다.

-엄재근(덕성여대 교수)

| 프롤로그 |

코로나 이후의 세상에서 생존과 부와 힘을 이끄는 원동력

| 생각하지 않는 사람들 |

인간이 만든 모든 것은 생각에서 비롯되었다. 아무 생각 없이 운동장이나 조각품을 만들지 않는다. 아무 생각 없이 건물을 짓거나 기업을 설립하지 않는다. 지구상에 존재하는 인공의 결과물은 모두 생각의 결과이다. 인간이 동물과 다른 점은 불을 사용하고 언어로 기록하는 것 이외에도 너무나 많다. 생각하고, 도전하고, 협업하는 것도 인간만이 할 수 있다. 동물도 먹이를 잡을 때는 생각하고, 개울을 뛰어넘는 도전을 하고, 자기보다 몸집이 크고 강한 상대를 사냥할 때는 무리를 지어 협업을 한다. 그러나 그것은 본능이다. 동물은 인간처럼 창의적으로 생각하거나, 달에 가려고 도전하거나, 만리장성을 쌓는 협업을 하지 않는다. 다양한 생각을 펼쳐 기존에 있던 상식을 깨고 또 다른 상식을 만들지 못한다. 이런 차이 때문에 인간이 동물을 지배하고 지구의 절대 강자로 군림하고 있는 것이다.

그런데 어느 순간부터 우리의 생각을 누군가 대신하고 있다. 우리는 주의를 집중하여 관찰하는 일을 점점 등한시한다. 머릿속에 담아두고자 애써 기억하지도 않는다. 우리가 생각하지 않아도 손가락 몇 번만 움직이면 검색도구가 빠르게 찾아주는 세상이다. 정보가 너무 많아도 걱정할 필요가 없다. 알고리즘이 스스로 작동하여 큐레이터처럼 우리에게 필요한 정보를 맞춤으로 추천한다. 일부러 따로 시간을 내서 자연의 순리를 관찰하거나 걸으면서 사색해야만 비로소 조금이나마 나를 돌아볼 수 있다.

인간은 생각하는 존재이다. 사고(thinking)는 인간만이 할 수 있다. 사고는 여러 관념을 결합하여 일반 개념 또는 문제해결에 도달하는 기능이다. 주어진 관념을 고유의 법칙에 연관시키고 사물을 이해하는 지적 기능이다. 사고를 해야 둘 또는 그 이상의 관념 사이에 참된 연결이 있는지 판단할 수 있다. 아쉽게도 우리는 시간이 갈수록 사고 능력을 상실하고 있다.

4차 산업혁명의 첨단 기술인 빅데이터, ICT, AI, 5G, 블록체인, 3D 프린팅, 로봇 등은 인간이 더는 생각하지 않게 만드는 역할을 하는 셈이다. 생각의 힘은 무한하고 강력하다. 우리가 세상을 다르게 보고 처한 상황을 변화시킬 수 있는 활력을 제공해 왔다. 그런데 우리가 더는 생각하지 않고 무한한 사고의 힘을 인공지능에 맡겨도 되는가? 가장 인간다운 특징인 생각과 사고 능력을 인공지능이 대신하고 우리가 그런 생활에 익숙해진다면 인간의 정체성을 심각하게 고려해 볼 필요가 있다.

인간이라는 정체성의 핵심은 생각이다. 인공지능이 잘하는 것과 인간이 잘할 수 있는 것은 다르다. 논리적이고 이성적인 수리 능력 부분은 인공지능이 훨씬 우월할 수 있다. 그러나 감성적인 생각과 복합적인 변수 및 경험에 근거한 창의적인 생각은 인간만이 할 수 있다. 4차 산업혁명 시대에 핵심역량은 창의력이다. 사람답게 살기 위해서, 인간 세상을 이롭게 하기 위하여 첫 번째로 해야 할 일은 생각의 폭을 넓히는 것이다.

| 이 책의 중심 테마 |

이 책은 개인의 삶이나 조직을 운영하는데 중심이 되는 테마인 도전과 혁신, 혁신을 이루는데 필요한 관점과 창의성, 혁신의 동기가 되는 고객, 혁신이 있어야 가능한 지속 성장을 다루고 있다.

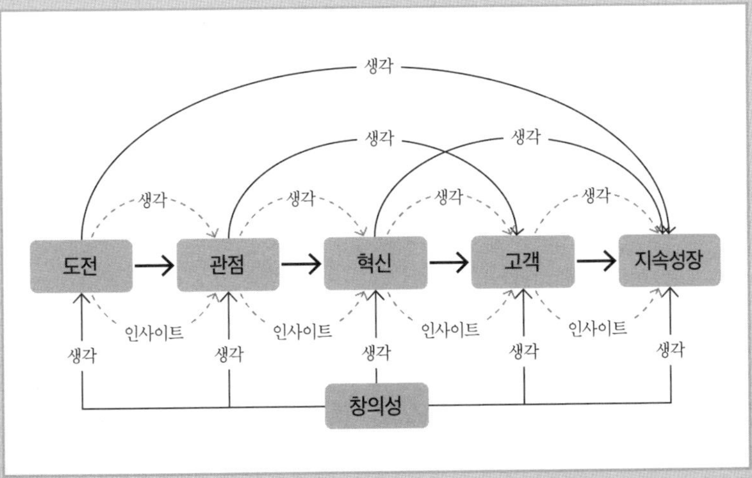

이 책은 각 테마별로 생각할 수 있는 이슈를 던지고 그것을 기반으로 다양한 생각들을 펼쳐 놓은 것이 특징이다. 논리적인 순서나 정답은 별 의미가 없다. 왜냐하면 창의성은 의심하는 데서 비롯되고, 질문하는 것이기 때문이다. 상식을 의심하고, 기존의 정답도 의심하고, 스스로 질문하면서 다른 관점으로 바라보는 것이 필요하다. 이로써 생각의 범위가 넓어지고, 그 안에서 무언가를 발견할 수 있다. 사람의 경력과 지식과 경험은 다양한데 나의 생각과 주장이 옳으니 그대로 따라오라고 하는 것은 독선이다. 그래서 이 책에서는 생각의 펼침 마당을 제시하고 이런저런 생각을 제시하는데 의미를 두었다.

이 책은 각 테마별로 ITI 형식으로 구성하였다. ITI는 Issue(이슈)-Thinking(생각)-Insight(인사이트)이다. 각 테마가 주는 시사점이 무엇인지 '이슈'에서 먼저 제시하고 그 이슈와 관련한 다양한 관점의 생각을 전개하였다. 그리고 '이슈'와 '생각'을 종합하여 나름 무엇인가를 발견한

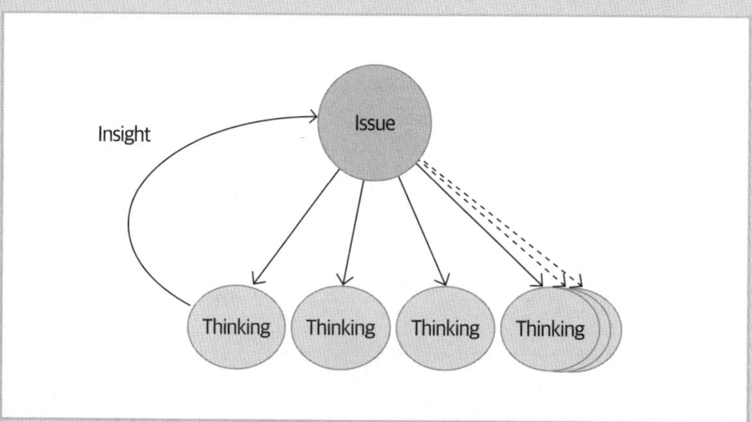

'인사이트'를 정리하였다.

이 책은 총 6장으로 구성되었다. 1장에서는 4차 산업혁명의 의미와 어떻게 대응할 것인지를 제시하였다. 2장에서는 하나의 고정된 관점이 아니라 다르게 봐야 다르게 보인다는 개념을 전개하였다. 3장에서는 4차 산업혁명 시대에는 지금과 다른 혁신을 이루지 못하면 생존하기 어렵다는 점을 강조했다. 4장에서는 혁신의 최종 목표이자 궁극의 지향점인 고객 만족을 위한 다양한 생각들을 소개했다. 5장에서는 일회성 혁신이 아니라 환경변화에 제대로 대응하기 위해 필요한 조건과 방법을 살펴보았다. 끝으로 6장에서는 생각의 깊이를 더해주고 생각을 끌어낼 수 있는 다양한 기법과 창의성의 개념을 짚었다.

이 책은 4차 산업혁명 시대에 개인 또는 조직이 어떻게 대응해야 하는지가 궁금한 사람이라면 반드시 읽어야 한다. 특히 코로나 이후의 세상에서 생존과 부와 힘을 이끄는 생각의 대전환이 절실한 사람에게 이 책을 권하고 싶다.

CONTENTS

1장 시대를 앞서가는 사람은 왜 4차 산업혁명에 주목하는가?

2장 생각의 프레임을 넓혀야 하는 이유

3장 혁신, 창조적 파괴로 앞서 나간다

4장 고객과의 접점을 촘촘하게 설계하라

5장 계속 성장하는 데는 비밀이 있다

6장 창의성은 95%가 습관이다

INSIGHT

1장

시대를 앞서가는 사람은 왜 4차 산업혁명에 주목하는가?

| ISSUE |

4차 산업혁명에 대한 중심잡기

한동안 4차 산업혁명에 대한 논의가 들끓더니 코로나19 때문에 잠잠하다. 그러나 "과거에 2년 걸리던 정보 혁신이 두 달 만에 가능해졌다."는 마이크로소프트 사티아 나델라(Satya Narayana Nadella) 회장의 말처럼 코로나19로 일시적인 정지 후의 세계, 즉 포스트 코로나 시대에는 4차 산업혁명이 우리에게 훨씬 많이 다가와 있을 것이다.

4차 산업혁명은 컴퓨터의 능력이 연산 능력을 넘어 더욱 지능화되고 각종 사물이 인터넷과 연결되어 일어나는 혁명이다. 인공지능(AI)[1], 로봇, 3D 프린팅, 사물인터넷(IoT-Internet of Thing), 빅데이터(Big Data), 유전자 분석 등의 기술이 매우 빠르게 진행되고 있는 흐름을 일컫기도 한다. 이 기술들의 특징은 일정 분야 특히, 연산과 데이터 처리 분야 등에서는 이미 인간을 능가하고 있다. 4차 산업혁명은 2016년 이세돌 9단과 알

1 인공지능(Artificial Intelligence)은 인간의 학습능력, 추론능력, 지각능력, 자연언어의 이해능력 등을 컴퓨터 프로그램으로 실현한 기술이다. 하나의 인프라 기술이기도 하다. 지능을 갖고 있는 기능을 갖춘 컴퓨터 시스템이며, 인간의 지능을 기계 등에 인공적으로 시연(구현)한 것이다. 일반적으로 범용 컴퓨터에 적용한다고 가정한다. 이 용어는 또한 그와 같은 지능을 만들 수 있는 방법론이나 실현 가능성 등을 연구하는 과학 분야를 지칭하기도 한다.

파고 간 세기의 대결이 안겨 준 충격이 채 가시기도 전에 사람보다 운전을 잘하는 자율주행차의 모습으로, 의사보다 진단을 잘하는 진단 프로그램으로 우리의 일상에 파고들고 있다.

이와 같은 4차 산업혁명에 대하여 중심을 잘 잡아야 하는 이유는 다음과 같다.

❶ 빅데이터

컴퓨터 기술과 각종 전자기기들의 발전 및 고도화는 정보의 축적을 가져왔다. 그런데 정보통신기술(Information and Communication Technology)이 발전하면서 축적된 정보들이 서로 연결되고 융합되고 소통을 이루는 가운데 데이터가 폭발적으로 증가했다. 빅데이터는 단지 정보가 많다는 것을 넘어 많은 데이터에서 일정한 패턴인 알고리즘(algorithm)[2]을 찾게 되었고, 알고리즘은 컴퓨터와 연결되어 인간보다 일을 더 잘 처리할 수 있는 인공지능으로 발전하고 있다.

❷ 5G 기술[3]

5G 기술은 미국의 Verizon 사업자가 5GTF(5G Technology Forum)를 2015년 말에 설립하여 주도하고 있다. 한국에서는 KT와 SKT가 합류하였고 일본은 Docomo가 가세했다. 5G는 고화질 영상을 빠르게 내

2 알고리즘은 수학과 컴퓨터 과학, 언어학 또는 관련 분야에서 어떠한 문제를 해결하기 위해 정해진 일련의 절차나 방법을 공식화한 형태로 표현한 것, 계산을 실행하기 위한 단계적 절차를 의미한다. 알고리즘은 연산, 데이터 진행 또는 자동화된 추론을 수행한다. 산법(算法), 셈법, 계산 절차 등으로 번역되기도 한다.

3 5세대 이동통신은 2018년부터 채용되는 무선 네트워크 기술이다. 26, 28, 38, 60GHz 등에서 작동하는 밀리미터파 주파수를 이용하는 통신이다.

려받거나 스트리밍하는 것은 물론 현란한 모바일 게임을 버벅거림 없이 즐기게 해주는 네트워크 기술이다.

5G가 필요한 이유는 디지털이 일상의 곳곳에 접목되면서 속도가 중요해졌기 때문이다. 데이터 전송속도가 빨라지면서 사람들이 뉴스와 정보를 얻는 방법부터 제품과 서비스를 접하는 방식까지 모두 바뀌고 있다. 그동안 4G LTE[4]는 수많은 데이터를 신속하게 전송해야 하는 사물인터넷, 인공지능, 실시간 분석에 적용되어 사람들의 삶을 바꿔놓았다. 그렇지만 4G LTE는 너무 많은 데이터 용량 때문에 미래에도 지금과 같은 전송속도로 데이터를 주고받을 수 없는 환경에 처함으로써 5G 기술이 탄생한 것이다.

5G는 기존 4G 네트워크보다 최소 100배 빠른 속도로 지연시간을 1,000분의 1초 이하로 단축하는 기술이다. 고속, 저지연 5G 네트워크 인프라는 사물인터넷, 인공지능, 온라인게임 가상현실[5]과 증강현실[6] 그리고 스마트시티는 물론 양자 컴퓨팅[7]과 같은 다양한 분야에 큰 도움이 될 것이다. 5G는 더 빠른 속도로 데이터를 제공하지만 넓은 영역을 커버할 수 없다. 그러므로 도시와 외각 지역에 새로운 소형 셀 인프라 구축이

4 LTE(Long Term Evolution)는 4세대 이동통신 방식이다.

5 가상현실(VR-Virtual Reality)은 어떤 특정한 환경이나 상황을 컴퓨터로 만들어서, 그것을 사용하는 사람이 마치 실제 주변 상황·환경과 상호작용을 하는 것처럼 만들어주는 인간-컴퓨터 사이의 인터페이스를 말한다.

6 증강현실(AR-Augmented Reality)은 사용자가 눈으로 보는 현실 세계에 가상 물체를 겹쳐 보여주는 기술이다. 현실 세계에 실시간으로 부가정보를 갖는 가상세계를 합쳐 하나의 영상으로 보여주기 때문에 혼합현실(Mixed Reality, MR)이라고도 한다.

7 양자 컴퓨터(Quantum Computer)는 얽힘(entanglement)이나 중첩(superposition) 같은 양자역학적인 현상을 활용하여 자료를 처리하는 계산기계이다. 또한 그러한 방법을 '양자 컴퓨팅'이라고도 한다. 전통적인 컴퓨터에서 자료의 양은 비트로 측정된다. 양자 컴퓨터에서 자료의 양은 큐비트로 측정된다. 양자 계산의 기본적인 원칙은 입자의 양자적 특성이 자료를 나타내고 구조화한다는 것과 양자적 메커니즘이 고안되어 이러한 자료에 연산을 수행하도록 만들어질 수 있다는 것에 기인한다.

필요하다. 이러한 지리적 한계는 네트워크 밀도화로 해결해야 하기 때문에 5G가 상용화되는 시점은 시간이 걸릴 수 있다. 그렇지만 미래의 4차 산업혁명 발전속도를 해결하려면 5G는 필수 불가결한 기술 요소이다.

❸ 인공지능 기술

인공지능(Artificial Intelligence)은 1956년 미국의 다츠머스 회의에서 처음 언급되었다. 이 회의를 개최한 존 매카시(John McCarthy) 교수는 인공지능을 "인간의 지능으로 할 수 있는 학습, 사고, 행동, 자기계발 등을 컴퓨터가 할 수 있도록 연구하는 것"이라고 하였다.

인공지능은 1950년대부터 1980년대까지 인간의 모든 지능을 기계에 부여할 수 있다는 믿음으로 전성기를 맞이하였다. 그러나 1980년대 이후 인간의 지능을 컴퓨터가 제대로 실현하기에는 무리가 있다는 의견이 제기되고 범용성이 부족하다는 치명적인 약점 때문에 인공지능은 약 50여 년간 비주류로 취급되었다. 그러던 중 캐나다 토론토 대학교의 제프리 힌튼(Geoffrey Hinton) 교수 연구팀이 딥 러닝(Deep Learning)[8] 기술을 활용해 인간의 뇌를 닮은 심층신경망을 안정적으로 훈련하는 데 성공하면서 활발한 연구가 재기되었다. 최근에는 일상생활 곳곳에 인공지능을 기반으로 한 다양한 서비스와 제품들이 출시되고 있다. 인공지능 스피커와 자동 번역기, 냉장고가 알려주는 요리 레시피 등이 그것이다.

---

8 딥 러닝은 사물이나 데이터를 군집화하거나 분류하는 데 사용하는 기술이다. 예를 들어 컴퓨터는 사진만으로 개와 고양이를 구분하지 못한다. 하지만 사람은 아주 쉽게 구분할 수 있다. 이를 위해 '기계학습(Machine Learning)'이라는 방법이 고안됐다. 많은 데이터를 컴퓨터에 입력하고 비슷한 것끼리 분류하도록 하는 기술이다. 저장된 개 사진과 비슷한 사진이 입력되면, 이를 개 사진이라고 컴퓨터가 분류하도록 한 것이다. 데이터를 어떻게 분류할 것인가를 놓고 이미 많은 기계학습 알고리즘이 등장했다. '의사결정나무'나 '베이지안망', '서포트벡터머신(SVM)', '인공신경망' 등이 대표적이다. 이중 딥 러닝은 인공신경망의 후예다.

인공지능은 약한 인공지능(Weak AI), 강한 인공지능(Strong AI), 초인공지능(Artificial Superintelligence)으로 분류된다. 인공지능은 현재 특정 분야에서만 인간보다 우수한 지능을 가진 약한 인공지능 단계에서 시작하여 모든 분야에서 인간과 동일한 지능을 가진 강한 인공지능 단계를 지나고 있다.

약한 인공지능의 대표적인 사례는 구글의 알파고와 사진 검색서비스, 기계 자동번역기, 스팸메일 필터링 등이 있다. 강한 인공지능은 모든 분야에서 인간과 동등하거나 우월한 능력을 가진 인공지능이다. 공상과학소설(SF)이나 영화 속에 자주 등장하는 인공지능 로봇들이 대표적이다. 영화 〈터미네이터〉에 등장하는 스카이넷과 같은 인공지능이다. 초인공지능은 모든 면에서 인간의 능력을 훨씬 초월하는 인공지능이다. 그러므로 초인공지능이 구현될 경우, 인류는 초인공지능의 도움으로 영생을 누리거나 아니면 열등한 종으로 분류되어 멸종될 가능성도 있다.

인공지능의 장점은 인간의 개입을 최소화하여 비용을 절감하는 효과가 있다. 단점은 인공지능이 학습하지 않은 것은 인공지능 스스로 내린 결론이 맞는지 틀리는지 판단할 수 없다는 점이다. 인공지능은 아직 법적인 책임 문제와 완결성이 부족하여 위험성이 있는 상태이나 빠른 속도로 이런 문제들이 해결되고 있다.

❹ 사물인터넷

사물인터넷(Internet of Things)은 자동차, 기계, 가정용 어플라이언스 등 센서와 응용 프로그래밍 인터페이스(Application Programming Interface)를 사용하여 인터넷에서 데이터를 연결하고 교환하는 물리적

개체의 네트워크이다. 과거에는 사람을 통해서만 일정 정보가 발생하고 수집되었다면 사물인터넷 시대는 세상의 모든 인공적인 사물과 소통하고 데이터를 측정하게 되는 시대를 말한다.

'사물인터넷'은 MIT의 Auto-ID Center 창립자 중 한 명인 케빈 애쉬튼(Kevin Ashton)이 창안한 용어이다. 오늘날 우리는 사람보다 사물인터넷 연결 디바이스가 더 많이 존재하는 세상에 살고 있다. 웨어러블 디바이스, 각종 가전제품, B2G(Business to Government)와 B2B(Business to Business), 자율주행차, 스마트 팩토리, 스마트 빌딩을 넘어 스마트 시티까지 발전하고 있으니 이제 우리 주변에 사물인터넷과 연결되지 않은 것을 찾아보기 힘들 정도이다.

사물인터넷의 발전으로 다양한 문제점도 함께 나타나고 있다. 예를 들면, 보안, 비용, 막대한 전력 소비 문제와 각종 규격의 난립 및 표준화 부재 등이다. 특히 보안상의 문제를 해결하기 위한 블록체인[9] 기술은 4차 산업혁명의 또 하나의 기술 분야로 관심을 받고 있다.

우리가 4차 산업혁명에 제대로 중심잡기를 해야 하는 이유는 4차 산업혁명이 매우 빠르게 발전하고 있고 우리 생활에 많은 영향을 주고 있기 때문이다. 그렇다면 이와 같은 4차 산업혁명의 발전 속도에 맞춰 우리는 어떻게 대비하고 어떤 비전을 가지고 살아갈 것인가?

"I'll be back!"이라는 명대사를 남긴 영화 〈터미네이터〉는 1984년 제

9 블록체인(Block Chain)은 관리 대상 데이터를 '블록'이라고 하는 소규모 데이터들이 P2P(Peer to Peer) 방식을 기반으로 생성된 체인 형태의 연결고리 기반 분산 데이터 저장 환경에 저장하여 누구라도 임의로 수정할 수 없고 누구나 변경의 결과를 열람할 수 있는 분산 컴퓨팅 기술 기반의 원장 관리기술이다. 블록체인 기술은 비트코인을 비롯한 대부분의 암호화폐 거래에 사용된다.

임스 카메론(James Cameron) 감독이 영화 개봉 당시로부터 45년 후인 2029년을 예측하여 만든 공상과학 영화다. 당시로 보면 2029년은 먼 미래의 일이었다. 그러나 어느새 10년도 채 남지 않은 눈앞에 다가온 미래이다. 핵전쟁의 잿더미에서 지구를 지배한 기계에 대항하는 인류저항군의 이야기인 '터미네이터'가 먼 미래가 아니라 지금 우리에게 닥친 미래인 셈이다.

4차 산업혁명이 점차 구체화되면서 인류 발전의 기대와 불확실성이 동시에 교차하고 있다. 인간이 만든 기계가 다른 기계와 협력하는 초연결, 초지능, 초융합의 시대를 맞이하여 4차 산업혁명을 어떻게 준비하느냐에 따라 미래는 천국이 될 수도 있고 지옥이 될 수도 있다. 제대로 중심을 잡지 않으면 커다란 소용돌이에 휩싸일 수 있다.

4차산업은 없고, 6차산업은 있다?

4차산업과 4차 산업혁명이라는 용어가 혼용되고 있다. 그 이유는 4차 산업혁명이라는 용어가 자주 쓰이다 보니 4차 산업혁명이 나타나면 4차 산업이 생성된다는 오해 때문이다. 4차산업은 독일 정부가 2011년부터 '인더스트리 4.0'이라는 용어를 사용하면서 직역하여 쓰다 보니 4차산업이라는 말이 사용되고 있다. 정리하면, 4차산업은 없고 4차 산업혁명은 있다. 그리고 6차산업도 있다.

출처: https://blog.naver.com/cysokb/221282986451

현재 지구상에 존재하는 산업을 크게 분류하여 1차, 2차, 3차산업으로 구분하는 것은 통념적이다. 1차산업은 '자연에서부터 무엇인가를 가져오는 것' 즉, 농업, 수산업, 임업 등이다. 2차산업은 '자연에서 가져온 것을 가공·제조하는 것', 즉 제조업, 건축업, 가스 전기업 등이다. 2차산업의 특징은 1차산업에서 가져온 것을 가공하여 무엇인가를 만드는 산업이다. 3차산업은 '자연이든, 공장이든 어디선가 만들어진 상품을 소비자에게 연결하는 것으로 금융, 교육, 의료, 보험, 법률 등의 서비스업을 말한다. 이때 서비스업은 물질적인 것과 비물질적인 서비스 상품까지 포함한다. 여기까지가 산업의 분류 개념이다.

그러므로 4차산업은 없다. 오히려 6차산업 즉, 한 장소 또는 한 사람에게서 1차산업과 2차산업 그리고 3차산업이 동시에 일어나는 6차산업(1차×2차×3차=6차)은 개념상 가능하다고 할 수 있다. 예를 들어 젊은 귀농자가 딸기 농사를 지어(1차산업), 딸기잼을 만들고(2차산업), 온라인으로 소비자에게 직거래(3차산업)를 한다면 그 농부와 그 농부가 일하는 장소는 6차산업이 이루어지는 곳이고, 그 주인공이라 할 수 있다.

산업혁명 앞에 붙는 숫자는 산업을 나누는 기준이 아니라 혁명을 나누는 기준이다. 혁명이란 '이전의 관습이나 제도, 방식 따위를 단번에 깨뜨리고 질적으로 새로운 것을 급격하게 세우는 일'을 의미한다. 하지만 산업 분야에서의 혁명은 '엄청나게 큰 생산성의 증가와 산업구조의 변화'를 의미한다.

단순하게 사람의 육체노동이나 가축 등을 이용해서 자연으로부터 무엇인가를 가져오는 기본단계에서 18세기 증기기관의 발명으로 이전과 비교

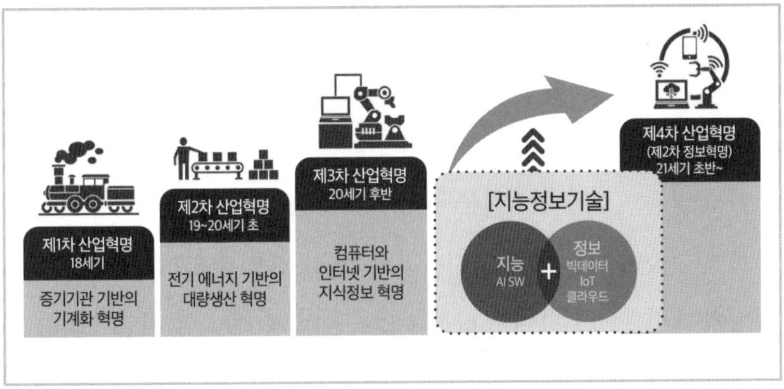

산업혁명의 단계별 발전(출처: IT용어사전)

할 수 없는 생산성의 증가가 나타난 것을 1차 산업혁명이라 한다. 2차 산업혁명은 증기에서 전기에너지로 전환되는 과정을 통해 대량생산이 이루어진 것을 말한다. 3차 산업혁명은 인터넷과 개인용 컴퓨터가 보급되면서 시작된 인터넷 기반의 지식정보혁명을 의미한다.

그렇다면 4차 산업혁명이란 무엇일까? 세계경제포럼의 클라우스 슈바프(Klaus Schwab) 회장은 4차 산업혁명이 속도, 범위, 체제 등 세 가지 측면에서 3차 산업혁명과 확연히 다르다고 강조했다. 즉, 빅데이터와 인공지능 등 4차 산업혁명 기술이라고 대표되는 기술적 동인을 통하여 생산성이 증가되고 3차 산업혁명 시대와 다른 형태의 사업구조가 나타난다고 했다.

4차 산업혁명이 몰고 오는 변화는 인터넷뱅킹을 이용하는 금융서비스의 변화와 같은 것이다. 또한 공공서비스(재난이나 사회안전망)의 변화와 발전, 원격진료가 가능한 의료서비스, 옴니채널(Omni Channel)[1]을 통한

1 옴니채널은 소비자가 온라인, 오프라인, 모바일 등 다양한 경로를 넘나들며 상품을 검색하고 구매할 수 있도록 한 서비스이다. 각 유통 채널의 특성을 결합해 어떤 채널에서든 같은 매장을 이용하는 것처럼 느낄 수 있게 하는 쇼핑 환경을 말한다. 백화점 온라인몰에서 구입한 상품을 백화점 오프라인 매장에서 찾는 '스마트픽'이 옴니채널의 대표적인 방식이다.

유통서비스 등 4차 산업혁명은 많은 분야에 변화를 일으키고 있다.

정리하면, 산업의 기준은 1차, 2차, 3차산업까지만 있다. 다만, 그 산업이 운영되고 성장 발전하는 과정에서 혁명적인 기술이 1차~4차 혁명으로 발전하여 많은 영향을 미치고 있는 것이다. 중요한 것은 4차 산업혁명에 대비하기 위하여 우리는 무엇을 어떻게 해야 할 것인가 하는 개념 정리이다. 개념 정리가 필요한 이유는 먼저 개념이 있어야 변화에 대응할 수 있기 때문이다. 개념이 정리되어야 4차 산업혁명의 특징을 파악할 수 있다. 4차 산업혁명을 이해하고 예측하고 핵심을 파악함으로써 그 분야의 지식과 지능을 축적하고 개발할 수 있다.

4차 산업혁명 시대에 우리가 먼저 할 일은 플랫폼(platform)[2]을 중심으로 경쟁력을 이동하는 것이다. 하나하나의 제품 또는 서비스 경쟁력도 중요하지만, 핵심적인 플랫폼으로 다양한 분야가 창출되고 연결될 수 있도록 해야 한다. 한 분야에만 집중하는 것은 그것을 뛰어넘는 개념과 후발 주자가 등장했을 때 곧바로 위기에 처할 수 있다. 플랫폼을 확보하고 그 플랫폼이 많아야 상황 변화에 적절한 대응이 가능하다.

지금까지 우리 인류는 여러 번의 산업혁명에 잘 적응하고 성장해 왔

2 플랫폼(platform)은 무언가를 타고 내리는 승강장이다. 본래 기차를 승·하차하는 공간이나 강사, 음악 지휘자, 선수 등이 사용하는 무대·강단 등을 뜻했으나 그 의미가 확대되어 특정 장치나 시스템 등에서 이를 구성하는 기초가 되는 틀 또는 골격을 지칭하는 용어로, 컴퓨터 시스템·자동차 등 다양한 분야에서 사용되고 있다. 플랫폼이란 용어는 16세기에 생성된 이후 일상생활이나 예술, 비즈니스 등의 분야로 확대하여 사용되고 있다. 플랫폼은 교통수단과 승객이 만날 수 있는 거점 역할을 하며, 교통과 물류의 중심이 된다. 그리고 그 안에서 무수히 많은 가치 교환이 일어나고 거래가 발생한다. 플랫폼이란 공급자와 수요자 등 복수 그룹이 참여해 각 그룹이 얻고자 하는 가치를 공정한 거래로 교환할 수 있도록 구축된 환경이다. 플랫폼 참여자들의 연결과 상호작용을 통해 진화하며, 모두에게 새로운 가치와 혜택을 제공해 주는 상생의 생태계라고 말할 수 있다.

다. 그런 의미에서 미래를 불안해하는 것은 아날로그 세대일 뿐이지 태어날 때부터 디지털 세대인 아이들은 어른들이 왜 당황해하는지조차 모른다.

병원산업은 왜 지속 생존을 담보할 수 없을까?

"가장 개인적인 것이 가장 창의적인 것이다(The most personal is the most creative)."

아카데미 92년 역사상 최초로 〈기생충(Parasite)〉이란 영화로 오스카 4관왕(각본상, 국제장편영화상, 감독상, 작품상)을 휩쓸며 봉준호 감독이 마틴 스콜세지(Martin Scorsese) 감독의 명언을 인용하여 한 말이다. 그 의미는 무엇일까? 4차 산업혁명 시대에 요구되는 '창의적인 것'이란 무엇일까?

우리는 산업혁명을 거칠 때마다 필요한 사고나 시스템이 바뀌어 왔다. 1차 산업혁명(농업, 어업, 수산업) 시대에는 '성실성'이 가장 중요한 키워드였다. 놀지 않고 열심히 땀 흘려 일하는 것이 미덕이었다. 포드 자동차로 대표되는 2차 산업혁명 시대에는 규격화, 표준화, 균일화, 반복적인 업무와 대량생산 등이 키워드였다. 이 시대에는 규격화·통일화된 부품을 컨베이어 벨트에 따라 수없이 반복하는 것이 가장 효율적인 것이었다. 시스템을 잘 갖출수록 전문화된 것이라고 평가했고, 하나라도 다른 것이 나오면 불량품으로 분류하여 폐기 처분하였다.

3차 산업혁명 시대의 최고의 아이콘은 스티브 잡스(Steve Jobs)다. 스티브 잡스로 대변되는 핵심 키워드는 '다르게 생각하라(Think different)'이다. 이는 포드 자동차의 컨베이어 시스템에서 요구되던 것과는 정면으로 대치되는 말이다. 컨베이어 시스템에서는 다르게 생각하면 안 된다. 큰 사고로 이어질 수도 있고 전문성을 갖출 수도 없으며 대량생산 체제에 맞지 않는 사고방식이다. 그런데 스티브 잡스는 포드 자동차와 정반대되는 주장과 실천으로 3차 산업혁명 시대의 아이콘이 되었다. 그가 주장한 것은 '연결(connect)'이다. 새로운 것을 발명한 것이 아니라 다르게 생각함으로써 '혁신(innovation)'을 이루었다. 전화기와 인터넷, MP3를 연결하여 스마트폰이라는 혁신을 이룬 것이다.

그렇다면 4차 산업혁명 시대에는 무엇이 키워드인가? '창의성(creativity)'이다. 창의성은 '상상력(imagination)'으로부터 출발하기 때문에 4차 산업혁명 시대의 키워드는 '상상력과 창의성'이라 할 수 있다. 이와 같은 상상력과 창의성으로 4차 산업혁명 시대를 이끌어가는 대표적인 기업은 아마존(Amazon), 우버택시(Uber Taxi), 에어비앤비(Airbnb), 넷플릭스(Netflix) 등이다.

이렇게 산업혁명 시대별로 변해가는 키워드를 따라 우리도 무엇인가 새로운 사고와 행동을 해야 하는 시점에 봉준호 감독이 아카데미 시상식에서 "가장 개인적인 것이 가장 창의적인 것이다."라는 말을 던진 것이다. 봉준호 감독은 기존의 질서를 무작정 따르지 않고 표준화하지도 않으며 본인만의 장르를 완성한 경우이기 때문에 4차 산업혁명 시대를 대비하는 우리에게 특별한 영감을 준다.

이렇게 급격한 변화와 새로운 키워드가 등장하는 중에도 의료 분야는 아직 표준화·규격화·균일화가 강조되고 있다. 의료 분야는 건강과 관련한 빅데이터를 구축하고 가장 우수한 두뇌들이 모인 집단이다. 4차 산업혁명을 이끌어갈 수 있는 최적의 플랫폼이지만, 이상할 정도로 창의성을 발휘하지 못하고 있다. 아직까지 선배들 또는 선진국이나 경쟁 병원에서 하는 것을 도제(徒弟)식으로 배우고 외워서 사용하더라도 충분히 생존할 수 있기 때문에 창의적일 필요가 없는 영역이다. 그러다 보니 타 병원을 벤치마킹하여 유사하게 만들고 규모만 키우면 되는 것이 병원이었다.

더구나 정부 차원에서도 코드의 표준화와 용어의 표준화, 표준진료지침(Critical Pathway)의 개발을 권장하고 있어 의료가 평준화되고 있다. 똑같은 항목의 의료기관 평가 인증과 환자경험평가 그리고 건강보험심사평가원의 심사항목 표준화 등으로 전국의 의료기관 표준화가 이루어지고 있다. 흡사 2차 산업혁명 시대 포드 자동차로 대표되는 컨베이어 시스템과 같은 느낌이다. 다르게 생각하면 예산이 삭감되고, 다르게 생각하면 교과서에 맞지 않고, 상상력을 발휘하면 이단아(異端兒) 취급을 하거나 의료인답지 않다고 생각한다. 다르게 생각하고 상상력을 발휘할 수 없게 발목을 잡는다.

그런데 앞으로도 그럴까? 4차 산업혁명 시대에는 획일화·평준화된 병원으로는 지속적인 생존을 담보할 수 없다. 남들보다 규모를 더 크게 만들거나, 최신장비를 구입함으로써 신 장비를 개발한 선진국의 기업만 풍요롭게 만드는 결과를 초래하게 된다. 이를 벗어나기 위해서는 창의적인 생각으로 새로운 것에 도전하고 연구하는 병원만 살아남을 수 있다. 똑같아지면 위험해진다. 이젠 창의적인 병원으로 다르게 생각하고 각 개인에 맞도록 맞춤형 진료로써 다르게 환자를 대하며 의료 빅데이터를 활용한 헬스케어 분야에 관심을 갖는 것이야말로 선택이 아닌 필수라고 할 수 있다.

국내 최고의 병원이라 할 수 있는 가톨릭대학교 서울성모병원은 인간을 가장 인간답게 대우하는 병원이다. 1969년 국내 최초로 신장이식을 성공하며 우리나라의 이식문화를 선도하는 병원으로 암병원과 심혈관병원 암센터는 물론 혈액병원의 조혈모세포이식 분야는 국내를 넘어 세계적으로 손꼽는 병원이다. 서울성모병원에서는 이와 같이 최고 권위의 의료진들이 최상의 서비스를 제공하는 것은 물론 어느 병원에서도 찾아볼 수 없는 감동 서비스를 제공한다. 신부님, 수녀님들이 응급실과 수술실, 중환자실 등 어느 곳을 막론하고 환자들을 위해 마음을 다해 기도하고 격려해 주는 가장 병원다운 병원이다. 가난하고 의지할 데 없는 환자들을 위한 사회공헌 활동을 펼치는 의료기관이다.

서울성모병원은 4차 산업혁명 시대에 대비하여 국내 최초로 데이터 중심병원을 넘어 스마트병원을 선언하고 각 분야의 프로세스를 4차 산업혁명 시대에 맞게 개선하고 있다. 특히, 환자 진료 때문에 손발이 자유롭지 못한 분야 또는 영상의학 분야에서 진료기록의 정확성을 높일 수 있도록 음성(voice) 의무기록을 국내 최초로 개발하여 적용하고 있다. 최근에는 음성인공지능(VOIDOC)을 이용하여 코로나19로 힘든 시간을 보내고 있는 현대건설 해외 파견 인력에 대한 음성원격진료를 실시하여 감동을 주는 등 국내 최초로 새로운 진료영역을 확장해 나가고 있다.

최초라는 것은 자신감이다. 누구도 해보지 않은 것을 하는 것이므로 대단한 통찰(insight)과 축적된 지식과 엄청난 노력 없이는 할 수 없는 일이다. 그런 의미에서 4차 산업혁명 시대 서울성모병원의 앞날은 무한한 기대감을 갖게 한다.

생존의 구명보트이자 나침반은 누구인가?

2020년 1월 라스베이거스에서 개최된 '소비자 전자제품 박람회(The International Consumer Electronics Show)'에는 놀랄 만한 가전제품과 통신 및 이동수단 관련 제품이 쏟아져 나왔다. 조만간 다가올 인조인간과 개인용 비행체는 물론 훨씬 정교해진 로봇의 출현은 놀라움을 금치 못하게 했다.

4차 산업혁명 시대가 이미 우리 곁에 와 있다는 보도를 접할 때마다 미래에 대한 희망과 불안이 교차한다. 왜 그럴까? 세계적인 학자나 컨설턴트는 우리가 하는 일을 로봇이나 인공지능이 대체할 것이므로 변화하는 세상을 따라잡지 못하면 생존할 수 없다고 하였다. 그렇다면 우리는 어떻게 대비해야 하는가? 우리보다 훨씬 앞서가는 선진 기업을 따라가기 위해 새로운 투자를 하거나 새로운 학습을 하고 그들을 닮아가는 것이 최선일까?

우리는 비즈니스의 기본으로 돌아가야 한다. 비즈니스의 기본은 고객에게 집중하는 것이다. 기술보다 중요한 것은 고객이다. 산업혁명의 거대한 파도에서 고객에게 집중하는 것은 4차 산업혁명의 한가운데서 구명보트를 잡고 있는 것과 같다. 고객의 필요를 관찰하고 고객의 불편함이 무엇인지를 찾아 해결하는 것이 우리가 할 일이다. 기술은 고객의 불편함을 해소해주는 부가적인 수단일 뿐이다. 핵심은 고객이다.

1957년 소비에트연방이 띄운 세계 최초의 우주선과 1961년 최초의 유인 우주선이 발사된 이래 인류에게 얼마나 더 큰 기술의 진보가 있었는가? 그동안 개발된 기본 기술을 연결하고 융합하여 다른 영역을 개척하는 융합이 얼마나 많이 일어났는가? 우리는 혁명적인 기술변화 속에 살고 있다. 이런 변화의 흐름에서 고객은 늘 중심에 있었다. 그러므로 4차 산업혁명 시대의 나침반은 고객이다.

기존 기업에 많은 영향을 미친 스타트업들이 엄청난 기술적인 진보를 이룬 것일까? 그들이 대단한 하드웨어를 구축한 것일까? 아니다. 에어비앤비는 호텔 하나 없는 숙박업이고, 우버는 차량 하나 가지고 있지 않은 운수업이며, 넷플릭스는 대여점 하나 없이 스트리밍(streaming) 기술을 이용한 영화보급소이고, 마켓컬리는 매장 하나 없는 유통업이다. 그들의 기술이 대단한 것도 아니다. 접속하고, 가입하고, 요구사항을 전달하고 관리할 수 있는 수준의 간단한 기술로 기존 사업의 틈새를 파고들었을 뿐이다. 그러므로 우리가 집중하고 봐야 할 것은 앞서가는 기업 이전에 고객이다.

테이셰이라 하버드 경영대학원 교수는 《디커플링》에서 기존 기업이 혼란을 겪는 것은 고객을 제대로 바라보지 못하기 때문이라고 지적하였다. 선진 기업이 주목하는 것은 기술보다는 고객이다. 고객의 불편함이나 고객이 경험하고 싶은 것에 집중한다. 그들은 고객의 가치사슬 활동에서 고객이 불편을 느끼는 어느 지점을 떼어내 기존에 있던 기술과 융합한다. 엄청난 신기술을 만들어 새로운 시장을 만든 것이 아니다. 핵심을 다시 봐야 한다. 핵심은 바로 고객이다.

정리해 보면, 앞으로도 일부 천재들은 어렵고 힘들고 복잡한 기술개발의 영역에서 알고리즘을 찾아 새로운 기술을 창조하고 플랫폼을 만들 것이다. 또한 그들을 지원하는 연구소와 기업도 계속 나올 것이다. 이런 최첨단 기술개발 환경에서 잊지 말고 바라봐야 할 것이 바로 고객이다.

의료기관은 환자의 건강과 관련된 진단 및 수술 분야가 더 높은 정확도를 유지할 수 있도록 기술개발이 이루어져야 한다. 또한 환자의 생명을 돌볼 의료진의 불필요한 손길을 덜어주고 정확도도 높일 수 있는 '음성 의무기록'[1]과 같은 편의적인 기술도 개발되어야 한다. 그런데 이러한 기술개발도 고객에게 더 나은 서비스와 정확성을 제공하는 것이 목적이 되어야 한다. 의료진이 환자에게 더 따뜻하게 다가갈 수 있도록 시간 절약을 위한 개발이 되어야 한다. 실리콘밸리에서 발명되고 있는 다양한 기술도 그 목적이 고객에게 맞춰질 때 의미 있는 개발이 될 수 있다.

1 음성 의무기록(Voice EHR-Electronic Hospital Record)은 음성인식 기술을 이용한 전자 의무기록을 말한다

교황청은 왜 인공지능에 관한 윤리백서를 발표했을까?

기술 발전과 사회 변화를 추구할 때 꼭 질문해야 할 두 가지가 있다. 첫째, 그 안에 사람이 있는가? 둘째, 윤리적이고 바람직한 것인가? 이 같은 질문은 인간 중심에서 보면 기술의 진보에 따른 안전장치다.

이와 같은 안전장치는 인간 존중, 생명 존중을 최고의 가치로 여기고 보편적인 진리를 추구하는 가톨릭교회의 지침과 맥을 같이한다. 교황은 교황청 생명학술원 의장에게 보낸 편지(2019. 1. 15)에서 통신·나노·바이오·로보틱스 등 신기술의 연구가 필요하다고 강조하였다. 동시에 "이러한 획기적인 변화와 새로운 경계를 이해하고 인간에 대한 봉사에 그것을 활용하는 방법을 결정하며 모두의 본질적인 존엄성을 존중하고 증진하는 것이 절실하게 필요"하다고 하였다.

2019년 2월 교황청 소속 평생교육원의 '로봇 윤리: 사람과 기계와 건강'이라는 주제의 학술대회에서는 인공지능 로봇이 인간의 실존을 근본적으로 변화시키고 있다고 지적하였다. "만일 우리가 이러한 고려사항을 실제로 활용할 수 있다면, 새로운 발견의 엄청난 잠재성이 인류 전체에

혜택을 줄 수 있을 것"이라는 예견도 발표되었다.

가톨릭교회의 메시지는 분명하다. 사람이 중심이 되고, 인간의 존엄을 존중하고, 사람에게 도움이 되는 산업혁명이 되어야 한다는 것이다. 산업혁명의 중심은 기계나 로봇이 아닌 사람이다. 이것이 4차 산업혁명의 안전장치이다.

교황청에서는 2020년 2월 28일 4차 산업혁명 시대의 총아라 할 수 있는 인공지능에 대하여 윤리백서인 '로마 콜'을 발표하고 인공지능 시스템이 어떻게 하면 인간의 존엄을 존중할 수 있는지에 대한 6가지 규범과 원칙을 제시하였다. 이것은 '사악한 AI'를 막기 위한 교황청의 안전장치라 할 수 있다. 로마 콜은 서문, 윤리(Ethics), 교육(Education), 권리(Rights) 등 4개 부문으로 이루어졌다.

서문

- AI는 인간의 삶에 큰 변화를 가지고 오고 있으며 앞으로도 그럴 것이다.
- 신기술은 모든 '인간가족'에게 기여할 수 있는 기준에 따라 연구, 상용화되어야 한다.
- 기술이 아니라 인류와 환경의 이익에 중점을 둔 AI가 개발될 것이라는 전망을 보장해야 한다.

윤리

- AI 시스템을 사용하고 만들 때에는 인간의 존엄과 권리, 자유와 평등을 보호하고 보장해야 한다.
- AI 시스템은 인간과 인간이 살고 있는 환경에 봉사하고 보호하도록 설계, 구현되어야 한다.
- AI 기술은 사람들, 특히 가장 취약한 사람들을 악용하는데 절대로 사용해서는 안 된다.

교육

• AI에 대한 교육은 모든 사람이 접근할 수 있고 차별 없이 기회의 평등을 제공해야 하며, 이를 위하여 업무 및 교육 부문의 수준 높고 객관적인 표준을 확립해야 한다.

• AI 교육의 목표는 사회적 포용과 개인 존중의 관점에서 AI가 제시할 수 있는 기회와 가능한 중요한 문제에 대한 인식을 높이는 것이다.

권리

• 인류와 지구를 위한 AI 개발은 사람들, 특히 약하고 소외된 계층과 자연환경을 보호하는 규정과 원칙이 반영되어야 한다.

• 인류와 지구에 이익이 되는 AI 시스템을 개발, 구현하려면 AI는 강력한 디지털 보안 대책과 병행하여 발전해야 한다.

• 윤리 원칙에 대한 투명성과 준수를 촉진하기 위한 새로운 형태의 규제가 권장되어야 한다.

이를 위한 구체적인 내용은 다음과 같은 6가지 원칙이다.

1. **투명성(transparency)**: 원칙적으로 AI 시스템은 설명 가능해야 한다.
2. **포괄성inclusion)**: 모든 사람이 필요로 하고 모든 사람이 자신을 표현하고 발전시킬 수 있는 최상의 조건을 제공할 수 있도록 모든 인간의 요구를 고려해야 한다.
3. **책임성(responsibility)**: AI 사용을 설계하고 배포하는 사람들은 책임성과 투명성을 유지해야 한다.
4. **공정성(impartiality)**: 편견에 따라 만들어지거나 동작하지 않아야 하며 공정성과 인간 존엄성을 보호해야 한다.
5. **신뢰성(reliability)**: AI 시스템은 안정적으로 작동할 수 있어야 한다.
6. **보안 및 개인정보(security and privacy)**: AI 시스템은 안전하게 작동하고 사용자의 개인정보를 존중해야 한다.

정리해 보면, 인공지능에 대한 윤리백서와 같은 문서가 얼마나 효력을 발휘할 수 있을지 알 수 없다. 4차 산업혁명과 관련된 기술을 개발하는 사람들이 '로마 콜'을 무시하거나 다른 목적을 추구한다면 막을 방법이 없다. 그러나 그와 같은 일탈은 안전장치가 있는데도 불구하고 발생하는 사고와 같은 것이다. 이런 안전장치조차 없는 상태에서 사고가 나는 것과 안전장치는 있음에도 어쩔 수 없이 발생하는 사고는 의미가 다르다. 그러므로 교황청의 인공지능에 대한 윤리백서는 인간을 위한, 인간과 함께하는 안전장치로서 기술의 발전 속도와 늘 병행하여 발전되어야 한다는 메시지이다.

닉네임과 아이디의 의미는 무엇인가?

소셜네트워크서비스(Social Network Service)가 발전하면서 개인의 이름보다 별도의 이름이 늘고 있다. 자신의 고유한 이름 대신 닉네임이나 아이디를 권하는 사회, 번호로 불리는 사회에서 나의 정체성을 어떻게 유지할 것인가?

현대사회는 각종 공해와 환경오염, 기름진 식생활로 질병이 증가하고 있지만 의료와 과학기술의 발달로 인간의 생명은 연장되면서 고령사회로 접어들고 있다. 우리는 살아가는 동안 여러 차례 병원을 이용한다. 병원에 드나드는 것은 문제 될 것도 없고 숨길 일도 아니다. 그런데 자신의 잘못이 아닌데 어떤 경로로 발생한 것인지도 모르는 성인병이나 혐오스러울 수 있는 상처가 생기는 병 또는 전염성이 있는 질환이나 암 그리고 희귀 난치성 질환은 가급적 알려지지 않기를 바란다.

2~3년 전까지만 해도 병원에 가면 '홍길동 님', '이영자 님'과 같이 환자의 이름을 부르는 것이 일반적이었다. 아직도 이렇게 환자를 부르는 병

원이 많다. 이렇게 이름을 부를 경우 공교롭게 같은 병원에 방문한 지인이나 친·인척 또는 불편한 관계에 있는 타인에게 질환 정보가 노출될 수 있다. 이 같은 정보 노출의 위험에 따라 요즘 병원에서는 환자 명단에서 개인 신상을 알 수 없도록 비식별화 형태로 이름을 표기한다.

우리는 이름을 조금씩 잃어버리기 시작했다. 이름 석 자 중 한 자는 사라지는 '홍○동', '이영○' 같은 이름 아닌 이름이 만들어졌다. 다행인지 불행인지 아직 비식별화 노력이 완벽하지 않아 비식별 형태의 개인정보와는 달리 실제 진료 시에는 "홍길동 님 안으로 들어오세요." "이영자 님 가서 수납부터 하고 오시겠어요?"라고 환자의 이름을 호명하는 불일치가 발생한다. 병원에서는 '홍○동', '이영○'라고 쓰고, "홍길동 님", "이영자 님"이라고 부르고 있기 때문이다.

서울대병원에서 사용하는 당일 고유번호

환자 이름 대신 고유번호, 소위 당일 번호로 환자를 부르는 병원이 있다. 서울대병원은 2019년 3월 말부터 국내 최초로 환자 이름을 호명하지 않는 진료 서비스를 시작하였다. 환자는 진료 당일에 본인의 이름 대신 고유번호를 부여받아 사용한다. 진료 접수를 하면 당일 사용할 'A0000' 같은 번호를 받고 본인의 호출 및 식별기호로 사용한다. 이름이 완전히 사라진 것이다. "홍길동 님, 들어오세요"가 아닌 "A0000 님, 들어오세요"로 환자를 식별하고 호명하는 방식이다. 개인의 고유번호는 진료의사와의 대면 시 뿐만 아니라 채혈실, 각종 검사실, 약국, 수납까지 동일하게 사용된다. 이와 같은 변화는 개인정보 보호를 바라는 개인에게는 만족도가 높을 수 있으나 장년층이나 노인은 고유번호를 잘 인식하지 못해서 오히려 불편을 느낄 수도 있다. 변화된 시스템이 완전히 정착되려면 얼마간의 시간이 필요할 것으로 보인다.

또 하나의 장기(臟器)라 불릴 만큼 사람과 밀착되어 있는 스마트폰은 그 사용 빈도가 늘면서 닉네임과 아이디를 권하고 있다. 닉네임은 자기가 원하는 이름으로 불린다는 장점이 있다. 개성을 살릴 수도 있고 기발한 이름으로 자기를 드러내기도 한다. 닉네임으로 자긍심이 생기는 경우도 있고 멋지고 도전적인 닉네임은 그 이름처럼 해야겠다는 책임성이 강해지는 긍정적인 측면도 있다. 한편 닉네임은 익명성(匿名性)이 높기 때문에 자기 말이나 주장에 책임성이 낮아지는 부작용도 있다.

대부분의 사람은 닉네임과 아이디를 만들 때 고민했던 경험이 있을 것이다. 나 역시 1990년대 초반 사무실에 개인용 컴퓨터가 들어오기 시작하면서 이메일을 만들어야 했고, 그 이메일을 한글이 아닌 영문으로 만들면서 고유의 이름 대신 다른 이름을 고민해야만 했던 기억이 난다. 나는 원래 이름 '병태(炳泰)'의 의미 즉, '빛날' 병(炳)에 '클' 태(泰)의 의미를 살려 'bitna'라는 이메일 아이디를 쓰게 되었다. 그런데 이와 같은 닉네임을 짓는 고민은 한 번으로 끝나지 않는다. 닉네임을 새로 만들어야 하는 경우가 점차 많아지기 시작한 것이다. 'bitna'라는 아이디는 동일한 이름이 존재한다는 이유로 거부당하기 일쑤이고 그때마다 또 다른 아이디를 만들어야 하는 고통이 반복된다. 이렇게 하다 보니 나조차도 기억하지 못하는 닉네임과 아이디가 십여 개 존재한다. 어딘가에 메모해 두지 않으면 기억할 수 없는 지경에 이르게 된다.

좋은 닉네임은 읽기 편하고 부르기 쉬워야 한다. 독특해서 비슷한 이름을 찾기 어려워야 한다. 긍정의 이미지를 가지고 있어야 한다. 개인이나 블로그가 연상되어야 한다. 스토리텔링이 숨어 있어야 한다. 이처럼 닉네임과 아이디를 권하는 사회는 점점 더 그 요구사항이 늘어만 가고 있다.

스타벅스 커피숍에서 "제임스 님", "안젤라 님", "커피고픔 님" 같은 닉네임을 처음 들었을 때는 굉장히 당황스러웠다. 그런데 지금은 닉네임을 부르는 풍경이 일상이 되었다. 종적(縱的)인 조직문화를 타파하고 자유롭게 커뮤니케이션을 한다는 목적으로 스타트업이나 역사가 오래되지 않은 벤처기업에서는 "팀장님", "매니저님" 대신에 닉네임을 부르기도 한다. 지금 우리 사회는 닉네임, 아이디를 권하는 사회이다.

정보화 사회가 되면서 우리는 너무 많은 정보에 노출되다 보니 소중한 개인의 신상 정보를 보호한다는 명목하에 십여 개의 닉네임이나 아이디를 생성해야 하고, 그 수명도 짧아서 길어야 일 년 안에 비밀번호를 바꿔야 한다. 비밀번호의 조합도 점차 복잡해지고 있다. 온라인 공간에 수없이 존재하는 닉네임과 아이디를 가진 나는 누구인가? 나조차도 내가 누구인지 혼란스러운 사회에서 익명성의 문제는 심각하다. 누가 사이버 공간에 어떤 글을 남겼는지 알 수 없기 때문에 책임질 수 없는 댓글이나 정보 조작 및 비하 발언, 인신공격도 서슴지 않게 일어나고 있다. 다행히 온라인 공간에서의 자정 노력이나 사이버 윤리 여론이 생겨나고, 성숙한 네티즌들이 늘어나면서 그나마 하루하루를 살아가고 있다.

이제 닉네임과 아이디를 권장하는 사회에서 개개인의 노력이 매우 중요하다. 나의 일거수일투족이 모니터링되고 어딘가에 나에 관한 모든 것이 빅데이터로 저장되는 사회에서 나를 찾아가고 유지하려는 노력이 필요하다.

정보 홍수 시대에 어떻게 의사결정을 해야 할까?

기업이 처한 환경은 늘 변한다. 변화는 과거와 다른 의사결정을 요구한다. 조정경기장처럼 잘 만들어진 환경에서는 구성원들이 일사불란하게 호흡을 맞춰 목표지점까지 얼마나 빨리 도달하느냐 하는 목적에 충실해야 한다. 반면에 래프팅 장소처럼 험난한 환경에서는 급류의 흐름과 형세를 잘 살펴야 한다. 전체 팀워크보다는 개개인의 판단력과 역량이 중요하다. 급변하는 환경에서 의사결정을 할 때 가장 중요한 것은 무엇인가? 두말할 것도 없이 정보(information)이다. 그렇다면 정보는 많은 것이 좋을까? 적은 것이 좋을까?

어느 정도의 정보는 당연히 필요하지만, 정보가 많을수록 좋은 의사결정을 내릴 수 있다는 것은 언제나 옳은 것은 아니다. 만일 정보가 많을수록 올바른 의사결정을 할 수 있다면 정보의 홍수 시대에 누구나 현명한 의사결정을 할 수 있어야 한다. 정보는 많고 적음보다는 어떻게 활용하느냐가 더 중요하다.

정보이론 세계에서는 불확실성이 높은 것을 '엔트로피(entropy)[1]가 크다'고 한다. 너무 많은 정보가 투입되어 불확실성이 높아지면 엔트로피가 커지므로 의사결정이 어려워진다. 따라서 의사결정이 필요한 때는 이미 존재하는 선택지를 좁혀 주는 정보가 도움이 된다. 정보가 지나치게 많으면 의사결정이 늦어진다. 또한 정보에 의존하여 의사결정을 하게 되면 어제까지 수집했던 정보보다 오늘 수집한 최신 내용을 더 신뢰하는 정보 의존 현상에 걸려들 수 있다. 그러므로 정보가 많다고 좋은 것만은 아니다.

그렇다면 정보 홍수 시대에 어떻게 의사결정을 해야 할까? 정보의 맥락을 찾고 그것을 기본으로 가설을 수립해야 한다. 이를 위해서는 관련 분야의 충분한 경험과 맥락을 읽을 수 있는 시야가 필요하다. 왜냐하면 하루에도 셀 수 없이 많은 정보가 쏟아지는데 모든 정보를 수집하고 분석할 수는 없기 때문이다. 그러므로 제한적이지만 관련 분야의 정보를 가지고 '이럴 것이다.'라는 가설을 세우고 정보를 역으로 탐색해 나가는 방법이 효과적일 수 있다. 이 방법도 미리 답을 정해놓고 그에 맞는 정보만 찾아보는 오류를 범할 수도 있기 때문에 가설적 사고로 정보를 활용할 때는 반드시 두 가지를 전제해야 한다.

첫째, 문제를 명확히 한다. 지금 해결하고자 하는 문제를 명확히 해야 가설을 세울 수 있고 그 가설에 맞는 근거를 찾아 보완할 수 있다. 문제를 확실히 정의하지 않으면 가설 자체가 무의미하기 때문이다.

---

1 미국의 전기공학자 섀넌은 〈통신의 수학적 이론〉이라는 논문에서 정보 엔트로피(information entropy)라는 개념을 제시했다. 그는 정보 엔트로피를 '미지의 정도' 또는 '불확실성의 정도'로 규정하고 그런 일이 생길 수 있는 평균적인 로그 확률로 정의했다. 정보 엔트로피는 열역학 엔트로피처럼 경우의 수가 많은 상태가 엔트로피가 높은 상태가 된다. 경우의 수가 많다는 것은 확정적이지 않고, 확실하지 않은 상태를 의미한다. 추가적인 정보가 주어지면 불확실한 상태에서 벗어나게 된다. 즉, 모름의 상태에서 앎의 상태로 넘어가면서 주어진 정보량만큼 정보 엔트로피가 감소하게 된다.

둘째, 가설은 가설일 뿐이라는 것을 인식한다. 가설은 현실적 조건에서는 경험적으로 검증 가능한(empirically testable) 사물, 현상의 원인 또는 합법칙성에 관하여 예측하는 설명이다. 즉 정답은 아니지만 정답에 가까운 것을 미리 설정하는 것이다. 그러므로 가설은 정답이 아니라고 생각해야 한다. 그렇다고 정답이 아니므로 가설을 섣불리 세운다면 가설적 사고를 추구할 필요가 없다. 최대한 현재의 정보와 경험 및 지식으로 정답이라고 할 수 있는 가설을 수립하고 이것이 맞는지 거꾸로 근거를 찾아가는 것이 가설적 사고를 하는 방법이다.

정리하면, 정보의 홍수 시대 의사결정은 '이럴 것이다'라는 선택적 가설을 세우고 이와 관련된 정보를 활용한 의사결정을 하는 것이 필요하다. 그러나 가설적 사고는 처음에 세웠던 가설이 달라질 수도 있고 더 확고해질 수도 있다. 이때 처음에 세운 가설이 달라진다면 새로운 사실을 확인하는 것이고, 제대로 된 방향으로 가설을 수정해야 한다. 그리고 관련 근거를 찾아서 수정된 가설이 맞다고 확인할 수 있으면 이를 근거로 가설을 정답으로 만들 수 있다.

포스트 코로나 시대의 본질은 무엇인가?

본질(本質)은 그것이 그것으로 있기 위해 없어서는 안 되는 것이다. 본질을 찾으려면 근본적인 것을 묻고 설명하는 과정이 뒤따른다. '인간이란 무엇인가?'라는 질문에서 '무엇'에 해당하는 것이 본질이다. 본질은 철학에서 근본적인 문제였고, 실존주의 철학이 우세한 지금도 본질은 여전히 중요하다.

세계 최고의 유통업체인 아마존(Amazon)의 설립자 제프 베이조스(Jeff Bezos)도 '업(業)의 본질'을 강조하였다. 그는 아마존의 존재 이유는 고객이라는 철학으로 아마존의 본질을 분명히 하였다. 일본 도요타 자동차도 본질적인 부분을 해결해야 문제가 해결된다며 왜 그런지를 묻는 5Why를 강조하고 있다.

그렇다면 어떻게 본질을 찾을 수 있을까?

❶ '단순화'이다.

복잡한 것은 누구나 이해하기 어렵다. 단순할수록 강하다. 애플의 스티브 잡스와 아마존의 제프 베이조스는 대규모 사업에 성공하기 위해서는 고객에게 단순화를 꾀해야 함을 굳게 믿었다. 스티브 잡스는 '최고의 디자인은 가장 단순한 디자인'이라고 믿었고, "단순함은 쉽고 빠르고 직관적인 서비스와 제품 그리고 저렴한 비용을 가능하게 하는 핵심 요소다."라고 확신했다. 제프 베이조스 역시 "단순한 것이 복잡한 것보다 훨씬 더 확장성이 크다."고 강조하며, 아마존 웹서비스(Amazon Web Services) 개발 과정 내내 "더 단순화하라"고 끊임없이 주문하였다.

복잡하지 않고 단순하다는 것은 그 안에 본질이 담겨 있다는 의미다. 어떤 개념을 설명하는데 A4 용지 5장으로 표현하는 것과 한 문장으로 표현하는 것은 차이가 있다. 한 문장으로 무엇인가 표현하기 위해서는 누구나 이해하기 쉽게 핵심적인 내용을 담아야 한다. 단순하면서도 핵심적인 본질을 찾으려면 "왜?"라는 질문을 끊임없이 할 수밖에 없다. 그래야 본질에 도달할 수 있다. '5Why'는 5번의 'Why'에 답을 하면서 문제의 근본적인 해결책을 찾는 분석법이다. 정말로 왜 그런지(real why)에 대한 답을 구하는 과정에서 본질을 찾아낼 수 있다.

❷ '처음으로 되돌아가는 것'이다.

이것은 5Why의 과정 중 하나로 초심 또는 첫 출발점을 생각하면서 본질에 도달하는 방법이다. 책을 읽다가 중간에 이해가 안 되는 부분이 생기면 다시 앞의 내용으로 돌아가서 확인해 보는 것과 같다. 이렇게 처음으로 되돌아가는 것(shift first)은 근본을 찾기 위함이다.

❸ '덜어내기'이다.

부가적인 것을 덜어내고 덜어내면 최종적으로 남는 무엇인가가 본질이다. 추상화로 유명한 피카소의 그림은 아주 짧은 시간에 대충 그린 것으로 오해를 살 만큼 몇 개의 선을 이리저리 그려 놓은 것 같다. 하지만 피카소는 추상화의 개념을 잡을 때 가장 근본이 무엇인가를 끊임없이 고민하여 그 핵심을 단순하게 표현하였다고 한다. 단순하기에 그림이 더 강렬한 인상을 남긴 것이다.

세한도(歲寒圖)는 추사(秋史) 김정희(金正喜)가 그린 문인화로 국보로 지정된 명화이다. 이 그림은 조그만 초가집 하나와 몇 그루의 나무가 있는 단순한 겨울 그림이다. 그런데 이 그림이 국보(國寶)로 지정되고 가치를 인정받은 이유는 무엇일까? 유배 생활의 심경을 단순하면서도 명쾌하게 표현했기 때문이다. 이처럼 단순함은 핵심을 잘 나타내기 때문에 가장 강력한 표현의 방법이다. 일찍이 아리스토텔레스(Aristoteles)는 모든 것은 '형상'과 '질료'로 구분된다고 하였는데 이 세상에 존재하는 모든 것은 겉으로 드러나는 형상이 있지만 그것의 본질은 질료라고 간파했다.

2020년 초에 발생한 코로나19 사태를 정리해 보면, 코로나19는 매우 무서운 감염성 질환이다. 다행히 치료제와 백신이 개발되었지만 아직까지 이 질환을 예방하기 위해서는 가급적 사람들 간의 접촉을 피할 수밖에 없다. 접촉하지 않으면서도 일상생활은 유지되어야 하기에 비대면(untact)을 해결하기 위해서 디지털화(digitalization)가 촉진되었고, 그럴수록 비대면은 더 빨리 가속화되는 현상이 나타났다. 이처럼 겉으로 나타나는 부가적인 현상을 걷어내고 덜어내면 제대로 된 본질을 볼 수 있다.

그러므로 포스트 코로나 시대에 우리가 취할 바람직한 태도는 모든 현상에서 불필요한 것은 덜어내고 걷어내어 본질이 무엇인가를 밝히고 그에 대한 대비를 하는 것이다.

곡선 구간에서 다가올 직선 구간에 대비하는 방법

코로나19로 전 세계가 큰 충격에 빠져 있다. 언택트(untact)로 공급과 소비를 동시에 마비시켜 경제에 악영향을 끼치고 있으며, 정치·사회·문화 면에서도 엄청난 후폭풍을 몰고 오고 있다. 요즘 웬만한 전문가들은 너나 할 것 없이 포스트 코로나의 예측과 전망을 내놓는다. 그러나 이런 전망은 각 분야 전문가들이 자기 관점에서 '이렇게 될 것이다'라고 바라보는 예측일 뿐, 가장 중요한 '그래서 어떻게 해야 하는가(how to)'에 대한 내용은 찾아볼 수 없다.

백신이나 치료제가 개발되기 전의 구간은 곡선 구간이다. 곡선 구간에서는 코로나19라는 난(難)코스를 만나 전방 시야가 확보되지 않고 측면의 시야만 확보될 수밖에 없다. 그래서 혼란스럽고 두려움을 느끼는 것이다. 곡선으로 인한 사각 지역은 여러 광고 문구처럼 포스트 코로나에 대한 예측과 전망이 나열되어 있는 지점이다. 그 광고 내용들을 종합하면 '곡선을 지나게 되면 새로운 직선 구간이 나타날 것이며, 그 직선은 기존의 직선 구간과 다른 새로운 직선(new normal)이 될 것이다.'라는 내용이다.

그렇다면 새로운 직선에 대비하기 위하여 무엇을 어떻게 준비하여야 할까? 진정한 실력은 위기 때 발휘된다. 코로나로 인하여 곡선을 지나고 있는 지금이 바로 위기를 대비해야 하는 시간이다. 새로운 직선을 만나기 전에 넘어지지 않도록 균형을 잡아야 하는 중요한 시기이다. 불확실한 미래의 새로운 기준이 어떻게 만들어질지 확실치 않은 상황에서 이를 대비하기 위한 방법은 크게 네 가지로 생각해 볼 수 있다.

❶ 불확실하기 때문에 '과학적으로 접근'하는 방법이다.

불분명한 무엇인가를 대비하는 전략과 과학은 서로 틈새가 맞지 않는 불편한 만남처럼 생각할 수도 있다. 과학이란 분명한 논리적 근거를 가지고 A→B라는 직선적 사고방식이기 때문이다. 그러나 과학적인 원리나 규칙이 나오기 전 단계로 들어가면 과학도 불확실한 어떤 문제 앞에서 있는 혼란에 불과하다. 과학자는 알 수 없는 문제를 해결하기 위하여 가설을 세우고 가설에 따른 실험을 진행한 후 실험 결과를 바탕으로 어떤 규칙이나 원리를 밝히는 것이 순서이다. 그렇지만 대부분의 어려운 문제들은 단 한 번의 실험으로 가설을 입증하기 어렵다. 수없는 실패를 반복하면서 지속적인 가설 수정과 투입되는 변수 조정을 통하여 문제를 해결하는 방법을 택하게 된다.

이 과정에서 여러 번의 가설 수정과 변수의 가감을 통해 원하는 결과를 얻어내는 경우도 있지만, 실험을 진행하는 도중에 뜻하지 않은 결과를 얻어내는 경우도 있다. 이와 같이 과학의 발전은 불확실한 사실에 의문을 갖고 반복적인 실험으로 근거를 밝혀내는 과정이다. 그러므로 코로나

19로 불확실한 미래 즉 포스트 코로나로 인한 뉴노멀 현상 역시 아무도 명확하게 대답해 줄 수 없는 문제이기 때문에 경영자 또는 전략가도 어려운 문제를 앞에 둔 과학자와 같은 태도를 견지하는 것이 바람직하다. 즉, '전략은 가설이다'라는 사고 전환을 통하여 어떻게 대응해야 시장에 통하고, 고객을 설득할 수 있는지 그 가설을 수립하고 적용하며 결과를 모니터링해야 한다.

전략은 모니터링을 통해 의도치 않은 성과가 나왔을 경우 전략 수정 과정을 통하여 나선형 진전을 이루도록 하는 것이 불확실한 시대의 대처 방법이다.

이 과정에서 가장 중요한 것이 바로 피드백이다. 불확실한 시대일수록 문제가 복잡할수록 피드백을 중요하게 반영할 수 있어야 한다. 이 피드백 과정을 통하여 직선적 사고를 순환적 사고로 전환할 수 있다. 순환적 사고로 나선형 발전 모델을 꾀하는 것이 불확실한 시대에 적합한 대처 방법이다.

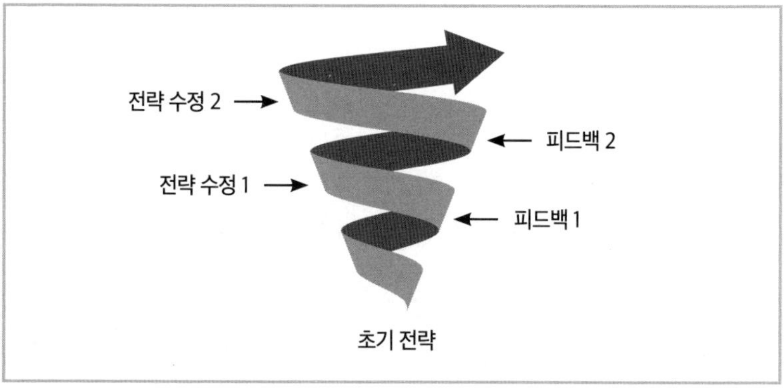

전략 수립과 수정 모형

❷ 겉으로 드러난 '현상과 본질을 구분'하는 것이다.

전 세계적으로 영향을 끼치고 있는 코로나19만 보는 것이 아니라 그 이면에 있는 4차 산업혁명을 볼 수 있어야 한다. 또한 언택트 현상만 볼 것이 아니라 언택트는 나타난 현상이고 언택트가 이루어지도록 하는 것은 디지털 콘택트(Digital Contact) 즉, 디지털 접촉이라는 것을 이해할 수 있어야 포스트 코로나를 대비할 수 있다.

❸ 위기일수록 '사람에 집중'해야 한다.

코로나19로 사람이 보이지 않으면 잘못된 방향으로 가는 것이다. 위기일수록 고객에게 먼저 다가가야 한다. 고객을 더 깊이 관찰하고 먼저 다가가는 것이 포스트 코로나 시대의 핵심이다. 마케팅 측면에서도 공급자 중심에서 벗어나 고객 중심적 사고로 고객의 목표에 집중하고 그것을 해결해 주는 초개인화(超個人化) 마케팅을 해야 한다.

초개인화 마케팅은 단순히 고객 중심이 아니라 빅데이터에 의하여 개

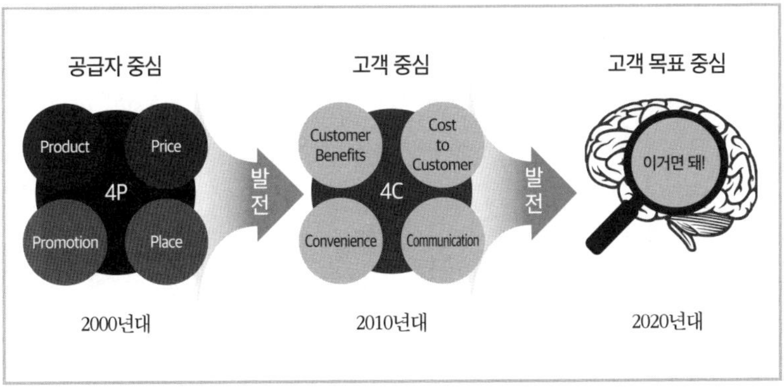

고객에 대한 관점의 변화

개인의 성향이 파악되는 형태이다. 그러므로 빅데이터에서 도출된 개인의 목표를 달성해 줄 수 있는 보다 세부적인 관찰과 적절한 맞춤형 대응이 필요하다.

또 한 가지 중요한 점은 포스트 코로나 시대에는 비대면이 주를 이루므로 '고객의 접점을 어떻게 줄일 것인가'의 문제를 고민해야 한다. 접점(接點)을 최대한으로 줄이되, 고객 만족도는 더 높일 수 있는 획기적인 사고의 전환이 필요하다. 즉, 줄이고 없애되 오히려 고객의 만족도를 높이는 전략이 포스트 코로나 시대에 적절한 대응 전략이다.

❹ '시스템적 사고'가 필요하다.

이 세상에는 시스템 아닌 것이 없다. 무언가 작동하거나 작용할 때는 반드시 시스템이 적용된다. 입력과 출력 그리고 각 시스템마다 독특한 전환 과정으로 시스템이 움직이게 된다. 모든 것이 원인과 결과 또는 전환 과정으로 연결되어 있다. 그러므로 포스트 코로나 시대에 대비하기 위해서는 단편적으로 하나의 요인만을 변형하거나 개선하는 것으로 문제를 해결하면 오히려 위기에 처할 수 있다. 반드시 상호 연계된 내용을 통합적으로 사고하는 시각을 가질 때 포스트 코로나 시대에 적절히 대응할 수 있다.

| INSIGHT |

불확실한 환경에서 리더에게 요구되는 힘

4차 산업혁명이 손에 잡히지 않고 불분명한 것은 아직 완성되지 않은 진행형이고 미래의 모습이기 때문이다. 4차 산업혁명 시대가 끝나고 언제일지 모르지만 5차 산업혁명이 도래할 때쯤 4차 산업혁명의 개념은 명확히 정리되어 있을 것이다. 그럼에도 지금 현실이 중요하므로 4차 산업혁명을 조망해 볼 필요가 있다.

특히 대혼란의 시대에는 리더의 역할이 막중하다. 리더의 역할은 시대의 요구에 따라 많이 변해 왔다. 리더십의 유형도 시대별로 다르게 요구되었다. 그렇다면 지금 불확실한 환경에서 리더에게 요구되는 요건은 무엇일까?

권오현(전 삼성전자 회장)은 저서 《초격차》에서 리더에게 요구되는 요건 중에 앞을 내다보는 선견력, 미루지 않고 의사결정을 하는 결단력, 그리고 이를 꾸준히 실행하는 실행력이 가장 중요하고 공통적인 리더의 조건이라 하였다. 이것을 포스트 코로나 시대에 맞춰 재해석하면 다음과 같다.

❶ 선견력이다.

한 조직을 운영하는 리더는 끊임없이 의사결정을 해야 한다. 특히 미래가 불투명한 경영환경에서 의사결정을 하기 위해서는 현재까지 알고 있고 확보된 정보를 바탕으로 미래를 내다보는 능력(선견력)이 리더에게 우선적으로 필요한 자질이다. 어떤 일이나 사업을 추진할 때 꾸준한 성장곡선을 그릴 수는 없다. 어느 정도 시간이 지나면서 성숙기, 성장기를 거쳐 쇠퇴기를 맞이하는 수명주기를 갖는다. 그런 이유로 리더는 성장기에 있는 일이라도 쇠퇴기에 접어들기 전에 새로운 사업을 구상하고 트렌드를 읽고 대비해야 한다. 새로운 사업을 구상할 때는 앞을 내다보는 능력이 필요하다. 특히, 어떤 위기를 겪고 한 치 앞을 볼 수 없는 경우에 리더의 선견력은 더 많이 요구된다.

위기에서 주목받는 리더는 위기관리보다 위기를 극복하고 더 나은 미

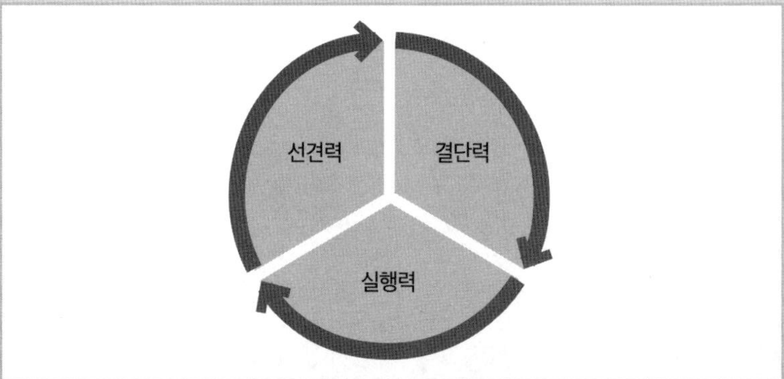

리더에게 요구되는 3가지 핵심 요건

래로 나아갈 수 있도록 앞을 내다보는 능력을 갖추고 있다. 위기관리 능력은 리더의 역량이라기보다는 관리자의 능력에 해당한다. 리더는 관리 능력보다는 미래를 내다볼 수 있어야 한다.

❷ 결단력이다.

리더가 앞으로 나아가야 할 방향을 읽었더라도 그 일을 추진하기 위해서는 불확실성 뒤에 있는 리스크 때문에 많은 용기가 필요하다. 리스크에는 책임이 따른다. 본인의 결정으로 모든 조직 역량이 그 방향으로 집결되기 때문에 의사결정할 때는 매우 큰 용기가 필요하다.

이와 같은 결단력을 발휘하는데 어려운 점은 시간이 부족하다는 것이다. 정보가 충분하지 않고 완벽하지도 않으며 시간을 지체하기 어려울 때 필요한 것이 결단력이다. 미래에 펼쳐질 일이 불투명할수록 불안감을 느낄 수밖에 없으며, 그 결정이 미칠 영향력이 클수록 압박감은 증가할 수밖에 없다. 그럼에도 마지막 순간에는 리더가 혼자 결정을 내릴 수밖에 없는 고독한 작업이 결단력이다.

❸ 실행력이다.

리더가 미래를 제대로 내다보고 이 방향이 맞으니 이쪽으로 가자고 결정했어도 조직이 움직이지 않으면 앞으로 나아가지 못한다. 따라서 리더에게는 조직을 움직일 수 있는 실행력이 중요하다.

실행력이 발휘되기 위해서는 조직의 신뢰, 리더에 대한 믿음, 그동안 해 왔던 일의 성과 등 다양한 요인이 작용한다. 특히, 결정적인 순간에 작용하는 실행력은 리더에 대한 믿음이다. 이런 리더라면 우리가 따라갈 수 있다는 믿음, 이런 리더라면 우리가 알지 못하는 것을 바르게 보고 살 길을 찾았을 것이라는 굳은 신뢰가 있어야 구성원들의 힘까지 더해져 위기를 극복할 수 있다.

종합해 보면, 선견력, 결단력, 실행력은 불확실성 시대에 요구되는 리더의 핵심역량일 뿐만 아니라 4차 산업혁명 시대에 모든 사람에게 요구되는 조건이기도 하다. 4차 산업혁명 시대를 잘 대비하기 위해서는 향후의 기술 발전이 많은 사람들에게 유익하고 지속 가능한 기술 진보가 될 수 있다는 확신이 있어야 한다.

또한 인간이 개발하고 사용하는 기술에 근본적인 질문을 던질 수 있어야 한다. 왜 인공지능이 필요하고, 어디에 사용할 수 있는지? 왜 자율주행차가 필요하고 유전자 분석으로 무엇을 기대하는지? 미래의 세상이 어떤 모습일지 질문해야 한다. 기술은 인간이 만들어 사용하는 것이다. 그렇다면 새로운 기술개발로 어떤 세상이 올 것인지 거기에 맞는 질문을 던져야 한다. 기술개발 과정에 '사람은 어디에 있고 제대로 존중받을 수 있는지', '그 기술이 사람 중심인지'를 물어야 한다. 이 기술을 사용할 주체가 누구이며, 우리가 도울 수 있는 이웃이 누구이며, 기술 격차와 부작용을 어떻게 해결할지를 고민해야 한다.

4차 산업혁명 시대는 각자 리더십을 가지고 제대로 된 질문을 해야 하고, 그 질문의 중심에는 반드시 인간이 포함되도록 해야 한다.

INSIGHT

2장

생각의 프레임을
넓혀야 하는 이유

| ISSUE |

관점을 특화시켜야 하는 이유

관점(觀點, viewpoint)의 사전적 의미는 '사물이나 현상을 관찰할 때 그 사람이 보고 생각하는 태도나 방향 또는 처지'를 말한다. 유사한 의미로 '어떤 사물이나 현상에 대한 자기의 의견이나 생각'을 뜻하는 견해(見解)가 있다. 두 낱말의 공통점은 '보다'라는 뜻의 觀(관) 자와 또 다른 '보다'라는 의미의 見(견) 자를 쓴다는 것이다. 즉, '본다'는 것이 전제된 의미이다. 따라서 관점은 무엇인가를 생각하기 전에 보는 것을 의미한다. 철학적으로 '관점'은 사고를 특정하게 진술하는 방식이며, 어떤 개인적 견해로부터 무엇인가를 이해하고 생각하는 태도이다. 정치에서도 여당과 야당이 대립하는 것은 서로 바라보는 관점이 극명하게 다르기 때문이고, 똑같은 사안에 대하여 미디어들이 내는 논평이 다른 것도 관점의 차이 때문이다.

똑같은 사실을 왜 다르게 보는 것일까? 하나의 사물을 다른 각도에서 바라보면 다르게 보일 수밖에 없다. 결국 관점이란 무엇이 옳은지가 아니라 어떤 사물과 사건에 대해 보이는 대로 보거나 보고 싶은 대로 보고 이야기하는 것이다.

관점의 차이로 발생하는 결과의 차이는 다양하다. 영국의 퍼플 페더(Purple Feather)에서 만든 거지 동영상은 유명한 사례이다. 앞을 못 보는 거지 앞에 "나는 시각장애인입니다. 도와주세요."라는 문구가 쓰인 팻말이 놓여 있을 때는 지나가는 사람들이 별로 눈길을 주지 않고 적선도 하지 않는다. 그런데 한 여성이 거지 앞을 지나가다 발걸음을 멈추고 표지에 쓰인 문구를 바꿔 주었다. 그랬더니 조금 전까지 관심을 보이지 않던 행인 중 많은 수의 사람들이 그 거지에게 눈길을 보내며 도움의 손길을 내밀었다. 그 여성은 팻말의 문구를 어떻게 바꿨을까? "아름다운 날이네요. 나는 그걸 볼 수 없답니다."라고 바꿨다. 문구 하나 바꿨을 뿐인데 결과는 많이 다르게 나타났다.

눈은 마음의 창이다. 그러나 눈과 직결된 마음 또는 생각은 알 길이 없다. 그런데 알 길이 없는 '관점'이 개인·단체·사회 공동체·국가의 정신을 만들며 세계적인 이슈를 만든다. 그러므로 어떻게 보느냐에 따라 세상을 바꿀 수도 있다.

역사상 가장 큰 영향력을 끼친 과학자 아이작 뉴턴(Sir Isaac Newton)의 만유인력도 보는 관점이 달랐기 때문에 발견되었다. 뉴턴은 젊은 시절 집 뜰에서 사과 하나가 나무에서 떨어지는 것을 보았다. 뉴턴은 '왜 사과가 똑바로 아래로 떨어질까?' 하는 의문이 생겼다. '왜 휘어지거나 옆으로 또는 위로 가지 않는 것일까'라는 의심을 품고 사과가 가지에서 떨어질 때 밑으로 떨어지는 것은 어떤 힘이 잡아당기고 있기 때문이라고 생각했다. 지구에 잡아당기는 힘이 있다고 생각한 것이다. 만약 그렇지 않다면 둥근 지구가 계속하여 자전하는데 물이 지구 표면에서 떠나지 않는 것을 설명할 수 없다. 그런 이치는 지구가 태양의 둘레를 도는 것도 마찬가지이다. 지구와 태양을 포함한 모든 우주의 별들은 서로 끌어당기는 힘이 존재하지 않고는 지금처럼 존재할 수 없다. 뉴턴은 이를 '만유인력'이라 이름 붙였다. 이런 위대한 발견도 처음에는 사소한 궁금증과 의문에서 시작된 것이다.

1982년에 발표된 '깨진 유리창(Broken Windows)'[1]을 보면, 건물 유리창 하나를 깨진 채로 그대로 두면 행인들은 관리를 포기한 것으로 간주하고 다른 유리창에도 돌을 던져서 유리창을 모조리 깨트리는 행동을 한다는 이론이다. 그리고 그 지점을 중심으로 범죄가 확산되기 시작한다는 법칙이다. 사소한 무질서를 방치하면 큰 문제로 이어질 가능성이 높다는 의미를 담고 있다.

깨진 유리창 하나가 기업의 이미지도 바꿀 수 있다. '100-1=0'이라는 숫자에서 의미하는 것처럼 한 고객의 작은 불만이 인터넷이나 소셜네트워크로 빠르게 전달되는 요즘에는 깨진 유리창 하나가 아주 큰 타격을 줄 수도 있다. 반대로, '100+1=200'이라는 숫자처럼 고객을 위해 하나하나 모든 일에 세세히 신경을 쓴다면 사람들은 작은 것에서 감동을 받고 하나 이상의 열정적인 후원자가 될 수도 있다.

'핑크 대왕 퍼시(Percy the Pink)'도 관점의 중요성을 살펴볼 수 있는 좋

1 깨진 유리창 이론(Broken Windows Theory)은 미국의 범죄학자인 제임스 윌슨과 조지 켈링이 1982년 3월에 공동 발표한 '깨진 유리창(Fixing Broken Windows: You Suck Restoring Order and Reducing Crime in Our Communities)'이라는 글에 처음으로 소개된 사회 무질서에 관한 이론이다.

은 동화이다. 핑크색을 광적으로 좋아한 퍼시 대왕은 자신의 옷을 포함한 모든 소유물, 심지어 매일 먹는 음식도 핑크색이었다. 퍼시 대왕은 이것으로 만족하지 못하고 성 밖에 백성들이 소유하고 있는 것들도 전부 핑크색으로 바꾸는 법을 제정했다. 왕의 일방적인 지시에 백성들 일부는 반발했지만 어쩔 수 없이 옷과 그릇, 가구 등을 모두 핑크색으로 바꾸었다. 그러나 퍼시 대왕은 그것에도 만족하지 못하고 나라의 모든 나무와 풀, 꽃, 동물까지도 핑크색으로 염색하도록 명령했다. 대규모 군대가 동원되어 산과 들로 다니면서 모든 사물을 핑크색으로 염색하는 진풍경이 연출되었다. 드디어 세상의 모든 것이 핑크색으로 변한 듯 보였다. 그러나 단 한 곳을 핑크로 바꾸지 못했는데, 바로 하늘이었다.

무소불위의 권력을 가진 퍼시 대왕은 하늘도 핑크색으로 바꾸고 싶었다. 그렇지만 어찌해 볼 도리가 없어 며칠 동안 끙끙대다가 스승에게 하늘을 핑크로 바꿀 묘안을 알려 달라고 요청했다. 밤낮으로 고민하던 스승은 마침내 하늘을 핑크색으로 바꿀 방법을 찾아내어 임금을 찾아갔다. 스승은 "이미 하늘을 핑크색으로 바꿔 놓았으니 준비한 안경을 끼고 하늘을 보십시오."라고 했다. 퍼시 대왕이 반신반의하면서 안경을 끼고 하늘을 올려다보니 구름과 하늘이 온통 핑크색으로 변해 있었다. 왕은 크게 기뻐하며 그날 이후 매일 핑크색 안경을 끼고 행복한 나날을 보냈다.

아무리 아니라고 하여도 핑크색 안경을 끼고 세상을 보는 사람은 온 세상이 핑크라고 주장할 것이다.

관점의 또 다른 기능은 시대에 따라 보는 것이 달라질 수 있다는 점이다. '마케팅'이란 관점을 예로 들면, 학자에 따라 다르지만 마케팅은 크게

4.0단계까지 관점이 바뀌었다. 마케팅 1.0은 상품과 서비스를 제공하는 공급자의 입장이었고, 2.0은 소비자 중심으로 바뀌었으며, 3.0은 사회지향적 개념 즉 사회공헌적인 의미를 가미한 관점으로 바뀌었다. 최근 필립 코틀러(Philip Kotler)가 발표한 마케팅 4.0은 인터넷 시대, 즉 초연결 시대의 마케팅은 '고객이 곧 마케터다'라는 개념으로 고객과 함께 만들어 가는 마케팅의 개념을 제시하고 있다. 이처럼 마케팅에도 고객을 어떻게 보느냐에 따라 다양한 관점이 존재한다.

관점이 왜 중요할까? 다르기 때문에 중요하다. 특히 창의적으로 새로운 것을 만들어 낼 때는 지금까지 없었던 또 다른 관점을 찾는 것이 중요하다. 관점은 하나만 존재하는 것이 아니기 때문이다. 다행히 우리는 똑같은 것을 보고도 각자의 경험과 지식 수준, 출생지와 언어와 문화에 따라 다르게 생각하기 때문에 다이내믹한 세상이 펼쳐지고 발전과 진화가 일어난다. 끊임없이 다르게 바라보고 당연한 것을 당연하지 않은 시각으로 볼 때 새로운 시각은 무궁무진하게 창출될 수 있다.

'촉'은 얼마나 정확할까?

우리는 '촉이 좋다' 또는 '그 사람은 촉이 남다르다'라는 말을 종종 사용한다. 그 말은 직관적인 감각이 아주 좋다는 의미다. '촉(鏃)'의 사전적 의미는 '긴 물건의 끝에 박힌 뾰족한 것'으로 말초신경과 같은 예민한 감각을 일컫는다. 그렇다면 '촉'은 얼마나 정확할까?

'촉'은 어떤 객관적인 정보나 분석적인 근거를 가지고 판단하는 것이 아니라 직관적 또는 동물적인 끌림에 따라 나도 모르는 사이에 그것이 맞다고 생각하는 무의식적인 직감이다. 그러므로 '촉'은 맞을 수도 있지만 맞지 않는 경우가 더 많을 수밖에 없다.

'촉'을 다르게 표현하면, 선입견이나 초기 인상과 같은 것을 종합하여 내리는 성급한 결론이다. 실제로 이런 선입관이나 '촉'의 개념은 고객 만족 분야 또는 마케팅 분야에서 사용된다. 예를 들면 '진실의 순간(Moments of Truth)' 같은 것이다. '진실의 순간(MOT)'은 고객이 회사나 제품에 대해 이미지를 결정하는 15초 내외의 짧은 순간을 일컫는 마케팅 용어이다. 종업원과 접촉하거나 광고를 볼 때 고객이 어떤 특정 시점에

갖게 되는 느낌이 기업의 이미지나 생존을 결정짓는 것으로, 스웨덴 경제학자 리처드 노먼(Richard Norman)이 최초로 사용한 용어다.

'진실의 순간'은 스페인의 투우 경기에서 유래하였는데 투우와 투우사(matador)의 마지막 대결을 뜻하는 표현이기도 하다. 거친 숨을 몰아쉬는 거대한 소와 투우사가 오랜 시간을 겨룬 후 투우사는 마지막 단 한 번 만에 검을 꽂아서 투우를 죽여야 하는데 그 순간이 제일 엄숙하고 긴장되는 순간이다. 그 순간은 단 한 번 만에 끝을 봐야 하기 때문에 최대한 집중해야 한다는 의미로 접점에서의 서비스를 강조한 고객 만족 활동이다.

스칸디나비아 항공에서는 이 개념을 활용하여 고객들이 어떤 느낌을 갖는 특별한 지점, 즉 접점(接點)을 분석하여 구분하고, 그 접점에서는 고객에게 더 좋은 서비스를 제공함으로써 전체적인 서비스 향상을 기하고자 하는 경영전략을 추구하였다. 이 사례는 선입견 또는 초기 인상 등 '촉'이 긍정적으로 활용된 경우이다. 하지만 4차 산업혁명 시대에는 빅데이터를 활용한 보다 과학적이고 분석적인 의사결정이 필요하므로 선입견이나 촉에 의존하면 틀리는 경우가 많이 발생할 수 있다.

휴리스틱(Heuristic)은 '대충 어림짐작하기' 정도로 표현되는 마케팅 용어이다. 우리는 충분하지 않는 시간과 정보로 인해 과거 경험이나 시행착오 또는 지금까지 알고 있던 지식에 의존해 직관적으로 어림짐작하게 된다. 왜 이런 현상이 발생하냐면 사람의 두뇌는 기본적으로 게으르기 때문이다. 사람의 뇌는 너무 많은 정보가 들어오는 것을 원하지 않고 복잡한 계산을 싫어한다. 머리가 아프기 때문에 생각하여 합리적인 판단을 하지 않고 직관적으로 촉에 따라 무엇인가를 결정하는 경우가 많다. 쇼핑하면서 대충 구매한 후 나중에 정신을 차리고 나서 후회하는 경우가 휴리스틱이다.

2000년대 초반까지 마케팅의 주류를 이루는 이론적 배경은 사람들은 합리적인 의사결정을 한다는 것이었다. 이에 따라 대부분의 마케팅 전략이나 광고는 최대한 소비자를 설득하고 논리적인 증거를 제시하고자 했다. 그런데 최근 소비자들의 행동을 보면 상당히 직관적이고 무의식적인 판단, 즉 '촉'을 사용하는 경우가 더 많다. 소비자들은 더 이상 자신을 설득하는 광고를 오랫동안 받아들이지 않는다. 최근 가장 인기 있는 온라인 플랫폼 유튜브(YouTube)에 게재되는 광고는 5초만 지나면 건너뛰기를 할 수 있다. 5초가 너무 짧은가? 그러나 명심하라. 만일 5초보다 더 빠르게 건너뛰기를 할 수 있다면 소비자들은 더 빠르게 건너뛰기를 할 것이다. 심지어 일정 부담금을 내더라도 아예 광고를 보지 않는 프리미엄 유튜브 사이트가 인기를 얻고 있다는 것을 간과하면 안 된다. 5초 이내에 무엇인가를 결정한다는 것은 그야말로 '촉'이 극도로 작용한다는 의미이다.

'전망이론'으로 노벨 경제학상을 수상한 대니얼 카너먼(Daniel Kahneman)[1]은 《생각에 관한 생각》에서 사람의 행동을 좌우하는 생각 유형을 시스템I과 시스템II로 구분하였다. 시스템I은 무의식적이고 직관적인 판단 유형이다. 5초 이내에 판단하는 '촉'에 의존한 유형이다. 사람들은 대부분 이 유형에 따라 판단하고 결정한다. 반면에 의식적이고 이성

---

1 대니얼 카너먼(Daniel Kahneman)은 이스라엘 국적의 심리학자이자 경제학자이다. 2002년 노벨 경제학상을 수상했다. 그의 학문적인 업적은 판단과 의사결정 분야의 심리학, 행동경제학과 행복심리학이다. 아모스 트버스키와 다른 학자들과 함께 발견법 및 편견으로부터 기인하는 보편적 인적 오류 요인에 대한 인지적인 연구의 토태를 세웠으며 전망이론을 만들었다. 이러한 전망이론의 성과로 2002년 노벨 경제학상을 수상하였으며 현재는 프린스턴 대학의 우드로 윌슨 스쿨의 교수로 재직 중이다.

적인 생각 유형인 시스템II는 아주 중요한 결정을 하거나 매우 비싼 가격의 무엇인가를 결정할 때처럼 주요 결정 시기에만 가동되는 생각의 유형이다. 그런 이유로 사람들은 합리적인 결정을 할 때보다 직관적이고 무의식적인 판단을 하는 경우가 훨씬 더 많다는 것이 그의 주장이다. 카너먼은 그동안 사람들은 합리적인 판단을 하는 존재라고 믿어 왔던 이론을 뒤집었다. 물론 카너먼은 시스템I만 생각해서 사람의 행동을 판단하라고 한 것은 아니다. 두 가지 유형의 생각을 모두 감안해야 한다.

이와 같은 생각의 두 가지 유형을 4차 산업혁명 시대에 적용해 본다면 어떻게 될까? 4차 산업혁명 시대의 상징이라 할 수 있는 인공지능(AI)의 경우 빅데이터로 일정한 패턴을 도출하여 알고리즘을 만들고, 이 알고리즘에 따라 지속적인 학습을 시켜 인공지능이 만들어지게 된다. 따라서 인공지능은 상상할 수 없을 만큼 많은 정보를 바탕으로 객관적이고 합리적인 판단을 한다. 반면에 사람들은 무의식적이거나 직관적인 판단을 종합한 '촉'으로 행동을 결정한다. 인공지능과 달리 어떤 상황에 대하여 정서적이고 감정적인 개입이 이루어지고 주관적이고 비합리적인 판단을 내리는 경우도 많다.

그렇다고 인공지능은 바람직하고 사람의 주관적인 판단은 바람직하지 않다는 것은 아니다. 각자 장·단점을 가지고 있다. 상황을 고려하지 않고 이성적이고 합리적인 판단을 하는 경우에는 인공지능의 판단이 더 맞을 수도 있지만, 우리가 살아가는 사회는 이성적이고 합리적인 상황만으로 작용하지 않는 경우가 더 많다. 그러므로 4차 산업혁명 시대에는 사람이 중심이 되어 인공지능을 활용해 합리적이고 객관적인 판단이 무엇인지를 먼저 확인해야 한다. 사람은 인공지능이 판단하지 못하는 상황을 반영하고 정서적이고 따뜻한 감성을 기반으로 판단할 때 바람직한 의사결정을 할 수 있다.

대나무는 풀인가, 나무인가?

대나무는 생김새의 아름다움뿐만 아니라 모든 나무가 잎을 떨구는 겨울에도 푸르름을 자랑하고 높은 활용성 때문에 매우 친숙한 식물이다. 그런데 이 식물이 풀인지 나무인지 분간하기는 쉽지 않다. 얼마나 혼란스러웠으면 조선 중기의 문인이자 시인인 윤선도(尹善道)는 '오우가(五友歌)'에서 대나무를 이렇게 노래하였을까?

나무도 아닌 것이
풀도 아닌 것이
곧기는 누가 시켰으며
속은 어찌 비었는가
저렇게 사철을 푸르니 그를 좋아하노라

그렇다면 대나무는 풀인가? 아니면 나무인가?

풀과 나무의 구분은 '단단한 목질 부분이 있는가', '부피 생장을 하는가'

로 결정한다. 그런데 대나무는 두 가지 조건 중 한 가지만 충족하니 풀이라고 보는 것이 옳다. 대나무는 부피 생장을 하지 않으니 처음 태어난 그 굵기로 위로는 자라지만 옆으로는 자라지 않는다. 그러므로 대나무는 옆으로 부피 성장을 하는 흔적인 나이테가 없다. 속이 텅 비어 있으니 나무가 아닌 가장 높게 자라는 풀로 보는 것이 옳다. 그런데 이름에 '나무'라는 글자가 들어가 있어서 풀이 아닌 나무라고 오해받을 수도 있는데 만일 대나무가 말을 할 수 있다면 "이제부터 대풀이라 불러주세요."라고 항변할 것 같다.

대나무는 굵기와 생김새, 자생지에 따라 수십 종으로 구분된다. 그중에서 우리나라에서 많이 볼 수 있는 대나무의 종류는 굵고 긴 왕대, 가늘고 짧은 솜대(맹종죽), 화살의 재료로 국가에서 아주 중요하게 여기던 이대, 쌀과 돌을 일 때 쓰는 조리를 만드는 조릿대, 잘라서 파리 낚싯대로 사용하던 신우대 등이 있고 각각의 용도가 달리 쓰인다.

대나무는 꽃을 피울까? 식물은 다리를 이용하여 이동할 수 없기에 뿌리를 뻗어 번식하거나 꽃을 피우고 열매를 맺어 이를 퍼트리는 방식으로 종족을 번식한다. 대나무도 두 가지 방법 모두를 사용하는데 보통은 뿌리를 통하여 옆으로 번식하고, 다른 방법으로 꽃을 피운다. 지금은 인터넷 검색을 통하여 대나무 꽃을 찾아볼 수 있지만 실물로 대나무 꽃을 보기란 쉬운 일이 아니다. 대나무는 꽃을 거의 피우지 않는 식물이기 때문이다. 대나무는 한번 성장하기 시작하면 매년 꽃을 피우는 것이 아니라 뿌리를 옆으로 뻗으면서 뿌리를 통해 중간에 죽순을 내고 죽순이 성장하여 대나무가 된다. 대나무는 이런 성장과정을 유지하다가 어느 날 새로운 후손을 만들기 위해 일시적으로 꽃을 피운다. 왕죽의 경우 60년에서 100년의 주기로 한 번 꽃을 피우기 때문에 대나무 꽃을 실물로 구경하는 일은 평생 한 번도 못 봤다고 할 정도로 희소한 일이다.

예전부터 대나무 꽃의 전설은 좋은 것과 나쁜 것으로 나뉜다. 조선 고종 때 학자인 박재철은 〈학어집(學語集)〉에서 '봉황은 오동나무 아니면 깃들지 아니하고, 대나무 열매가 아니면 먹지를 아니한다.'며 성인이 나타날 때 봉황도 같이 나타나고, 봉황이 나타날 즈음하여 대나무가 미리 꽃을 피워 열매를 맺어준다는 의미로 대나무 꽃을 매우 성(聖)스럽게 생각하였다. 반대로 대나무가 60년 주기로 꽃을 피우고 열매를 맺으면 한꺼번에 죽기 때문에 대나무가 꽃을 피우면 나라에도 흉사가 생긴다고 믿었다. 대나무를 기르는 농가에선 대나무가 꽃을 피우는 것이 열매를 맺고 후손을 만들기 위한 현상이 아니라 '개화병'이라 하여 대나무가 모두 죽는 질병으로 오해하기도 하였다.

그러나 정확히 말하면 대나무는 주기적으로 꽃을 피우는 식물이 아니라 환경에 따라 꽃을 피우는 식물이다. 그 개화의 주기가 매우 긴 특징을 가지고 있으며 꽃이 피면 대나무가 죽는 것이 맞기는 하지만 질병이 아니라 생애를 마치는 것이라고 보는 것이 옳다. 대나무는 약 60~100년 주기로 한 번에 대나무 숲 전체가 꽃을 피워 씨앗을 엄청나게 떨어뜨린 후 죽어 완전히 세대를 물갈이하는 방식으로 개량된다.

대나무는 주로 땅속 뿌리에서 죽순을 내어 서식지를 늘려가는데 이 죽순은 아주 좋은 요리 재료다. 죽순은 그 자체로는 별로 맛은 없지만 식감이 아삭아삭하다. 죽순은 주로 쪄 먹거나 삶아 먹는다.

죽순은 봄에 싹이 나고 자라나며, 죽순이 매우 빨리 자라는 것과 연관된 고사성어로 '우후죽순(雨後竹筍)'이 있다. 비 온 뒤 죽순이 빠른 속도로 돋아나 자라나는 것에 비유하여 여기저기서 무언가가 마구 출현하는 것을 마치 죽순이 자라는 것 같다고 비유한 말이다.

대나무는 뿌리부터 잎까지 하나도 버릴 것이 없는 식물이다. 대나무 뿌리는 추억의 회초리뿐만 아니라 약재로도 사용된다. 대나무는 2차 대전 때 일본 히로시마의 원자폭탄과 베트남전에서 미국 고엽제 살포에도 유일하게 살아남아 싹을 틔운 식물로 강한 생명력을 지니고 있으며 약효가 매우 뛰어난 식물이다. 대나무 뿌리는 냉한 성질을 가지고 있어 열이 많아 머리카락이 빠지지 않도록 하거나 튼튼하게 하는데 효험이 있다. 몸의 열을 다스려 몸 밖으로 빼내는 작용도 한다. 또한 대나무 잎은 탁월한 약용 효과가 있어 차로 애용되기도 한다.

한자에 '당연(當然)'이라는 말이 있다. 일의 앞뒤 사정을 두고 볼 때 마땅히 그러하다는 의미이다. 대나무를 볼 때도 그냥 대나무로 보면 당연히 그냥 시원한 녹색 빛 식물일 뿐이다.

그런데 '저것이 풀일까? 나무일까?'라는 질문을 던지면 당연한 것이 당연하지 않고 복잡해지거나 지금까지와는 다른 당연함으로 분류될 수 있다. 당연함을 당연함으로 받아들이지 않는 것이 새로운 관점의 시작이다. 바늘시계도 그냥 두면 시계일 뿐이다. 그러나 자꾸 바라보면 다른 관점이 보인다.

바늘시계

박병태

보는 것
들리는 것
반복되는 것
주로 걸리는 것
앞으로만 가는 것
얽매이게 만드는 것
같은 자리를 맴도는 것
자꾸만 바라보게 되는 것
똑같지만 사람마다 다른 것
그리고
12까지밖에 없는 것
두 바퀴를 돌아야
하루가 되는 것

왜 얼룩말은 타지 않을까?

"모두가 동의하는 곳에는 기회가 없다." 중국 최고의 온라인 거래 플랫폼 알리바바(Alibaba)의 마윈(Ma Yin) 회장의 말처럼 일반적인 생각으로는 변화를 일으키거나 새로운 기회를 찾을 수 없다. 궁금증과 질문이 있어야 새로운 것이 보인다.

내가 어렸을 적 서부영화를 보면서 궁금증을 가졌던 것 중에 하나는 '왜 사람들이 얼룩말은 타지 않을까?'였다. 얼룩무늬 때문에 상대편에게 눈에 잘 띄기 때문일까? 그렇다면 점박이 말이나 대장들만 타는 흰 말은 왜 타는 거지? 혹시 얼룩말은 빨리 달리지 못하나? 그렇다면 제주도 조랑말이나 당나귀처럼 작고 못 달리는 말은 왜 타는 거지? TV 프로그램 〈동물의 왕국〉을 보면 얼룩말은 초원을 잘 달리던데? 이와 같은 호기심은 관심으로 발전한다.

| 얼룩말이 보기와 달리 별로인 이유 |

위키백과에 따르면 지구상에 존재하는 얼룩말은 모두 3종으로 구분되며, 아프리카 대륙에서만 서식한다. 얼룩말은 무리를 지어 사는 동물이며, 사육이 시도되고 있으나 아직까지 단 한 번도 가축화되지 않았다. 왜 그럴까?

얼룩말은 말이나 당나귀와는 달리 성질이 매우 사납고 다른 동물을 재미로 죽이기도 하며, 동물원에서 사고를 치기도 하고 때로는 사람도 죽이기 때문이다. 얼룩말은 몸보다 머리 부분이 크기 때문에 빨리 뛰지 못한다. 얼룩말은 일반 말보다 체구가 작고, 더 느리며, 지구력도 떨어지기 때문에 가축화하거나 타지 않았던 것이다. 그리고 더 결정적인 이유는 얼룩말이 아니더라도 이미 탈 수 있는 다른 종류의 말들이 존재하기 때문이었다. 뿐만 아니라 얼룩말 고기는 맛도 없고 냄새가 심해서 식량으로도 매력이 없다. 이렇게 보면 얼룩말은 아무데도 쓸모 없는 동물이다. 그런데 이런 얼룩말의 무효용론에 의심을 가지고 활용방안을 연구한 학자들이 있다. 이들의 관심사는 얼룩말의 무늬였다.

| 얼룩말 줄무늬의 신비 |

얼룩말에서 가장 눈에 띄는 특징인 흑백 줄무늬는 인간의 지문처럼 개체마다 가지각색이다. 줄무늬는 털뿐만 아니라 피부에도 나타난다. 종류에 따라 줄무늬의 굵기가 다르고, 또 배의 아랫면에 있는 줄무늬와 다리에 있는 줄무늬가 다르고 줄무늬가 없는 것도 있다. 그렇다면 얼룩말의 색깔은 흰색일까 검은색일까?

얼룩말의 원래 몸 색깔은 검은색이다. 얼룩말의 털을 면도기로 밀면 검은색 살이 나온다. 즉 얼룩말은 검은색 피부 위에 흰털과 검은 털이 교대로 나와서 얼룩무늬로 보이는 것이다.

얼룩말 줄무늬는 자연선택설로 유명한 알프레드 러셀 월리스(Wallace, Alfred Russel)와 찰스 다윈(Charles Robert Darwin)이 처음 엇갈린 의견을 내놓은 이후 과학자들에게 오랫동안 수수께끼로 남아 있었다. 월리스의 자연선택설은 '얼룩말이 줄무늬를 지녀 웃자란 풀숲에서 위장할 수 있다.'는 주장이다. 다윈은 '남아프리카의 넓은 평원에서 얼룩말의 줄무늬는 아무런 보호 기능을 하지 못한다.'며 월리스의 주장을 반박하였다. 그 이후 여러 이론이 제기되었지만 오늘날까지 정확한 사실은 충분히 밝혀지지 않았다.

그동안 제기된 얼룩말 줄무늬에 대한 학설 중 유력한 것은 오스트레일리아 퀸즈랜드 대학과 영국 로열 할로웨이 대학의 과학자들을 통해 밝혀진 다즐 위장(Dazzle Camouflage)[1] 학설이다. 얼룩말이 이동할 때 줄무늬가 흡혈 곤충이나 포식자의 시감각에 착시 효과를 일으켜 혼란을 발생시킴으로써 얼룩말을 보호하는 기능을 갖는다는 것이다. 다즐 위장은 실제로 세계 1차 대전 당시 전투함을 위장하는 데 사용되기도 하였다. 당시에는 육안만으로 관측과 사격이 이루어진 시기였기 때문에 다즐 위장으로 선명한 무늬를 그려 넣은 전투함이 시각적 교란을 일으켜 정확히 사격

1 '다즐 위장'이란 대비가 뚜렷한 두어 가지 색으로 그려진 기하학적인 무늬가 서로 간섭 효과를 일으켜, 관찰자로 하여금 그 크기, 속도, 방향을 정확히 예측하기 어렵게 하는 것이다.

하기 어렵게 만들었던 것이다.

최근 연구 결과는 영국 브리스톨 대학의 마틴 하우(Martin Houl) 교수를 비롯한 연구팀과 캘리포니아 데이비스 대학의 연구자들을 통하여 제기된 이론으로 얼룩말의 줄무늬가 말파리를 쫓는 효과를 발휘하는 것으로 보인다[2]는 것이다. 이 연구에서 주목한 점은 쇠파리가 많이 서식하는 지역일수록 얼룩말 몸에 있는 무늬가 커졌다는 것이다. 이 연구 결과는 오늘날 아웃도어 활동을 즐기는 사람들을 위한 줄무늬 윗옷이나 줄무늬 바디페인팅으로 응용되어 벌레들을 퇴치하는 용도로 사용되고 있다.

가장 최근에 이루어진 얼룩말 줄무늬 연구는 아마추어 동물연구가 앨리슨 콥(Allison Cobb) 부부의 연구이다. 콥 부부의 실증 연구 결과에 따르면, 얼룩말의 줄무늬는 체온 조절용이라는 것[3]이다. 이 실증 연구에서는 일반 말들도 땀을 배출할 때 라테린을 이용하지만, 얼룩말은 줄무늬 사이의 온도 차이를 이용하여 검은 줄무늬의 털을 세웠다 눕혔다 함으로써 공기의 흐름을 조절하고 이를 통해 체온을 조절하는 기능을 한다는 것이다. 콥 부부는 이 연구에서 "한낮에 검은색과 흰색 줄무늬 사이에 온도 차이가 있을 때 검은 털을 세우면 피부에서 털끝으로 땀을 배출하는 것을 돕고, 반대로 줄무늬 간 온도 차이가 없는 이른 아침에는 세워진 검은 털이 체온 손실을 줄여주는 역할을 한다"라고 밝혔다.

이 연구 결과를 상업적으로 응용한다면, 흰색과 검은색 줄무늬 모양의 외출복을 제작하면 여러 가지 이점이 있을 수 있다는 것과 동시에 얼룩말

2 연합뉴스, 2019. 2. 21 "얼룩말 줄무늬의 효과" 기사 참조

3 중앙일보 2019. 6. 19 국제면 "얼룩말 줄무늬에 숨겨진 놀라운 비밀…첫 실증연구 결과는?" 기사 참조

이 깃털을 세워 체온 조절을 하는 것처럼 옷의 일부분을 이용한 환기 장치를 만든다면 체온 조절이 가능한 외출복을 만들 수 있을지도 모른다. 이와 같이 관점을 달리하면 새로운 시각으로 연구 시사점을 찾을 수 있고, 그 연구 결과는 다양하게 응용되어 인류 사회의 발전에 기여하게 된다. 그러므로 늘 보이는 것, 들리는 것이라 할지라도 다시 한번 관심을 갖고 물음표를 붙여보는 것은 관점을 넓히는 좋은 습관이다.

지식

박병태

전혀 모르면 천진하고
그냥 모르면 불편하고
알면 불안해지는 것

쌓을수록
한쪽으로 가는 것
자기 둘레를 치는 것

좁을수록 쉬운 것
넓을수록 어려운 것

아는 것만 아는 것
모르는 건 모르는 것

날마다 변하고
변덕스러운 것

우리는 왜 소셜미디어에 빠져들까?

지하철에서 전단지나 광고가 하루아침에 사라졌다. 사람들이 휴대폰을 보고 있기 때문이다. 사람들은 게임을 즐기거나 드라마나 영화를 보거나 누군가와 소통하기 위해 소셜미디어 활동을 한다.

왜 사람들은 소셜미디어에 집중하고 빠져들까? 그것은 예측할 수 없는 조건에서 누군가 갑작스러운 상황을 만들었을 때 그것을 확인하지 않고서는 견딜 수 없는 인간의 본성 때문이다.

야마구치 슈(山口周)는 《철학은 어떻게 삶의 무기가 되는가》에서 '스키너 상자 실험'을 소개한다. 네 가지 실험 조건[1]중 주목할 점은 손잡이를 누르면 반드시 먹이가 나온다는 고정 간격 조건보다 손잡이를 누르면 불확실하게 먹이가 나온다는 변수 간격 조건에 쥐가 더 많이 반응했다는 사실이다. 이것을 우리의 행동에 비춰보면, 사람 역시 예측할 수 없는 환경

1 스키너 상자 실험의 강화 조건 네 가지는 ①고정 간격 스케줄은 반응에 대해 정해진 시간 간격이 지난 후 강화해주는 경우, ②변수 간격 스케줄은 강화 시행 간의 시간 간격이 다른 경우로서 평균적으로 확인할 수 있는 시간 간격이 지난 후 강화를 주는 경우, ③고정 비율 스케줄은 규칙적으로 보상을 주기 위해 정해진 수의 반응이 일어난 후 강화를 주는 경우, ④변수 비율 스케줄은 평균적으로 어떤 정해진 수의 반응이 일어난 후 강화를 주는 경우를 말한다.

에 더 빨리 빠져든다는 것이다. 우리는 예측할 수 없는 순간에 '좋아요'가 뜨거나 휴대폰 모니터에 있는 어플 중에서 아직 확인하지 않은 메시지가 있다는 숫자가 떠 있으면 그것을 확인하고 싶은 강한 욕구를 느낀다. 그렇지만 광고 전단지는 일정 기간 동안 그 자리에 붙어 있고 변화가 없으며 실시간 상황 중계가 불가능하다. 따라서 식상하게 느끼는 것이다.

사람들은 예측 불가능한 시간에 처음 붙어 있는 전단지(예를 들어 어제까지 없었는데 오늘 아침 갑자기 붙은 광고 전단지)에는 호기심을 느끼지만 그 순간뿐이다. 며칠 동안 변화된 내용 없이 같은 자리에 붙어 있는 광고 전단지는 휴대폰과 같이 실시간으로 또는 불특정하게 변화가 발생하는 상황을 이길 수 없다. 유일하게 주목 받을 수 있는 방법은 휴대폰에 나타나는 수많은 정보 제공 속도보다 더 빠르게 광고 전단지를 교체하는 것뿐이다. 그러니 지하철 안에서 휴대폰을 들여다보느라 고개 숙인 시민들의 모습은 당연한 것이다.

| 포노 사피엔스에게 희망을 |

얼마 전에 지하철 노약자석에 앉은 할아버지 두 분이 한탄하는 소리를 들은 적이 있다.

"요즘 애들은 다 휴대폰에 미쳐서 밥도 안 먹는대. 참 요지경이야… 저게 뭐라고…"

"그러게. 우리 손자들도 저것만 갖고 놀더라고. 뺏으면 울고불고 난리야. 할아비는 거들떠도 안 봐."

두 할아버지의 얘기처럼 요즘 아이들은 종이나 연필 대신 휴대폰과 게임으로 하루를 보낸다. 말이나 글, 그림, 영어도 휴대폰으로 배운다. 휴대폰 홀릭이 된 아이들은 기성세대와 많이 다르다. 이들을 가리켜 최재붕 교수는 휴대폰을 많이 사용하는 신인류라는 의미의 '포노 사피엔스'라고 했다. 그런데 왠지 포노 사피엔스를 기성세대가 아날로그적인 사고로 걱정한다는 것은 앞뒤가 맞지 않는다. 4차 산업혁명 시대는 포노 사피엔스들에게는 흥미롭고, 재미있고, 도전할 만한 세상일 가능성이 훨씬 높다.

그동안에도 사람들은 사람보다 훨씬 빠른 계산을 하고 기억력이 좋은 컴퓨터가 나타났을 때, 사람보다 힘센 기계나, 사람보다 훨씬 빨리 달리는 자동차가 나타났을 때도 인공지능이 나타남으로써 일자리가 많이 사라질 것이라고 걱정하는 지금의 기성세대와 똑같은 걱정을 했었다. 그러나 사람들은 걱정과 달리 기계를 작동하여 더 많은 생산을 하고, 사람의 다리보다 빠른 차를 운전하여 이동을 함으로써 더 효과적으로 일을 하게 되었다. 컴퓨터를 이용하여 게임도 만들고, 우주선도 보내고 과거에 없던 일들을 새롭게 창조하며 오늘날까지 잘 살아오고 있다. 그러므로 기성세대가 휴대폰에 빠져 사는 젊은이들을 걱정하기보다는 '젊은이들이 4차 산업혁명 시대에 잘 적응하고 있구나', '우리 젊은이들이 4차 산업혁명 시대를 잘 즐기고 있구나'라고 생각하는 시각이 필요하다. 그들은 사람만이 할 수 있는 새로운 역할을 만들면서 빅데이터와 인공지능, 사물인터넷으로 대표되는 4차 산업혁명 시대에 지금보다 나은 생산적인 일을 해 나갈 것이다.

휴대폰

박병태

없으니 가볍다
주머니도
머리도

있으니 바쁘다
손도
눈도

곁에 두니 신경 쓰인다
소리도
정신도

잊으니 두렵다
문자도
카드도

그래서 묶였다
몸도 눈도
마음까지도

사진 찍을 때의 포즈, 그것이 알고 싶다

| '파이팅' 대신 '힘내자!' |

사람들은 휴대폰으로 사진을 많이 찍는다. 이때 많이 취하는 자세는 오른손 주먹을 가슴 또는 어깨높이로 들면서 '파이팅'을 외치는 것이다. '파이팅'은 어떤 의미이고 어떻게 유래하였을까?

'파이팅'은 일본식 조어 '화이토(ファイト: Fight)'에서 비롯된 용어로 제2차 세계대전 당시 일본의 가미카제(神風) 특공대[1]가 전투에 나가기 전에 사용했던 말이다. '파이팅'은 영미권에서는 사용하지 않는다. 영어로 격려할 때 또는 힘을 낼 때 사용하는 말은 'Fighting'이 아니라 'Cheer up'을 사용하고, 스포츠 경기에서 응원할 때는 'Go! Let's go'를 외친다. '파이팅'은 일본에서 유래되었지만, 일본에서는 'Fighting' 대신 'がんばれ

1 가미카제(神風, Kamikaze)는 제2차 세계대전 말기에 전투기에 폭탄을 싣고 적함에 충돌하여 자살 공격한 일본 제국의 결사 특공대이다. 가미카제는 13세기 원나라의 일본 원정 당시 태풍이 불어 침공군이 저지된 것을 "신이 일으킨 바람"이라 부른 데에서 따온 것이다.

(간바레)'라는 단어를 사용한다. 그런데 우리나라에서는 유난히 '파이팅'을 많이 사용하고 있다.

4년 전 모 언론에서 있었던 일이다. 한국에서 열린 국제 스포츠 대회 도중 사회자가 선수들에게 주먹을 쥐고 '파이팅' 포즈를 권하자 외국 선수들이 어리둥절한 반응을 보인 적이 있다. 스포츠는 전쟁을 펼치는 것처럼 임해야 하지만, 전쟁이 아니라고 생각하는 외국인에게 사회자가 '파이팅'을 외치라고 했기 때문이다. 한국에서 '파이팅'을 외치는 것은 단순히 체육 활동뿐만 아니라 사회 곳곳에서 통용된다. 현재 우리 사회에서는 원래 의미가 무엇인지도 모르고 '파이팅'을 그냥 '힘내자'는 의미로 사용하고 있는 듯하다. 그래서 사진을 찍을 때도 격려할 때도 거의 반사적으로 '파이팅'을 외친다. 그렇지만 이와 같은 한국 정서를 모르는 외국인이 볼 때는 '파이팅'을 외칠 때마다 '저 사람들은 도대체 어디에 가서 누구와 싸우자는 거지?'라고 의아해할 수도 있다. 한국 사람들은 매우 호전적이라고 오해할 가능성도 있다.

우리가 응원을 하거나 격려할 때 무엇인가 구호를 외치며 두 주먹을 불끈 쥐는 것은 나쁜 것이 아니다. 많은 힘이 될 수 있는 제스처이다. 그러나 그 제스처에 붙는 구호가 '파이팅'일 경우 '나가서 싸우자'는 의미가 되기 때문에 제스처는 같더라도 구호는 다르게 써야 한다. '파이팅'이란 구호는 일제 침략의 잔재가 그대로 들어가 있고, 상대방에게 적개심을 불태우는 의미로 그리고 누군가와 싸워야 할 것 같은 인상을 주게 되니 두 주먹을 불끈 쥐고 '파이팅'을 외치는 것은 문제가 될 수도 있다.

'파이팅'은 한때 '아자 아자'로 바꾸거나 다른 말로 바꾸자는 운동이 있었으나 국립국어원의 공식적인 답변을 보면, '파이팅'은 1997년 생활 외래어로 분류되어 '힘내자'로 분류되었으며, 이 용어는 국어심의회(국어순화분과위원회)의 심의에 의해 확정되었다고 한다. '파이팅'을 '힘내자!'로 순화하게 된 경위에 대해서는 기록이 없어 알 수 없고 순화된 그 결과만 확인할 수 있다. '파이팅'을 '아자', '아자 아자'의 형태로 순화된 결과는 보이지 않으며, '파이팅'의 의미로 사전에 등재되어 있지도 않다. 그러나 '힘내자'라는 용어는 응원을 하거나 구호를 외칠 때 왠지 힘이 들어가지 않거나 어색하기 때문에 잘 쓰이지 않고 있다. 국민들의 호응이 적었다고 해서 '힘내자'라는 순우리말 구호를 쓰지 않고 버려야 할까? 아니다. 순우리말을 쓰도록 해보자. 가능하다면 표준어인 '힘내자'라고 하거나 그것이 어색하다면 '아자~'를 외쳐 보자. 사진을 찍을 때도 두 주먹을 불끈 쥐는 대신 엄지척을 해가며 '힘내자!' 또는 '아자~'를 외쳐 보자. 엄지척은 격려도 되고 '최고다', '멋지다', '먼저 솔선해서 한다', '일등'의 의미도 들어있으니 이 또한 좋지 않겠는가? 사실 엄지척도 일부 나라나 지역에서는 부정적인 의미로도 쓰이니 그 부분에서는 조심할 필요는 있다.

| V 포즈는 어떤 의미인가? |

'V 포즈'도 일본에서 유래한 것이다. V 포즈는 1972년 일본 삿포로에서 열린 동계올림픽에서 미국 피겨 스케이팅 선수 자넷 린(Janet Lynn Nowicki)이 처음 사용하였다. 자넷 린은 경기 후 일본 관객과 V 포즈를 하며 사진을 찍었다. 이 사진이 미디어를 통해 유행하면서 대부분의 아시아인이 애용하는 포즈가 되었고, 우리나라에도 유입되었다. 현재 V 포즈에서 'V'는 Two, Victory, Peace, Rabbit Ears, Friend 등의 뜻으로 사진 찍을 때 가장 인기 있는 포즈로 애용되고 있다.

V 제스처를 역사적으로 돌아보면, 그 원조는 자넷 린보다 먼저 영국의 윈스턴 처칠 수상이 사용하였다. 윈스턴 처칠은 기자들이 사진을 찍을 때마다 연합군이 승리한다는 뜻으로 Victory라는 단어의 맨 앞자리 V를 손으로 만들어 사진을 찍곤 하였다.

그렇다면 V 포즈를 하는 것은 괜찮은 것일까? V 포즈는 '파이팅'과 같은 문제가 있는 것은 아니다. 다만, V 포즈는 일부 지역과 나라에서 다른 의미로 사용되기 때문에 주의할 필요가 있다. 'V'는 그리스와 터키 일부 지역에서 상대방에게 모욕감을 주는 의미로 사용된다. 또한 영국, 호주, 뉴질랜드 등에서는 'V'를 얼굴 쪽으로 하는 경우(손등이 보이도록 하는 경우) '내가 너를 죽일 수 있다' 또는 상대방을 조롱하고 약 올리는 제스처이니 조심해야 한다. 그 기원은 1415년 백년전쟁[2] 당시 프랑스가 영국에게 활을 쏘면서 만일 프랑스가 전쟁에서 이기면 영국군의 손가락 두 개를 잘라서 활을 못 쏘도록 하겠다는 협박을 했고, 결과적으로 백년전쟁에서 영국이 이기면서 "메롱~ 우리의 손가락은 건재하다. 우린 승리했다."를 나타내는 의미로 V 포즈가 생겼다고 한다. 말 그대로 승리의 이면에 있는 전쟁의 참담함을 표시하는 제스처가 'V'였던 것이다.

물론 최근에는 이런 역사적 배경과 상관없이 V 포즈가 자신감의 표시

---

2 백년전쟁은 1337년에서 1453년 사이에 잉글랜드 왕국의 플랜태저넷 가와 프랑스 왕국의 발루아 가 사이에 프랑스 왕위 계승 문제를 놓고 일어난 일련의 분쟁들을 총체적으로 부르는 이름이다.

또는 평화를 의미하는 의미로 사용되거나 의미적 배경 없이 귀여운 표정으로 사용되고 있으니, 과거의 전쟁이나 스포츠에서의 승리를 의미하는 역사적 의미는 많이 사라진 셈이다. 그렇지만 아직도 그리스와 터키, 영국, 호주, 뉴질랜드 등에서는 V 포즈를 조심해야 한다.

| ♡는 언제 어떻게 만들어졌을까? |

'♡(heart)'를 누가 만들고 언제부터 사용했는지는 그 설(說)이 다양하다. 사람이 처음 태어날 때 가지고 있던 마음의 모양은 'ㅁ'인데, 살아가는 동안 이리저리 부딪히고 깎여가며 점차 '♡'모양으로 변해간다는 설, 심장의 모양에서 유래되었다는 설, 그리고 사람의 엉덩이에서 유래하였다는 설 등 다양한 설이 있지만, 현재 '♡'가 사용되는 의미는 '따뜻한 심장'이며 이를 통한 사랑과 도전, 바른 마음 등의 의미로 사용되고 있다.

'♡'의 정확한 사전적인 의미는 영성, 정서, 도덕, 지능, 사랑 등을 의미하는 기호이며 제스처이다. 그런 의미에서 많은 유명인사나 연예인은 물론 대부분의 국민이 하트 자세를 취하고 사진을 찍는다. 그런데 다양한 '♡' 자세 중 유독 한국에서 인기 있는 '♡' 포즈가 바로 손가락 하트이다. 그리고 손가락 '♡'는 한국에서부터 유래되고 유행하여 '코리안 핑거 하트(Korean Finger Heart)'라고 불리기도 한다. 손가락 하트는 한국이 원조

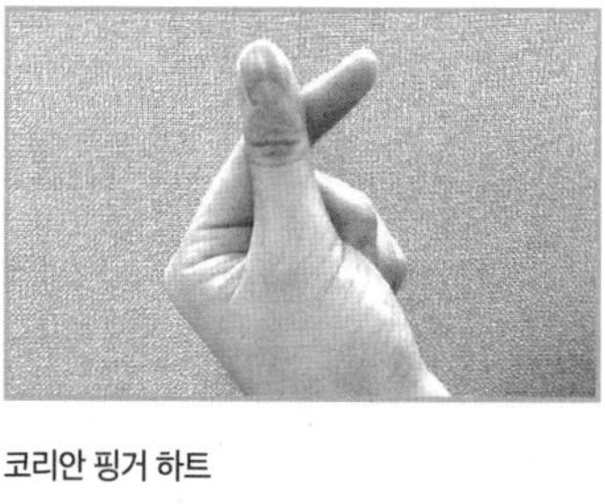

코리안 핑거 하트

이다.

손가락 하트는 어디에서부터 시작된 것일까? 손가락 하트 창시자에 대한 설 또한 다양하지만 누구 하나 자기가 원조라고 시원하게 밝힌 경우는 없다. 다만 많이 회자되는 원조설은 배우 김혜수가 2010년 한 드라마 촬영장에서 동료 배우 신성우와 함께 손가락으로 하트를 만든 것이 기원이라는 설, 2004년 록그룹 버즈(Buzz) 멤버 민경훈이 1집 활동 시절 만든 제스처라는 설, 가수 박진영이 1990년대 중반 그의 화보 촬영에서 보인 손동작이 기원이라는 설, 인터넷과 방송계에서는 양세형, 지드래곤 등이 원조라는 설 등 여러 가지 원조설이 거론되기도 한다. 원조의 원조의 원조… 그러므로 진짜 원조는 없는 셈이다.

일부 네티즌들은 "손가락 하트는 이미 2000년대 초반부터 사용되고 있었다."라고 주장한다. '손가락 하트'가 아닌 '겸손한 브이'라는 명칭으로 말이다. 구글 등 주요 포털 사이트에서 '겸손한 브이'를 검색하면 '손가락 하트'와 같은 제스처의 사진이 검색된다. 그만큼 손가락 하트의 기원은 누가, 언제, 어디에서부터 시작했는지 불분명하다. 분명한 것은, 이것이 한국에서 많이 사용되고, 한국에서 유행시켰고, 코리안 핑거 하트라고 불리고 있다는 것이다.

그렇다면 손가락 하트에는 부정적인 의미는 없는가? 아주 극소수의 부정적 의미를 꼬집어 추적하는 사람들 중 일부에서는 손가락 하트의 의미가 부정적인 의미인 팬티 또는 젖꼭지를 나타내는 모양이라는 지적도 있으나, 사실이 아닐 뿐더러(실제 손가락 모양이 유사하지만 일치하지 않고 차이가 있다) 손가락 하트를 사용하거나 그런 포즈로 사진을 찍는 사람의 마음이 원래 '♡(heart)'의 의미인 영성, 정서, 도덕, 지능, 사랑을 의미하는 마음이라면 굳이 그런 부정적인 소문에 연연할 필요가 없다. '♡'는 좋은 의미로 마음껏 날려도 좋을 듯싶다.

남들과 비교하는 게 뭐 어쨌다고?

행복을 연구하는 학자들은 하나같이 남들과 비교하지 않고 살아야 행복할 수 있다고 강조한다. '비교'를 터부(taboo)시하는 경우가 많다. 남과 비교하지 않는 것이 행복의 비결이라고 한다. 과연 그럴까? 비교가 좋을 때도 있는 것 같은데, 비교가 무조건 나쁜 것인가? 과연 남과 비교하지 않고 산다는 것이 가능하기는 한 것일까?

비교의 사전적 의미는 '둘 이상의 사물을 견주어 서로 간의 유사점, 차이점, 일반 법칙 따위를 고찰하는 일'이다. 비교의 사전적 정의에는 부정적이거나 비판적 의미가 없다. 오히려 비교로 무엇인가를 발견하고 창조하고 더 나은 무엇인가를 추구하는 의미를 담고 있다.

비교는 나쁜 것도 아니고, 불행으로 가는 지름길도 아니다. 그런데 왜 많은 학자와 비평가 및 사회계몽가는 비교를 하면 삶이 불행해진다고 하는가? 그것은 비교를 해서 나타나는 부정적인 현상 때문이다. 하지 말아야 할 것과 해야 할 것을 나누거나 비교를 해서 스스로 비참해지거나, 우쭐해지는 교만함으로 나타나는 비교는 위험하다. 그런 일면 때문에 비교를 통해 발생하는 부정적인 사례도 많이 있다.

예를 들면, 외모를 중요하게 여겨 '성형 공화국'이라는 꼬리표를 달고 있는 성형 실태, 성적 비교를 통해 말도 안 되는 행태가 벌어지는 것을 드라마로 만든 '스카이 캐슬', 예쁘지 않으면 생일 초대도 못 받는다는 초등학생의 울음 섞인 하소연, SKY 아니면 면접 기회도 주어지지 않았던 학벌 중심의 대기업 채용 관행(지금은 블라인드 채용 방식으로 사라져 가고 있지만), 꼭 '민증을 까서' 한 살이라도 많음을 증명하고자 하는 남성들의 웃지 못할 서열 정리, 노스페이스 상표의 검은 점퍼가 중고등학생들의 교복처럼 유행하던 해프닝, 평창올림픽을 전후하여 너나 할 것 없이 한 벌쯤은 장만했던 검은색 롱 패딩 등등. 남들과 똑같지 않으면 불안해지는 부정적인 현상이 비교의 부정적인 일면들이다.

사람들은 행복을 논할 때, 저마다 잘하는 것이 다르고 저마다 고유한 색깔을 지니고 살아가기 때문에 비교는 금물이라고 한다. 행복해지기 위해 버려야 할 첫 번째 습관은 남과 비교하는 것이며, 비교는 천사마저도 불행하게 만든다고 한다. 그런데 과연 사람이 정말로 아무런 비교 없이 살아갈 수 있을까? 사람들이 스스로 깨달음을 얻어 성숙해지고 비교 없이 온전히 살아간다는 것이 가능한 것일까? 그것은 정말로 깨달음을 얻은 일부 성인이거나 아니면 성장하고 노력하고자 하는 의지가 약한 루저의 변명일 수도 있지 않을까?

| 비교의 아름다움에 대하여 |

인간은 사회적 동물이다. 혼자 살아가는 것이 아니다. 우리는 타인을 통해 자신을 알 수 있다. 비교를 통해 내가 누구인지 인식할 수 있다. 여러 사람과 어울려 사는데 아무런 비교의식 없이 무위(無爲)[1]로 도인처럼 살아가는 것은 일반인에게 현실적으로는 불가능에 가깝다. 집단주의 문화권에서 사회 비교는 자기 인식 및 대인관계의 기본적 전제다. 남과 비교를 하지 않고서는 타인과 관계를 맺고 유지하는 것은 물론 자기가 어떤 존재인지 규정하는 것조차 불가능하다.

비교 자체를 의심하거나 멀리할 필요는 없다. 비교는 나도 모르는 사이에 본능적으로 만들어지는 것이기 때문이다. 심리학자들은 '비교하지 말라'고 주장하지 않는다. 왜냐하면 인간은 본능적으로 다른 사람들과 끊임없이 자기 자신을 비교하도록 프로그래밍되어 있는 존재이며, 그것으로 말미암아 오늘날까지 무사히 생존할 수 있었기 때문이다. 사회비교이론의 창시자 레온 페스팅거(Leon Festinger)도 비교 자체를 부정하지 않았다. 인간은 끊임없는 사회적 비교의 과정을 통해 몇 가지 생존에 중요한 이점을 얻는다고 하였다.

첫째, 사회적 정보를 획득한다. 인간은 다른 인간들의 행위를 모방하고 참고함으로써 삶에 유용한 정보들을 얻는다. 다른 사람들이 어떤 직업을 가지고 먹고사는지, 혹은 무엇을 안전하게 여기고 무엇을 위험하게 여기는지 등에 대해 정보를 얻고자 끊임없이 타인들을 들여다보고 자기

1 무위(無爲, action without intention)는 도교에서 가장 중요시되는 행동 원리로 일체의 부자연스러운 행위, 인위적 행위가 없음을 뜻하는 노자의 사상이다.

자신의 삶의 모습과 비교함으로써 성장한다.

둘째, 소속감을 충족시킨다. 인간은 사회적 동물이기에 다른 사람과 함께 어울리며 소속감·유대감·안정감·사랑·우정·행복 등 정서적인 만족을 얻는다. 인간은 사회적 비교를 통해 자기 자신과 타인 간의 공통점과 차이점을 찾아내려 한다. 타인과의 공통점은 키우고 차이점을 줄임으로써 집단과 자기 자신 간의 동질감을 높여야 하기 때문이다.

비교는 반드시 필요하다. 다만 조심해야 할 것은 비교를 통한 부정적인 감정이나 일탈 행위이다. 바른 이성으로 비교를 통해 발생할 수 있는 부정적, 일탈적 언행을 통제하고 승화시킴으로써 자신과 타인에게 해가 되지 않는다면 비교는 성장 또는 더 나아지고자 하는 의욕을 촉진시킬 수 있다. 비교할 때 남이 아니라 어제의 자기 자신과 비교하면 더 좋은 비교가 된다. 어제의 자신과 비교하는 것은 반성이고 성찰이다. 자기에 대해 성찰하다 보면 자신을 있는 그대로 보게 되고 수용하게 된다. 있는 그대로의 자신을 사랑하면 자기 기준에서 행복을 찾을 수 있다.

박범신 작가는 인생이란 작더라도 자기만의 봉우리를 알뜰하게 가꾸고 다른 이웃 봉우리를 인정하고 함께 있는 것이라 하였고, 박노해 작가는 비교 때문에 불행해질 수도 있지만 비교를 통하여 어제의 나보다 더 자유로워지고 더 성숙해질 수 있다고 하였다.

행복은 비교를 모른다

박노해

나의 행복은 비교를 모르는 것
나의 불행은 남과 비교하는 것
남보다 내가 앞섰다고 미소 지을 때
불행은 등 뒤에서 검은 미소를 지으니
이 아득한 우주에 하나뿐인 나는
오직 하나의 비교만이 있을 뿐
어제의 나보다 좋아지고 있는가
어제의 나보다 더 지혜로워지고
어제보다 더 깊어지고 성숙하고 있는가
나의 행복은 하나뿐인 잣대에서 자유로워지는 것
나의 불행은 세상의 칭찬과 비난에 울고 웃는 것

비교와 관련한 유명한 연구가 있다. 메드벡(Medvec)[2]과 동료 연구자들은 1992년 올림픽 중계 자료를 조사하여 메달이 확정되는 게임 종료 순간의 표정을 분석했다. 연구 결과, 동메달을 딴 선수들이 은메달을 받은 선수들보다 행복한 표정을 훨씬 많이 짓는 것으로 나타났다. 이유는 비교의 방향에 있었다.

2 Medvec, V. H., Madey, S. F., & Gilovich, T.(1995). When less is more: Counterfactual thinking and satisfaction among Olympic medalists. Journal of Personality and Social Psychology, 69, 603-610.

은메달을 딴 선수들은 목표했던 금메달을 따지 못했기 때문에(상향 비교) 아쉬움과 실망감 등 부정적 정서를 경험했고, 동메달을 받은 선수들은 자칫했으면 메달을 따지 못할 수도 있었기 때문에(하향 비교) 오히려 만족감을 느낄 수 있었던 것이다. 그렇다고 은메달을 목에 건 선수의 실망감이 나쁜 것일까? 상향 비교는 성장의 밑거름이 될 수도 있다. 스포츠 선수가 다른 선수들과 비교하지 않고 자신의 기량을 발전시킬 수 있을까? 다른 선수와의 비교는 선수의 승부욕을 자극해 훗날의 더 큰 행복의 밑거름이 될 수도 있다. 좋은 비교 대상(라이벌)을 갖고 있는 선수들이 기록도 더 좋고 선수 생활도 더 길다. 더 잘하고 싶은 동기가 자극되기 때문이다.

자신의 행동을 돌아보고 남들과 비교하여 더 나은 사람이 되는 것을 목표로 삼는 것은 더 나은 사람이 되기도 하고, 자신을 반성할 수 있는 계기도 되고, 더 높은 기준에 자신을 맞추려는 노력을 하게 된다. 더 나아지기 위해 노력하는 과정에서 고통은 따를 수 있지만 그 고통이 성취감으로 나타날 수도 있기 때문에 비교가 불행은 아니다. 비교가 백해무익(百害無益)하다면, 인간은 어떻게든 그것을 하지 않았을 것이다. 그런데도 지금까지 비교하고 산다는 것은 비교가 필요하기 때문이다. 당당하게 비교하자. 비교를 통해서 나를 찾자. 비교는 성장의 촉진제이다.

프로는 왜 숫자 3을 경배할까?

살면서 가장 많이 접하는 숫자는 '1'이나 '3'이 아닐까. '1'은 처음, 1등의 의미로 사용되기도 하고, 아무래도 숫자의 처음 순서이기 때문에 빈도가 많은 것을 제외한다면 3은 우리가 살면서 가장 많이 접하는 숫자이다. 인생을 과거·현재·미래로 구분하기도 하고, 하루를 오전·오후·저녁으로 구분하기도 한다. 게임을 할 때 가위·바위·보도 꼭 삼세판을 해야 결론이 난다. 올림픽 등 스포츠 경기에서도 세 명의 우수한 선수에게 금·은·동 메달을 수여한다. 이 밖에도 숫자 3에 관련된 예는 수도 없이 많다. 왜 그럴까? 그 이유 역시 3개로 구분하여 살펴보면 쉽게 이해할 수 있다.

| 각종 신화에 공통으로 등장하는 숫자 3 |

'3'은 동서양을 막론하고 완전한 숫자이다. 하나만 있으면 불완전하고, 둘이면 대립 또는 구분이 될 수 있으나 '3'은 완전함을 의미한다. 서양에서 '3'은 선(善)을 상징하는 1과 악(惡)을 상징하는 2가 더해진 완벽한 숫자라는 의미이다. 더하거나 뺄 것 없는 안정된 구조를 가진 숫자가 3이기 때문에 성경이나 동·서양 신화에 '3' 또는 세 가지로 무엇인가를 구분하는 형태가 자주 등장한다.

게르만 신화에 나오는 최초의 신들은 오딘(Odin), 빌리(Vili), 베(Ve) 삼형제다. 성서에서는 성부, 성자, 성령의 삼위일체(三位一體)를 말한다. 동방박사도 셋이고, 그들이 가져온 선물도 황금, 몰약, 유황 세 가지다. 불교에서는 부처님을 중심으로 왼쪽에는 문수보살, 오른쪽에는 보현보살이 위치한 3존불이 존재한다.

라틴어 명언 중에는 "셋으로 이루어진 것은 모두 완벽하다."라는 말이 있다. 그리스 신화에 나오는 제우스(Zeus)는 신들의 제왕이 되고 나서 자신은 하늘을, 하데스(Hades)에게 지하 세계를, 포세이돈(Poseidon)에게 바다를 다스리게 하여 천하를 삼등분한 신화도 '3'과 관련이 있다.

이와 같이 고대 신화에 '3'이 자주 나오는 이유는 고대인들이 해보다는 달을 더 숭배한 것에서 유래한다. 고대인들은 달을 위대한 여신으로 모시고 복을 빌었다. 달은 크게 초승달, 보름달, 그믐달 이렇게 세 가지의 모습으로 변한다. '3'이 세계 신화에서 신성한 숫자로 여겨지며 빈번하게 등장한 것은 바로 이 때문이다.

우리나라 신화에 등장하는 '3'은 단군신화의 삼신(三神)인 환인, 환웅, 단군의 신화가 그렇고, 고구려의 시조 주몽의 어머니 유화도 세 자매 중 큰언니였다. 주몽이 고향을 떠날 때 따라왔던 신하들도 오이, 마리, 협보 세 명이었다. 신화뿐만 아니라 국가나 부족의 형태도 고구려·백제·신라 삼국의 형태라든지, 마한·진한·변한과 같은 삼한의 형태도 '3'과 연관이 있다.

제주도는 돌·여자·바람이 많다 하여 삼다도(三多島)라 부르는 것도 '3'과 연계성이 있다. 뿐만 아니라 만세도 세 번 불러 만세 삼창이라 하고, 음식 중에서도 간장, 고추장, 된장을 일러 삼장이라 한다. 옛 성인 중에서 노자는 삼보(三寶)라 하여 '자애'와 '검소'와 '앞서지 않음'을 강조하였고, 예수는 '믿음, 소망, 사랑' 세 가지를 강조하였다.

이렇게 위대하고 신성한 의미를 지닌 '3'은 우리가 자주 사용하는 속담이나 심지어 유행가 가사에도 등장한다. 최진사 댁 셋째 딸도 그렇고, 아기돼지 삼형제는 물론 '세 살 버릇 여든까지 간다', '서당 개 삼 년이면 풍월을 읊는다' 등 '3'은 우리가 생활하는 동안 알게 모르게 수없이 반복적으로 사용되고 있다. 하물며 건배 자리에서조차 같은 단어를 세 번씩 반복하기도 한다. 위하여, 위하여, 위하여~

| 왜 숫자 '3'을 자주 사용할까? |

우리가 숫자 '3'을 자주 사용하는 이유는 무엇일까?

첫째, '3'은 완벽을 의미하기 때문이다. 물리학에서는 우주의 구성을 시간·공간·물질과 같이 세 가지로 구분하고, 곤충을 머리·몸통·다리로 구분하고, 나무는 뿌리·줄기·잎으로 구분하며, 물체의 상태도 기체·고체·액체로 구분함으로써 완벽하게 구분할 수 있다.

둘째, '3'으로 구분하면 강력한 강조 효과를 나타낼 수 있다. 완벽을 의미하는 숫자 '3'을 세 번 강조하여 의미를 강력하게 드러낼 수 있다. 유명한 연설에서는 어떤 단어를 3번씩 강조하거나 세 가지 강조점을 두는 연설이 자주 등장한다. 스티브 잡스가 스탠퍼드 대학 졸업식 연설에서 '점을 연결하는 이야기'와 '사랑과 상실에 대한 이야기' 그리고 '죽음에 대한 이야기' 등 세 가지 이야기로 구분하여 감동적인 연설을 한 것이나, 에이브러햄 링컨 대통령이 "of the people, by the people, for the people"을 주장한 것도 유명한 일화이다.

셋째, 3은 기억하기 쉽다. 딱 한 가지가 가장 기억하기 쉽지만, 한 가지를 넘어갈 경우에는 세 가지로 구분하는 것이 기억하기 쉽다. 두 가지는 왠지 부족한 듯하고 네 가지는 많은 듯하며, 세 가지가 가장 적당한 듯 느껴진다.

넷째, 세 가지는 가장 적은 단위로 이룰 수 있는 안정성이 있다. 예를 들어 선(線) 하나는 안정적이지 않고, 두 개의 선은 평행하거나 엇갈릴 수 있지만 삼각형은 세 개의 선으로 안정을 이룬다. 사각형도 안정성이 있지만 3개의 선분보다 하나 더 있어야 안정을 이룰 수 있으니 최소 단위는 아니다.

이와 같이 '3'은 여러 가지 강점이 있기 때문에 우리 주변에서 자주 사용된다. 그리고 지금 이 설명에서 눈치챘겠지만, 이 글에서도 '3'을 자주 사용하는 이유를 세 가지만 드는 것이 더 효과적이었을 거라고 느꼈을 것이다. 굳이 삼각형 예시를 통한 안정성을 이야기하지 않아도 '3'은 완벽하고, 강조할 수 있고, 기억하기도 좋다는 장점이 충분히 있다.

| 숫자 3을 잘 활용하는 방법 |

이렇게 '3'의 중요성을 강조하다 보니 '3'을 잘못 오인하는 경우도 있다. 예를 들어 '사람은 태어나서 죽을 때까지 세 번의 기회가 온다'는 잘못된 믿음이다. 어떻게 모든 사람에게 동일하게 3번의 기회가 균등하게 주어질 수 있단 말인가? 더구나 그 세 번의 기회가 우리나라 사람에게만 온다고 믿는 것은 어불성설이다. 왜냐하면 사람마다 세 번의 기회가 찾아온다면, 이런 믿음을 알지도 못하고 갖고 있지도 않은 아프리카 원주민에게도 동일하게 세 번의 기회가 오는 것이 맞는 것일 테니 말이다. 기회란 모든 사람에게 균등하게 3번씩 오는 것이 아니다.

'기회'란 황금빛의 신비한 생명체이다. 온몸이 미끈거려 손으로 쉽게 잡히지 않고 잘 빠져나간다. 힘차게 퍼덕일 수 있는 날개가 있어 재빨리 눈에서 멀어질 수도 있다. 뿔이 세 개 달려있어 세 개의 뿔을 다 잡을 수도 있고 요행히 하나의 뿔만 손에 잡힐 수도 있다. '기회'라는 생명체를 평생 보지 못할 수도 있고 여러 번 만날 수도 있다. '기회'라는 생명체를 볼 수 있는 것은 내 마음대로 할 수 없지만 '기회'를 찾기 위해 눈을 크게 뜨거나 '기회'를 잡기 위해 튼튼한 장갑을 준비하고 채집망과 같은 도구를 준비하는 것은 나의 몫이다. 늘 깨어 있어야 한다. 지금 '기회'란 생명체가 당신 옆에 앉아 있을지도 모를 일이다.

그렇다면 '3'을 잘 활용하기 위해서는 어떻게 하는 것이 좋을까? 우선 복잡하고 어려운 일을 세 가지로 구분하고, 중요한 것은 세 번 언급하는 것이 효과적이다. 왜냐하면 '3'은 완벽한 숫자이고, 강조할 수 있고, 오래 기억할 수 있기 때문이다. 이를 활용하는 방법으로 박경수의 《전략 수립의 신》과 복주환의 《생각정리 스킬》에서는 'What tree'로 구성 요소를 분해하고, 'Why tree'로 원인을 분석하며, 'How tree'로 과제 및 해결방안을 도출하는 로직트리 방법을 제시하고 있다.

전략을 수립할 때나 글을 쓸 때, 프레젠테이션을 하거나 면접을 볼 때, 누군가를 설득하려 할 때 최소 단위로 3개를 구분하는 것이 바람직하다. 그리고 여유시간이 있거나 더 자세한 설명을 할 수 있는 기회가 있을 때 3개로 구분된 각각에 대하여 다시 3개씩의 보충 설명을 하는 방법이 효과적이다. 끝으로 강조해야 할 사항 또는 반드시 설득해야 할 사항이 있다면 어떤 형태를 이용해서라도 3번 강조를 하는 것이 효과적인 숫자 3의 활용법이라 할 수 있다.

커피숍은 왜 치킨집보다 3배나 많을까?

11,739,750,000,000원. 우리나라 사람들이 2017년 한 해 동안 마신 커피값이다. 약 12조 원! 우리나라 1년 국가 예산[1]의 2.5%, 1년 국방비 예산[2]의 24%에 해당하는 금액이 1년간 국내에서 소비한 커피값이다. 커피는 우리에게 어떻게 왔으며, 우리 생활에 어떤 영향을 미쳤을까? 우리는 커피를 왜 그렇게 좋아하고 즐기는가?

| 커피의 기원을 찾아서 |

"어려서부터 커피 마시면 머리 나빠진다."는 어른들의 충고에 더 많은 호기심을 가지고 대학생이 될 때까지 참고 참았던 기억이 난다. 하지 말라고 하면 더 많은 호기심을 가지는 인간의 본능 때문에 커피를 마시고

1 2019년 우리나라 국가 예산은 470조이다.

2 2019년 국방비 예산은 50조이다.

싶은 열망이 커서 그런지 대학에 들어가서 가장 먼저 해보고 싶었던 것이 미팅과 커피였던 것 같다. 지금은 중·고등학교 때부터 미팅과 커피를 경험하니 그만큼 조숙한 사회가 되어가고 있다.

우리나라에 언제 커피가 들어왔는지는 분명치 않으나, 조선의 26대 마지막 왕인 고종이 커피를 좋아하여 대신들에게도 권하였다는 기록이 우리나라 최초의 커피였을 거라는 주장이 가장 유력한 주장이다. 그러므로 고종이 재위(1864~1897)하던 1890년대 후반이 우리나라의 커피 도입 시기라고 볼 수 있다. 이후 우리나라의 커피 산업은 매우 빠르게 성장하여 1960년경에는 버스 터미널이나 기차역 근처의 다방에서 직접 타 먹는 커피 특히 노른자 동동 띄운 모닝커피가 유행하였다.

1980년대에는 TV 보급이 늘면서 서부영화의 영향으로 서부 개척 시대 마부들이 마시던 뜨거운 커피에 생크림과 설탕을 얹어 먹는 비엔나커피가 유행하였고, 1990년대 대부분의 커피는 현재까지도 유지되고 있는 믹스커피였다. 1:2:3의 황금비율[3]까지 공개되며 타 먹는 믹스커피는 봉지 커피까지 등장하며 선풍적인 인기를 이끌었고 그 명맥이 오늘날까지 이어지고 있다. 최근에는 커피 산업이 전문화되면서 각종 커피 전문점이 등장하였다. 커피의 종류도 에스프레소, 아메리카노, 카페라테, 마키아토, 카페모카, 아포가토, 더치커피, 드립커피 등 모든 종류의 커피가 한국에서 인기를 끌고 있다. 최근에는 흑설탕의 고유한 향기를 머금은 대만의 흑당 라떼가 여성 애호가들을 중심으로 유행하고 있다.

2018년 관세청 통계에 따르면, 우리나라 커피 산업은 비약적으로 발

---

3 믹스커피의 황금 비율은 커피 1, 설탕 2, 프림 3의 비율을 의미하며, 실제 커피믹스의 중량도 커피가 15%, 설탕이 30%, 크림이 55%의 비율로 제작된다(소믈리에 타임스 2017년 5월 5일 자 중에서)

전하여 2017년 기준으로 우리나라 국민이 1년간 마신 전체 커피 양은 265억 잔이다. 이를 국내 인구 5,177만 명을 감안했을 때 1인당 마신 커피는 512잔에 해당한다. 국민 중 18세 미만의 어린 인구들을 뺀다면 성인 1인당 마신 커피 양은 어마어마한 숫자이며, 가히 커피공화국이라 할 만하다. 2017년도의 커피 전문점 수는 그 흔한 편의점의 두 배이고 치킨집의 세 배이다. 그리고 그 숫자는 점점 더 늘어가고 있는 추세이다.

커피가 처음 세상에 알려진 것은 정확하지 않지만 에티오피아 칼디(Kaldi)의 전설과 아라비아 셰이크 오마르(Sheik Omar)의 전설이 있다. 그중에서도 칼디의 전설이 가장 유력하게 거론되고 있다. 기원전 6세기 무렵 에티오피아의 목동이었던 칼디는 아프리카 에티오피아 카파(Kaffa)라는 험준한 산악(홍해의 수도원 근처)에서 염소들을 돌보고 있었다. 그러던 중 칼디는 염소들이 어느 순간 유난히 홍분하여 이리저리 뛰어다니고 밤에도 잠을 자지 못하는 것을 발견하였다. 얌전했던 염소들이 갑작스럽게 흥분한 모습을 본 칼디는 염소들의 행동을 주의 깊게 관찰한 결과, 빨간 열매가 달린 커피나무 잎사귀를 먹었을 때 이러한 현상을 보인다는 것을 알게 되었다. 칼디가 그 열매를 직접 먹어보니 신기하게 기분이 상쾌해지고 이상한 기운이 넘친다는 것을 알게 되었다.

칼디의 전설

칼디는 이러한 사실을 수도사에게 전했고, 이후 그 빨간 열매는 '잠을 쫓고 영혼을 맑게 해 주는 신의 축복'이라고 하여 세상에 알려지게 되었다.

커피가 전 세계적으로 확대된 경로를 보면, 칼디가 발견한 빨간 열매가 에티오피아에서 홍해를 건너 예맨으로 전파되었고, 예맨에서부터 세계 최초로 커피나무 재배가 시작되어 이를 계기로 대량생산 체제에 들어갔다. 오늘날 예맨의 모카(Yemen Mocha)는 자메이카의 블루마운틴(Jamaica Blue Mountain)과 하와이언 코나(Hawaiian Kona)와 함께 세계 3대 커피로 불린다. 커피가 유럽에 전파된 것은 1600년경이며, 유럽인들의 사랑을 듬뿍 받아 지금의 카페문화가 등장하여 오늘날 커피 산업의 모태가 되었다.

커피의 식물학상 속명은 'coffea'이다. '기운을 북돋우는 것'의 의미를 가지고 있다. 그 어원은 에티오피아 북부지역인 '카파(Kaffa)'라는 지명에서 유래되었다. 이후 커피는 유럽으로 전해지면서 이탈리아에서는 caffe, 프랑스에서는 cafe, 독일에서는 kaffee, 네덜란드에서는 koffie, 영국에서는 coffee로 불리고 있다. 일본은 네덜란드 영향으로 코히, 중국은 가배, 러시아는 kophe, 체코는 kava, 베트남은 caphe로 불린다.

| 커피 전문점 전성시대 |

우리나라에는 다양한 커피 전문점들이 있다. 2019년 한국기업평판연구소의 조사 결과 국내에 29개의 대형 커피 전문점이 있다. 이중 스타벅스(Starbucks) 전문점이 가장 널리 퍼져 있고, 국민들의 사랑을 가장 많이 받고 있는 것으로 나타났다. 스타벅스는 2위 브랜드인 커피빈

(Coffeebean) 브랜드 평판보다 무려 4배나 높은 평판 지수를 나타내는 압도적인 인기 브랜드이다. 2위 그룹인 커피빈, 투썸플레이스, 이디야는 약간의 점수 차이는 있지만 근소한 차이를 보이며 2위 그룹을 형성하고 있다.

그렇다면 스타벅스는 무슨 이유에서 압도적인 인기를 누리고 있는 것일까? 스타벅스는 2017년 기준으로 64개국에서 총 27,339개의 매장을 운영하는 세계에서 가장 큰 다국적 커피 전문점이다. 최초의 스타벅스점은 샌프란시스코대학교 동창인 3인의 동업자 고든 보커, 제리 볼드윈, 지브 시글이 1971년 미국 워싱턴주 시애틀에서 개점한 것에서부터 시작한다.

최초의 스타벅스점을 낸 고든 보커(좌), 제리 볼드윈(중앙), 지브 시글

1970년대 대다수 미국인은 쓴맛이 강한 로부스타(Robusta) 커피를 주로 마셨지만, 3인의 스타벅스 동업자는 부드럽고 향기가 뛰어난 아라비카(Arabica) 원두를 선호했다. 그렇지만 북미 쪽에는 아라비카 원두를 판매하는 공급처가 많지 않았고, 이들이 거주하던 시애틀에는 한 곳도 없었다. 이들은 그런 불편함을 없애고자 시애틀 인근에 자신들이 직접 아라비카 원두 판매점을 열기로 뜻을 모아 커피 전문점을 오픈했다. 상호명인 스타벅스는 허먼 멜빌(Herman Melville)의 소설 《모비딕(Moby-Dick)》에 등장하는 일등 항해사 '스타벅'의 이름을 딴 '스타벅스 커피, 티 앤 스파이스(Starbucks Coffee, Tea and Spice, 스타벅 3명이라는 뜻으

로 '스타벅스(복수형)'를 취함)'와 사이렌(Siren, 바다의 신)의 형상을 응용해 간판을 만들었다. 이것이 오늘날 '스타벅스' 브랜드의 시작이다.

시애틀의 조그만 커피숍이 오늘날과 같이 전 세계에서 가장 큰 커피 전문점 스타벅스로 성장하게 된 계기는 1983년 하워드 슐츠(Howard Schultz)가 스타벅스 커피, 티 앤 스파이스에 합류하면서부터이다. 하워드 슐츠는 원두 판매점에서 감성적 체험을 제공하는 커피 프랜차이즈 브랜드인 스타벅스로 전환했다. 이후 스타벅스는 세계시장에 진출해 프랜차이즈 가맹점을 늘려나갔고, 1990년대 이후 적극적인 인수 합병을 통해 캔 커피, 병 커피, 인스턴트커피, 주스 등으로 사업영역을 확장하여 오늘날에 이르고 있다.

미국 커피 전문점 스타벅스가 국내에 처음 진출한 것은 1999년 7월 신세계와 합작해 개점한 이화여대점이다. 스타벅스 1호점이 개장한 이후 한국 정착과정이 순조롭지는 않았다. '싸고 달달한' 150~200원짜리 자판기 믹스커피에 익숙했던 사람들에게 스타벅스 커피의 맛과 가격은 낯설고 불편할 수밖에 없었기 때문이다. 처음 개점 당시 스타벅스의 아메리카노 한 잔 가격은 2,500원으로 짜장면 한 그릇 값과 비슷했으니 어찌 불편하지 않았겠는가? 더구나 뜨거운 커피와 찬 커피밖에 선택지가 없던 한국 커피 시장에 카푸치노, 라테 같은 생소한 이름 때문에 "무슨 커피가 이렇게 비싸고 써! 발음도 어렵고. 그냥 환불해주세요."라는 불평을 감수해야만 했다. 또한 초기 스타벅스는 '과소비의 상징'으로 과소비를 일삼는 여성을 뜻하는 '된장녀'라는 신조어 뒤에는 항상 스타벅스가 따라붙었다. 그런데 20년이 지난 현재 국내 주요 커피 전문점 아메리카노 가격은 대부분 4,000원을 호가한다. 전국 스타벅스 매장은 1,200개를 훌쩍 넘었다. 스타벅스커피 코리아의 매출은 2016년 1조 원을 넘어섰고 곧 2조 원 달성을 눈앞에 두고 있다. 지금은 테이크아웃 커피를 손에 든 여성에게 '된장녀'라는 말을 꺼내는 사람은 아무도 없다. 오히려 스타벅스가 있는 곳을 역세권에 빗댄 '스세권'이란 말까지 나왔다. 지난 20년간 무슨 일이 있었던 걸까? 스타벅스가 뜨고 한 시대를 풍미하던 믹스커피가 줄어들게 된 이유는 무엇일까?

| 스타벅스의 성공에 담긴 3가지 메시지 |

스타벅스 커피 전문점이 성공한 이유는 여러 가지이다. 개인적인 시각에서 중요한 성공 요인을 꼽으라면 낯설음과 토착화 그리고 스토리라 하겠다.

❶ 낯설음의 매력은 도전을 부른다.

반신반의로 스타벅스 매장을 찾은 고객들을 사로잡은 건 낯선 분위기였다. 다양한 커피를 맛볼 수 있다는 것도 낯설었지만 문화·휴식 공간을 표방한 스타벅스의 전략은 고객들을 카페로 모이게 했다. 특히 고객에게 눈치를 주지 않는 카페 분위기는 국내 소비자에게 낯설음과 동시에 큰 매력이었다. 낯설음 전략 안에는 과거에 없던 문화를 고객 스스로 즐길 수 있게 유도하는 전략과 고객을 멋있어 보이게 만드는 전략이 숨어 있다.

예를 들어 그리스 신화에 나오는 '사이렌(Siren)'이 새겨진 스타벅스 용기를 들고 다니며 스스로 멋있게 느끼게 하는 문화, 앉아 마시던 커피를 들고 다니며 먹을 수 있게 한 테이크아웃 문화, 이런 문화는 사원증을 목에 걸고 스타벅스 커피 한 잔을 손에 들고 다니는 것이 현대적인 직장인으로 생각하게 하는 문화를 고객들 스스로 만들게 하였다. 만일 과거의 다방 문화와 동일하고 커피 맛만 다른데 가격은 비쌌다면 스타벅스가 오늘날처럼 성공할 수 있었을까? 스타벅스 성공의 핵심에는 다름, 즉 '낯섦'이 있었다. 고객들은 애플의 캐치프레이즈처럼 "Think Different"의 의미를 생각하게 하는 낯설음에 매력을 느낀 것이다.

스타벅스를 이용하는 고객은 "몇 잔을 주문하든 몇 시간을 앉아 있든 눈치를 주지 않는 게 기존 카페들과 달랐던 것 같다", "편하고 익숙한 공간으로 느껴지면서 더 자주 찾게 됐다", "문화공간을 표방한 스타벅스에 있는 것만으로 교양 있는 사람이 된 것으로 느끼는 기분이 좋았다."는 반응이었고, 기성세대들에게는 생경한 문화였던 카페에서 회의를 하거나 공부를 하는 스타벅스의 공간 마케팅은 '낯섦' 자체였지만 동시에 매력이었다. 왜? 낯설지만 왠지 멋있어 보이니까! 그리고 그 전략은 지금도 진화 중이다.

❷ 스타벅스는 그 나라와 지역에 맞는 토착화 전략으로 고객들의 거부감을 낮췄다.

아무리 낯설고 매력적인 경험이라 하더라도 그 나라의 정서와 문화에 반하는 경우 정착하기 힘들다. 일례로 한국에서는 엄청나게 성공한 스타벅스지만 호주에서는 막대한 적자를 기록한 것이 좋은 예이다.

호주는 세계에서 가장 큰 커피 시장 중 하나이다. 그렇지만 호주는 특이하게 북미 시장 프랜차이즈의 무덤이라 할 정도로 미국의 프랜차이즈 진입이 쉽지 않다. 버거 킹, 크리스피 크림, 타코벨, 퀴즈노스 등이 호주 진출에 실패하였고, 스타벅스 역시 예외가 아니었다. 스타벅스는 우리나라에 진출한 다음 해인 2000년에 호주 시장에 진출하여 공격적으로 확장을 시도하며 짧은 시일 내에 87개의 점포를 냈지만, 8년 뒤인 2008년에는 1억 500만 달러(약 1,180억 원)의 영업손실을 내고 70%에 해당하는 63개의 점포가 문을 닫고 말았다. 왜냐하면, 호주인들은 호주 국민 커피로 불리는 에스프레소를 비롯해 플랫 화이트 또는 호주식 마키아토를 선호하는데 스타벅스는 프라푸치노나 카푸치노, 마키아토, 블렌디드 등 혼합 커피를 주력으로 내세웠기 때문이다.

호주와는 달리 우리나라 스타벅스는 토착화 전략에 성공한 경우이다. "이전에 젊은 층 위주였던 카페가 남녀노소가 즐기는 문화공간이 될 수 있게 한 것은 스타벅스의 영향이 가장 컸다", "국내 커피 산업에 불을 붙여 토종 브랜드가 나올 수 있도록 시장을 키운 것도 스타벅스이다"라는 평가를 받은 것이 스타벅스이다. 스타벅스 안국점은 한글로 된 간판을 달고 있기도 하고, 스타벅스 건물 외형을 한옥을 그대로 살려 한옥 스타벅스를 표방한 것도 토착화 전략의 하나이다.

한글 간판의 스타벅스 안국점

스타벅스는 미국과 다른 나라의 스타벅스에서 커피 등의 음료는 균일한 품질을 제공하는 한편 빵, 케이크, 샌드위치, 베이글 등은 각 지역의 특성에 따라 조금씩 다르게 적용하고 있다. 이를테면 중국의 스타벅스에서는 중추절 기간에 월병을 판매하기도 한다. 또한 스타벅스는 거의 모든 매장에서 금연 규칙을 따르고 있는데, 이는 커피의 향이 담배 향과 섞이는 것을 막기 위해서이다. 그렇지만 이와 같은 규칙은 독일과 일본같이 흡연이 비교적 자유로운 나라에서는 별도의 흡연 구역을 만들어 흡연하는 사람들이 이용하게 하기도 한다.

최근에는 토착화 전략의 범위가 점차 확대되어 나라별 머그잔, 스타벅스커피 코리아가 2014년에 도입하여 실시하고 미국 본사에 역수출한 '사이렌 오더' 서비스, 제주에서만 선보이는 제주 까망라테, 제주 선샤인 키위 블렌디드, 제주 한라봉 말차 블렌디드 등 음료 부문에서도 제주 스타벅스만의 신메뉴를 개발하여 고객들이 자연스럽게 매력을 느끼게 하는 토착화 전략을 선보이기도 했다.

❸ 끊임없이 이야기를 만들고 브랜딩을 만드는 전략이다.

커피는 맛도 맛이지만 스토리로 만든 브랜딩이 좌우하는 산업이다. 왜 사람들은 비싼 돈을 내고 스타벅스 커피를 마실까? 맛만 따진다면 더 나은 커피숍이 있을 수도 있다.

하워드 슐츠 회장은《커피 한잔에 담긴 성공신화》에서 오늘날의 스타벅스 커피점을 생각하게 된 계기를 밝힌 바 있다. 그가 젊었을 때 미국에는 커피를 마시는 카페문화가 없었다. 그에게 카페문화의 영감을 준 곳은 이탈리아였다. 하워드 슐츠는 처음 간 이탈리아에서 백 년 넘은 커피숍을 방문한 적이 있는데, 오래된 만큼 커피숍 나무 바닥에서 저벅저벅 발소리가 나고 커피 향이 가득한 것이 인상적이었다고 한다. 카운터에는 멋진 이탈리아 신사가 '봉 지오노' 하고 인사를 건네고, 커피를 만드는 사람을 '바리스타'라는 멋진 이름으로 부르며 바리스타가 커피머신의 금속 막대를 누르자 '쉭~' 소리가 나면서 커피가 빠져나오고, 바리스타는 카운터에 기다리는 손님에게 에스프레소 한 잔을 건넴과 동시에 다음 손님에게는 하얀 거품이 있는 카푸치노를 전하며 다정하게 대화를 나누고 우아하게 움직이는 모습이 하나의 그림처럼 느껴졌다고 한다. 커피숍 내부와 주변은 온통 활기가 넘치는 풍경이었고, 그곳에 매일 오는 친구들뿐만 아니라 처음 만난 손님들도 자연스럽게 대화를 나누는 것이 미국에서는 볼 수 없었던 모습이었기에 하워드 슐츠는 이러한 신문화를 미국에도 만들고 싶었다고 한다.

그런데 스타벅스의 이런 탄생 비화와는 달리 실제 우리나라 스타벅스 커피숍은 대형 건물의 일부이기 때문에 바닥이 콘크리트라서 저벅저벅 나무 소리가 나지도 않고, '쉬익~' 하는 스팀 소리도 크게 들리지 않으며, 바리스타가 멋지게 대화를 유도하고 테이블 사이를 오가며 정겹게 하는가? 처음 본 사람에게 말을 걸 수도 없고, 대부분 노트북이나 휴대폰을 보면서 혼자만의 시간을 갖는 것이 일반적인 풍경이다. 그럼에도 스타벅스는 마치 하워드 슐츠가 이탈리아에서 경험한 것과 같은 카페를 상상하게 만들어 편안한 휴식을 유도하는 듯 상상하게 만든다. 스타벅스는 품질만으로 성공한 것이 아니라 스토리로 브랜드를 만드는 데 성공한 것이다.

이처럼 체험이 가미된 스토리는 브랜드를 더욱 강력하게 만든다. 스토리는 반드시 사실 그대로 존재하지 않아도 된다. 박혁거세가 박에서 태어난 이야기라든지, 산딸기를 먹고 난 후 소변을 보았더니 요강이 엎어졌다는 복분자 이야기처럼, 실제 상황이 그렇지 않아도 또한 스타벅스가 이탈리아 카페 같은 분위기가 아니라 독서실 같은 공간일지라도 아름다운 체험 이야기 또는 고객을 설득하는 스토리는 브랜드를 더욱 좋게 만드는 영양분이다.

오늘날 우리나라에서 커피는 김치만큼이나 없어선 안 될 존재다. 손님을 대접할 때는 묻지도 따지지도 않고 커피가 등장한다. 웬만한 식당 출구에는 당연한 듯이 커피 자판기가 놓여 있다. 서울 시내에 있는 웬만한 크기의 사거리에는 여지없이 한 개 또는 두 개의 커피 전문점들이 진을 치고 있다. 때로는 도로 하나를 사이에 두고 마주 보고 있는 스타벅스를 만날 때도 있다. 그런데도 모두 성공을 거두고 있으니 스타벅스에서 배울 점이 많다.

생각을 만드는 생각을 방해하는 것들

호모 사피엔스-사피엔스(Homo sapiens-sapiens)까지 가지 않더라도 인간이 동물과 다른 점이 무엇인지 그리고 어떻게 만물의 영장이 되었는지 대부분의 사람이 알고 있다. 인간과 동물의 대표적인 차이점은 문자를 쓰고 기록을 남길 줄 안다는 것이다. 그리고 인간은 다른 생물은 사용할 줄 모르는 불을 사용한다는 점이 다르다. 아무리 똑똑한 원숭이라도 모여 앉아 고기를 구워 먹지는 않는다. 원숭이들이 모여 고기를 구워 먹고 술 한 잔 나누는 모습을 본다면 웃길까, 아니면 무서울까?

실제로 우리 인간은 첨단 기술 및 정보화 시대에 살고 있고, 휴대폰도 사용하고 있고, 수없이 많은 CCTV 속에서 안전하게 보호받고 있으니 원숭이들이 고기 좀 구워 먹는다고 우리에게 위협이 되지는 않을 수 있다. 그런데도 인간이 아닌 다른 생물이 불을 사용한다면 그건 심각하게 중대한 일이 될 수도 있다.

지금까지 발견된 자료에 따르면, 인간이 불을 처음 사용한 시기는 호모 에렉투스가 살았던 142만 년 전의 일이다.[1] 그 증거를 보여주는 아프리카의 유적 중 케냐의 체소완자에는 짐승의 뼈가 불에 탄 진흙과 함께 발견되어 인간이 불을 사용한 흔적을 찾을 수 있다. 고생물학자들은 50여 개의 불에 탄 진흙 조각들이 배열을 이루고 있는 점에 근거하여 화로를 사용한 것으로 추측하고 있다.[2] 인간은 어느 정도 시간이 지나 불을 익숙하게 사용하게 되면서 날것보다는 익힌 것이 더 좋다는 사실을 깨닫게 된다.[3] 또한 사람들은 불을 통해서 보온은 물론 외부로부터의 침입에 대한 안전을 보장받고, 추운 밤에도 활동할 수 있어 활동시간이 확대되었다. 포식자나 곤충으로부터 보호도 받을 수 있게 되었다.

이와 같은 발전 과정을 다윈의 진화론 시각으로 보면 인간 다음으로 지능이 발달한 원숭이들도 사람처럼 142만 년이 지나면 불 정도는 사용할 수 있을지도 모른다.[4] 여하간 지금까지는 사람 말고는 불을 사용할 줄 아는 생물은 없다. 그러니 불을 사용하는 것은 인간이 다른 생물과 구분되는 뚜렷한 특징이라 할 수 있다.

인간이 문자를 남기거나 불을 사용한다는 것 말고 다른 생물과 구별되는 또 다른 특징은 무엇이 있을까? 또 하나의 특징은 인간은 생각을 한다는 것이다. 사람은 생각을 할 뿐만 아니라 사색과 명상을 통해 미래를 예측하거나 상상할 수 있다. 중요한 핵심을 찾아내고 요약할 줄 아는 추상 능력이 있다.

---

1 위키백과, 2020. 6. 29일 자 검색

2 피터 왓슨, 《생각의 역사1》, 들녘, 2009. 53~54쪽

3 마귈론 투생-사마, 《먹거리의 역사(상)》, 까치글방, 2002. 15쪽

4 패트리샤 맥코넬(2011), 《당신의 몸짓은 개에게 무엇을 말하는가?》에서는 보노보와 침팬지, 인간의 DNA 염기 서열은 97%가 일치한다고 하였다. 이들은 모두 집단을 이루어 생활하며 상호 커뮤니케이션을 중요시한다. 보노보는 모계 사회를 이루며, 침팬지는 부계 사회를 이루며 공동생활을 한다.

인간은 생각할 줄 알기 때문에 오늘날과 같은 과학적인 문명을 이룩했다. 사람은 명상이나 묵상을 하며 진리를 깨닫고 도(道)를 터득하기도 한다. 사색과 통찰을 위한 장소는 휴대폰과 인터넷, 인공지능을 쉽게 접할 수 있는 장소가 아니라 조용하고 한적한 곳을 선호한다. 명상이나 사색을 하기 좋은 장소는 동굴처럼 매우 상징적인 곳이다. 동굴은 그리스 철학자 플라톤의 《국가》에 등장하기도 하고, 이스라엘 예언자 엘리야는 신의 미세한 침묵의 소리를 시나이산 동굴에서 들었다. 마호메트가 계시를 받았다는 메카 외곽에 위치한 히라(Hira) 동굴도 있다. 우리 주변에서 볼 수 있는 점쟁이나 도인이라 일컫는 사람들도 최소한 계룡산에서 몇 년을 수도했다며 오랜 시간 생각하고 사색한 것을 경력으로 내걸기도 한다.

대부분의 남성은 상상력과 호연지기를 키우기 위해 무협지 한 수레 정도는 읽었을 것이다. 그런 무협지에 등장하는 주인공 역시 젊었을 때 중원에서 갖은 고생을 하다가 끝을 알 수 없는 낭떠러지로 떨어져 죽는 줄 알았는데 깨어나 보니 칠흑 같은 어둠 속에서 도를 닦고 있던 기인을 만나 절세 무공을 전수 받고 중원을 평정하는 스토리가 아주 많다. 그만큼 생각은 인간을 다른 생물과 구분하는 중요한 기준이 된다.

그런데 최근에는 인간을 다른 생물과 구분하는 가장 대표적인 특징인 생각의 힘을 점점 발휘하지 못하고 있는 듯하다. 어떻게 하든 한 단어라도 더 외우려고 새까맣게 손때 묻은 사전을 이제는 볼 수 없게 되었다. 손쉽게 휴대폰에서 검색하면 어떤 단어도 다 찾을 수 있으니 두꺼운 사전을 하나하나 찾을 필요가 없다.

웬만한 친구들의 전화번호는 다 외우던 시절이 얼마 안 된 거 같은데 지금은 자기 전화번호도 가끔씩 잊어버릴 때가 있다. 불과 10년 전만 해도 웬만한 주소는 외우고 다니기도 했고, 잘 모를 때는 전국 지도를 펼쳐 위치를 찾거나 도로 번호나 국도 번호를 따라 운전하여 찾아갔었다. 그런데 지금은 내비게이션 없이는 어떤 곳도 찾아가지 못하는 길치가 되었다는 사람들도 많다. 정보과학기술의 발전으로 엄청난 정보가 쏟아지는 것 같은데 IQ는 점점 더 낮아지는 것 같다.

이런 것들은 꼭 기억하고 머릿속에 있어야만 훨씬 더 효율적이고 좋은 성과를 내는 것은 아니니까 상관없다. 휴대폰이든 내비게이션이든 목적지를 더 수월하게 찾아갈 수 있는 방법이 생겼으니 그만큼 편리해진 것은 틀림없다. 그렇다면, 휴대폰이나 내비게이션으로 우리의 지적능력 사용이 대체된 후에 우리는 더 창의적이고 좋은 생각으로 가득해야 한다. 우리의 눈은 별 효용성 없는 전화번호를 외우느라 정신 팔지 않고 상대방 눈을 바라보고 집중할 수 있어야 한다. 우리의 손은 따뜻하게 상대방을 잡아줄 수 있어야 한다. 그러나 실제 상황은 그렇지 않다. 영어 단어가 기억나지 않으면 기억력에 의존하지 않고 자동으로 휴대폰 사전을 찾게 된다. 외국어가 필요할 때도 파파고와 같은 통역 애플리케이션을 사용한다. 모르는 것이 있어도 손이 조금만 수고를 하면 되니 아무 걱정할 것 없다. 간단한 칩 하나를 뇌의 일부에 부착하면 몇 개 국어를 자동으로 할 수 있게 된다는 기사가 종종 발표된다. 매일 반복적으로 되뇌이며 영어 공부를 할 필요가 없다는 자녀들에게 더는 할 말이 없게 될지도 모른다.

대화 중에 모르는 말이 나오면 네이버나 구글 검색을 하고, 책을 읽는 대신 유튜브 동영상을 시청하고, 목소리 좋은 성우가 읽어 주는 것을 듣기만 하는 오디오 북이 유행이다. 상대방 눈과 마음을 쳐다보거나 느낄 틈도 없고 필요도 없다. 이 정도라면 그냥저냥 적응하며 살아볼 만할 것 같다. 그런데 내가 상대방을 바라봐 주지 않고, 휴대폰만 검색하고, 카톡 메시지를 확인하고, 유튜브로 지식을 습득하고, 인터넷 쇼핑에 빠지면 빠질수록 나의 정보와 취향을 누군가 취합하여 내가 딴생각을 못 하도록 조정하는 무엇인가가 있다는 생각이 들지 않는가? 정보를 제공 받는 것이 아니라 왠지 내가 없어지는 기분이 들지 않는가?

고객이 아마존에 들어오면, 강력한 아마존 추천 시스템(Amazone Recommendation System)이 작동하기 시작한다. 추천 시스템의 기반은 상품 정보와 고객 정보인데 추천 시스템이 정보를 모아 고객 간의 유사성과 상품 간의 관계성을 파악한다. 그럼 아마존의 추천 시스템은 내가 미처 다른 생각을 할 겨를도 없이 맞춤형 정보를 제공한다. 망설인다 싶으면 추천한 상품을 구매한 다른 사람까지 보여준다. 그리고 말을 걸진 않지만 이런 생각이 들도록 유도한다.

'생각할 필요 없어. 이 상품은 내가 대신 생각해 봤는데 너에게 딱 맞아.'

'의심하지 마. 너 누구누구 알지? 그 사람들도 이거 샀어. 그러니 너는 그냥 이걸 사면 돼. 그럼 너는 그들과 똑같아지는 거야. 어때? 멋있지?'

아마존의 추천 시스템을 운영하는 A9의 홈페이지에는 아예 대놓고 "위대한 검색은 고객들에게 우리의 검색이 그들의 마음을 읽어 주는 것처럼 보이는 것이다(Great search can seem to customers like it is reading their minds.)"라고 한다. 대신 나의 마음을 읽어 주고 대신 생각해 주겠다고 한다.

지금 인간은 스스로 발생시키는 정보에 의하여 자신의 행동 패턴을 읽히게 되고, 그에 따라 다음 행동이 예측되며, 생각의 범위나 관심 분야를 노출하게 되어 누군지도 실체가 분명치 않은 그것에 의하여 나의 의도와 미래 행동 유형이 결정되고, 예측된 범위 내에서 행동하게 된다. 페이스북이나 인스타그램 같은 애플리케이션에서는 끊임없이 '알 수도 있는 사람' 또는 '적합한 친구'를 추천해 준다. 유사한 취향과 성품을 가진 사람을 친구로 등록하고 친구들과 유사한 생각과 취미를 이야기하고, 유사한 내용과 대목에서 감동 받은 사람들끼리 '좋아요'를 눌러주고, 댓글을 달아주고, 그러면서 내 생각은 점차 편향적으로 변해간다. 그리고 급기야는 굳이 생각을 하지 않아도 된다. 추천하는 대로 해도 되니까 말이다. 마치 내비게이션이 가라는 대로 가는 것처럼 다른 것들도 하나씩 하나씩 생각을 안 해도 된다. 그리고 이렇게 합리화하게 될지도 모른다.

'그래도 우리는 원숭이처럼 불에 고기도 못 구워 먹는 존재는 아니잖아?'

'우리는 불을 사용할 줄 안다고. 그러니 휴대폰아, 생각은 네가 대신해 주지 않을래?'

'난 지금 친구한테 카톡 와서 바쁘거든?'

너무 우울하게 세상을 바라본 것인가? 아니면 '우리는 무한한 가능성을 가진 사람이다. 결코 컴퓨터나 인공지능에 구속되어 그 안에서 허우적대지 않을 것이다. 컴퓨터는 한낱 기계에 불과하다. 그러니 우리가 컴퓨터를 지배할 수 있어.'라고 생각하는가?

이런 우울한 생각이나 상황에서 벗어나려면 우리의 생각을 컴퓨터에 맡기지 말고 더 많이 생각하고 사색해야 하지 않을까? 컴퓨터가 추천하는 대로가 아니라 다르게 봐야 하는 거 아닐까? 사소한 것 중에서 컴퓨터가 대신해 주는 것이 있다면, 여분의 시간에는 지능을 보다 창의적이고 더 좋은 일로 채워야 하는 게 아닐까?

혁신은 전문가의 전유물인가?

요즘 가장 자주 듣는 말 중 하나는 "환경이 많이 변한다."는 말이다. 그러나 변화는 어제도 있었고, 내일도 있을 것이며, 새삼스러울 것이 없다. 변화가 없다면 호기심도, 추진력도, 기대감도, 두려움도, 발전도, 희망도 없다. 그러므로 "우주에 변하지 않는 유일한 것은 변한다는 사실뿐이다."라고 주장한 헤라클레이토스(Heraclitus of Ephesus)의 말처럼 변화 안에서 살아가는 것을 당연하게 생각해야 한다. 우리가 관심을 가져야 할 것은 변화가 아니라 '변화의 속도'이다. 변화 자체는 당연한 것이지만, 변화의 속도가 얼마나 빠르냐는 다른 문제이다. 변화가 매우 빠르고 크게 온다면 어떻게 대응해야 하는가?

변화의 속도가 빠르고 크다면 이에 대한 대응도 빠르고, 크고, 대담한 혁신으로 대응해야 맞다. 그러나 아무리 훌륭한 혁신적인 전략일지라도 위험하고 저항이 있으며 반대급부가 있다. 혁신의 규모가 크고 빠르고 전면적일수록 그에 따른 희생과 실패 가능성도 같이 증가한다. 단기적으로는 위로부터의 강력한 혁신 의지로 저항하는 모습을 드러내지 않지만 시간이 지날수록 부작용이 나타나는 예는 수없이 많다. 그러므로 우리는 대대적인 혁신도 중요하지만 주변에서 조금만 생각을 달리하면 할 수 있는 소소한 변화에 더 관심을 가져야 한다. 비를 막을 때 최첨단의 고층 인텔리전트 빌딩을 세우는 것도 방법이지만 비가 새는 구멍에 기왓장 하나를 얹는 것도 방법이기 때문이다. 작은 성공 스토리는 크게 눈에 띄지 않게 저항감이나 거부감 없이 하나씩 축적하면서 변화에 대응할 수 있다.

소소하지만 의미 있는 성공 스토리를 만들어 가려면 먼저 고정관념을 버리는 것이 중요하다. 짐 콜린스(Jim Collins)는 "우리의 가장 큰 적은 '이 정도면 됐어(Good is the enemy of great)'라는 타성이다."라고 하였다. 성공 스토리 또는 변화에 대응하는 것이 어려운 이유는 새로운 생각을 떠올리는 것이 어려워서가 아니라 낡은 생각에서 벗어나는 것이 어렵기 때문이다. 노자(老子)는 《도덕경(道德經)》에서 사람들은 무엇인가 이름을 짓거나 규정하거나 정의하려고 하는데 그 순간부터 고정관념에 빠지게 된다고 하였다. 성공 스토리를 만들기 위해서는 기존의 상식과 지식, 선입견, 편견을 깨야 얻을 수 있다. 혁신은 이루기도 힘들지만 받아들이기도 힘들다. 이는 혁신을 이해하지 못했기 때문이며, 사람들은 본능적으로 이미 익숙한 고정관념에서 편안함을 추구하기 때문이다.

혁신은 전문가의 전유물이 아니다. 혁신을 추구하기 위해 때로는 전문가의 눈을 버려야 한다. 전문가는 해당 분야에 수많은 지식을 쌓았고, 자기가 알고 있는 지식을 다른 사람도 알 것이라는 고정관념에 매몰되어 인식의 왜곡을 가져오는 '지식의 저주(The Curse of Knowledge)'[1]에 빠질

1 다른 사람의 행동이나 반응을 예상할 때 자기가 알고 있는 지식을 다른 사람도 알 것이라는 고정관념에 매몰되어 나타나는 인식의 왜곡(cognitive bias)을 의미한다.

수 있기 때문이다. 전문가는 창의적인 면에서 자유롭지 않을 수도 있다. 반대로 생각하면 전문성이 높지 않아도 창의적이 될 수 있다는 말이다. 그러므로 진정한 환경변화에 대응하려면 작은 성공 스토리가 필요하다.

최근 대형 의료기관을 중심으로 고객 서비스 분야에서 변화가 나타나고 있다. 과거에 없던 조직들이 탄생하고 있다. 환자공감센터, 창의(創意)센터, 이노베이션 디자인센터, 서비스 디자인센터 등 다양하다. 이러한 조직들은 메이요 클리닉(Mayo Clinic)[2]의 혁신센터(Center for Innovation)와 클리블랜드 클리닉(Cleveland Clinic)[3]의 환자경험국(Office of Patient Experience)에서 영향을 받은 것으로, 의료조직의 전문성을 추구하는 조직과는 결을 달리하는 영역으로 의료와 디자인 분야가 접목된 형태이다.

의료기관에서의 변화 양상은 조직뿐만 아니라 임상 진료 영역에서도 일어나고 있다. 일부 대형병원에서만 시행되던 팀 진료의 수가가 인정됨으로써, 중증환자를 대상으로 다학제적인 팀 진료(Multidisciplinary Team Approach)가 점차 활성화되고 있다. 팀 진료는 아직까지 투입되는 자원 대비 효율성 면에서는 미흡한 부분이 있지만, 환자 만족도 향상은 물론 진료 면에서도 만족할 만한 효과를 나타내고 있다. 이에 따라 임

2 메이요 클리닉(Mayo Clinic)은 미국 미네소타주 로체스터에 본사를 둔 종합병원이다. 로체스터 외에도 플로리다주 잭슨빌과 애리조나주 스코츠데일에 지부를 두고 있다. 또한 메이요 클리닉 헬스 시스템(Mayo Clinic Health System)이라는 이름으로, 미네소타주뿐만 아니라 아이오와주, 위스콘신주에도 병원이나 진료소를 운영하고 있다.

3 클리블랜드 클리닉(Cleveland Clinic)은 미국 오하이오주 클리블랜드에 위치한 종합병원이다. 존스홉킨스 병원, 매사추세츠 종합병원, 메이요 클리닉과 함께 미국 4대 병원 중 하나이다. 1921년 설립된 클리블랜드 클리닉은 미국 오하이오주를 중심으로 8개 지역병원, 16개 가정간호센터와 함께 1,440병상을 보유하고 있으며, 특히 심장질환 분야에서는 수십 년간 1위를 차지하고 있는 종합병원이다.

상조직도 전통적인 과(科) 중심 진료에서 팀 진료로의 전환뿐만 아니라 팀을 넘어 센터로, 센터를 넘어 병원 내 병원(Hospital in Hospital)의 형태로 발전하고 있다. 암 병원, 심장혈관병원, 치과병원, 재활병원, 스마트 병원 등 그 형태와 규모도 다양하게 변화되고 있다. 주목할 것은 이와 같은 변화의 형태가 의료진이 주체가 된 변화가 아니라 환자를 중심으로 한 변화라는 점이다. 이와 같은 변화는 2018년부터 시작된 환자경험평가가 많은 영향을 미쳤다고 볼 수 있다.

의료기관의 변화가 진행되면서 병원경영 전문가들의 역할도 점차 중요성이 높아지고 있다. 그동안 의료인력 대비 상대적으로 취약했던 병원경영 분야가 환경변화에 따라 중요성이 부각되고 있다. 우리나라의 의학교육은 미국의 의학지식을 바탕으로 일본의 조직구조가 결합한 형태이다. 세부 전공 분야에 집중적인 교육과 훈련을 하여 의료인들은 일정한 분야에서 고도의 전문성을 확보했지만, 복잡한 환경변화에서 통합적인 사고를 할 수 있는 기회가 많지 않았다. 그러므로 의료인들은 수술과 연구 및 진료 등 해당 분야에서 최고의 전문성을 발휘하는 것이 효율적이고 통합적인 시각으로 기관을 경영하는 것은 또 다른 영역의 전문가가 필요하다.

세계 최고 의료기관인 메이요 클리닉(Mayo Clinic)의 최고 행정 책임자인 제프리 코스모(Geoffrey Cosmo)는 "병원행정가는 전면에 나서지는 않지만 의료진들이 환자를 제대로 치료할 수 있는 제반 환경을 만들기 위해 연구하고 지원하며, 연극에 비유하자면, 관객이 가족과 환자라면 의료인은 배우에 해당하고 병원행정가는 연극이 제대로 진행될 수 있도록 무대 앞뒤에서 모든 역할을 다하는 위치이다."라며 병원행정가의 중요성을 강조하였다. 또한 유명한 병원행정가 데이브 레너드(Dave Leonard)도 "병원행정가는 진료의 모든 행위를 하나로 모으는 접착제 역할을 할 뿐만 아니라 그것들이 삐걱대지 않고 부드럽게 굴러가게 하는 경영모델을 만들고 협력하여 최대 가치를 창출하는 역할을 해야 한다."라고 언급한 바 있다.

병원은 다학제적인 구성으로 이루어진 노동집약적인 전문가 집단이다. 특히 대형병원의 경우에는 수십 개의 임상과와 지원조직으로 구성되어 있는데, 각각 다른 전문가 집단이다. 그런데 세포조직처럼 각자 역할을 하는 병원 환경은 무어의 법칙(Moore's Law)[4]을 허무하게 무너뜨릴 정도로 빠르게 통합적으로 바뀌고 있다. 이에 따라 의료기관은 이제 빠르고 큰 변화가 일어나는 정보의 홍수에서 복잡계를 관통하는 통합적인 사고를 갖춘 전문가를 요구하는 시대가 되었다.

---

4 무어의 법칙(Moore's Law): 마이크로칩의 밀도가 24개월마다 2배로 늘어난다는 법칙이다.

문제를 제대로 보는 4가지 유형의 안경

문제는 '해답을 요구하는 물음' 또는 '논쟁, 논의, 연구 따위의 대상이 되는 것'을 의미한다. 달리 표현하면 문제는 현재 상태는 아니지만 이루고자 하거나 이상적으로 생각하는 목표와 현재 상태 간의 차이(gap)라고 볼 수 있다. 즉 앞으로 이루어야 할 바람직하거나 높은 성과가 있는 상태와 지금 우리 현실과의 괴리가 문제이다. 이 괴리가 없다면 문제는 발생하지 않는다. 이미 바라는 대로 이루어졌기 때문이다. 그렇다면 문제를 어떻게 해결할 것인가?

문제는 해결하는 것이 아니라 다양한 현상에서 문제를 발견하고 나만의 해석을 거쳐서 정의하는 것이다. 문제를 제대로 정의하는 순간 해결책은 따라오기 때문이다. 문제가 있을 때 문제를 푸는 순서는 문제가 무엇인지 제대로 해석하는 것에서부터 시작해야 한다. 문제를 날카롭게 제대로 해석했을 때 해결책도 제대로 제시될 수 있다. 반면에 문제를 두루뭉술하게 정의하거나 제대로 파악하지 못했을 경우에는 해결책도 두루뭉술하거나 제대로 제시할 수가 없다.

문제를 제대로 날카롭게 해석하기 위해서는 두 가지가 필요하다. 먼저 제대로 볼 수 있는 눈이 필요하고, 고정관념을 갖지 않아야 한다. 《잃어버린 시간을 찾아서》의 작가 마르셀 프루스트(Marcel Proust)는 '진정한 발견이란 새로운 것을 찾는 것이 아니라 새로운 눈으로 보는 것'이라고 하였다. 제대로 보기 위해서는 제대로 볼 줄 아는 4가지 유형의 안경이 필요하다.

❶ 거시적 환경을 볼 수 있는 PEST라는 망원경이다.

거시환경 분석 도구인 PEST(Political, Economic, Social and Technological Analysis)는 거시적 환경 요소를 묘사한다.

정치적(Political) 요소는 정부가 경제에 간섭하는 정도이다. 정치적 요소는 정부 차원에서 진흥하거나 제재하고자 하는 재화나 용역의 종류를 포함하기도 한다. 국가적 차원에서는 중앙정부가 시행하는 정책을 의미한다.

경제적(Economic) 요소는 경제성장률, 금리, 환율, 인플레이션 등을 포함한다. 이러한 요소는 경제주체(기업)가 의사결정을 내리는 데 큰 영향을 끼친다. 예를 들어 금리는 비용에 영향을 끼치기 때문에 어느 정도에서 기업이 성장하고 확대될지를 가늠한다. 환율 또한 수출입 및 수입가격에 많은 영향을 끼치는 요소이다.

사회적(Social) 요소는 문화적 요소와 인구성장률, 연령대 분포, 직업태도, 안전 관련 요소 등이 포함된다. 사회적 요소로 기업체의 제품과 경영방식이 영향을 받을 수도 있다. 예를 들어 고령인구가 많다면 노동력이 줄고 노동투입비용은 늘어날 것이다. 또한 다양한 경영전략을 세워서 중

장년층 채용과 같은 사회적 변화를 반영하게 될 것이다.

기술적(Technological) 요소는 R&D 활동, 자동화, 기술 관련 인센티브, 기술혁신 등을 포함한다. 이런 요소는 진입장벽, 아웃소싱 등에 영향을 미친다. 기술적 요소는 기술 투자와 품질, 비용 및 혁신에도 영향을 끼치는 요소이다.

이밖에도 법적(Legal) 요소와 환경적(Environmental) 요소까지 포함할 경우 PESTLE 분석이라고도 한다.

❷ 자신이 속한 산업 분야를 바라볼 수 있는 안경이다.

이 안경은 5세력 분석(5 Forces Analysis)이다. 5세력 모형(Five Forces Model)은 경쟁세력 모형 중 하나로서 기업에 대한 5개의 경쟁세력을 나타낸 모형으로 다음 그림과 같은 모형이다. 이 모형은 마이클 포터(Michael E. Porter)[1]에 의해 개발된 모형으로 전통적 경쟁자, 신규시장 진입자, 대체재, 고객, 공급자의 5가지 세력이 기업의 운명을 좌우한다고 보았다.

1 마이클 포터(Michael E. Porter)는 '현대 전략 분야의 아버지'라 불리는 명실공히 경영전략의 세계 최고 권위자다. 피터 드러커, 톰 피터스와 함께 세계 3대 경영석학으로 평가받는다. 경영학과 경제학을 가로지르고 개별 기업, 산업구조, 국가를 아우르는 연구를 전개해 지금까지 17권의 저서와 125편 이상의 논문을 발표했다. 저서 중 《경쟁전략(Competitive Strategy)》(1980), 《경쟁우위(Competitive Advantage)》(1985), 《국가 경쟁우위(The Competitive Advantage of Nations)》(1990) 3부작은 '경영전략의 바이블이자 마스터피스'로 공인받고 있다. 여기서 제시한 경쟁우위, 산업구조 분석, 5가지 경쟁요인, 본원적 전략, 전략적 포지셔닝, 가치사슬, 국가경쟁력 등의 화두는 전략 분야를 넘어 경영학 전반에 새로운 지평을 열었다.

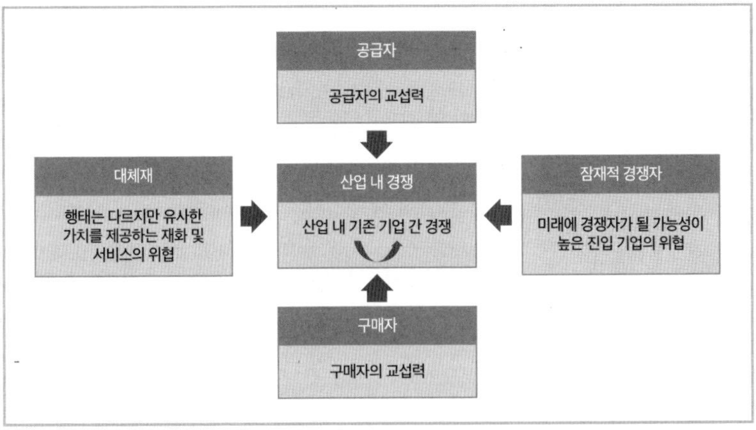

마이클 포터의 5세력 분석

❸ 고객과 경쟁사를 이해하기 위한 안경이다.

고객과 경쟁사를 이해하기 위해서는 미래의 수레바퀴(Future's Wheel) 모형이 필요하다. 이 모형은 사회 트렌드와 특정 사건들이 가져오는 1차, 2차, 3차 영향과 그 결과를 밝히도록 해주는 방법론으로, 1971년 제롬 글렌(Jerome Glenn)[2]이 개발한 미래예측기법이다. 1972년 봄 퓨처스 휠의 다양한 변형들이 임팩트 휠, 마인드맵핑, 웨빙 등 다양한 이름으로 불리며 활용되었다. 퓨처스 휠은 현재 기업의 미래기획팀이나 세계 정책입안자들이 앞으로 다가올 잠재적인 문제점들을 파악하고, 새로운 가능성, 시장 규모, 상품기획, 서비스, 마케팅 등에 활용하기 위한 전략을 짜거나 액션플랜을 만들기 위해 만들어보는 바퀴 모양으로 생긴 그림에 미래예측 단어들을 써넣는 것이다.

2 제롬 글렌(Jerome Glenn)은 밀레니엄 프로젝트 회장과 세계 미래연구기구협의회장으로 대표적인 미래학자이다.

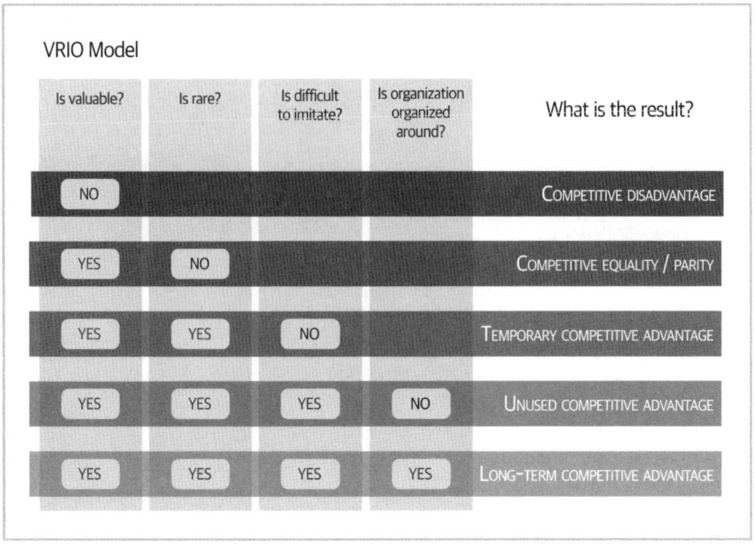

브리오 기법의 활용(출처: https://mbanote2.tistory.com/297)

❹ 자기 자신을 살펴보기 위한 현미경이다.

제이 B. 바니(Jay B. Barney)[3]의 브리오(VRIO) 기법이 있다. 이 기법은 4가지 질문으로 자사의 경쟁력을 분석하는 안경이다.

① 경제적 가치가 있는가(Valuable)

② 희소성이 있는가(Rarity)

③ 모방 가능성이 없는가(Inimitability)

④ 조직화할 수 있는가(Organization).

이와 같이 4가지 안경을 통하여 주변을 둘러싼 환경과 자기 자신을 깊

3 제이 B. 바니(Jay B. Barney) 교수는 예일대학교에서 석사, 박사 학위를 취득하였으며, 캘리포니아 대학교와 텍사스 에이엔엠대학교에서 교수직을 역임하였다. 현재 바니 교수는 오하이오주립대학교 경영대학 교수로서 전략 분야에서의 뱅크 원 석좌교수이다.

숙이 바라볼 때 문제를 해결할 수 있는 시야가 확보된다.

그런데 이때 조심해야 할 추가적인 한 가지는 바로 고정관념이다. 고정관념은 특정 집단의 사람들이 지닌 과잉 일반화 또는 부정확하게 일반화된 신념이다. 고정관념은 사회적 지각에서 많은 부정확성의 기초를 형성한다. 사람들은 대부분 자기 자신의 경험에 갇혀 있고 자신이 아는 수준에 머물며 자유롭지 못하다. 이와 같은 고정관념을 두고 아인슈타인은 '상식이란 18세까지의 편견의 집합체이다(Common sense is collection of prejudices acquired by age eighteen).'라고 하였다. 그러므로 고정관념에 빠지지 않기 위해서는 상식까지도 의심해보는 유연한 자세가 필요하다.

| INSIGHT |

새로운 관점은 의심과 질문에서 비롯된다

철학이나 인문학 서적을 읽지 않은 사람은 거의 없을 것이다. 그런데 철학책을 읽다 보면 역사와 내용이 너무 방대하여 어려움을 느낄 수밖에 없다. 철학은 고대철학에서 현대철학에 이르기까지 사람이 살면서 궁금했던 것이나 진리를 찾아 고뇌한 학문이기 때문에 그 역사가 방대할 뿐만 아니라 정치·예술·사회·과학 등 범위도 매우 넓다.

철학을 역사나 내용으로 파악하는 방법 말고 철학을 대했던 방법이 무엇이었는지 생각해보면 어떨까? 예를 들어 철학이 계산하는 것인지? 다르게 생각하는 것인지? 아니면 실험하는 것인지? 이렇게 생각해 보는 방법 말이다. 포스텍 석좌교수인 이진우 교수는 《의심의 철학》에서 '철학이란, 우리가 당연하다고 여기는 것들에 대해 질문을 던지는 학문'이라고 주장한다. 지금 우리가 사는 세상, 정치·경제·문화, 사람과의 관계 등에서 당연하다고 생각하지 말고, 당연하다고 생각하는 그것에 의심을 품고 질문을 하는 것이 철학이라고 했다.

철학을 제대로 이해하고 바르게 아는 가장 좋은 방법은 의심을 하는 것이다. 의심을 품고 질문을 해야 발전할 수 있다. 만일 질문이 없다면 우리를 스스로 인간이라고 부를 수 있을까? 그냥 현실에 순응하고 현실에 아무런 질문도 던지지 않는다면, 어쩌면 우리는 짐승과 차이가 없는 존재가 될 수도 있다.

의심은 철학만이 아니라 모든 분야의 발전을 위해 꼭 필요하다. '철의 여인'이라 불렸던 체코 출신의 미국 테니스 선수 마르티나 나브라틸로바(Martina Navratilova)는 1970년대와 80년대에 전 세계 랭킹 1위의 전설적인 프로 테니스 선수였다. 그녀는 그랜드슬램 단식에서 18회, 복식에서 31회(역대 최다 기록), 그리고 혼합복식에서 10회 우승하는 등 초인적인 기록을 보유했다. 윔블던 단식 결승에는 총 12회 진출하였으며 9회 우승하였다. 이런 그녀에 대해 전설적인 여자 테니스 선수인 빌리 진 킹(Billie Jean King)은 "나브라틸로바는 단식, 복식 그리고 혼합복식까지 모든 종류의 테니스 경기에서 지금까지 생존했던 선수들 중에 가장 뛰어난 선수였다."라고 평가했다. 그런 나브라틸로바에게도 힘든 고비가 찾아왔다. 미국의 크리스 에버트(Christine Marie Evert)에게 1위를 내줬을 때다. 크리스 에버트는 총 18개의 그랜드슬램 여자 단식에서 우승한 통산 89.96% 승률(1,309승 146패)의 여자 테니스계 전설 중 한 명이다. 나브라틸로바는 크리스 에버트에게 1위를 내주었을 때 그동안 그녀가 해 왔던 모든 훈련을 점검하고 의심하고 질문했다. 그리고 깨달았다. 자신은 타고난 재능과 정형화된 훈련을 반복해 왔고 그것은 상대방에게 전부 파악되었다는 사실을.

이후 그녀는 모든 것을 다 바꾸었다. 테니스 선수지만 발놀림을 더 가

볍게 하기 위해 농구선수처럼 훈련하고, 보디빌더처럼 웨이트 트레이닝을 하는 등 전혀 다른 훈련 방법을 적용했다. 이런 그녀에게 동료와 언론은 좋지 않은 반응을 보였는데, 그것은 어찌 보면 당연한 것인지도 모른다. 나브라틸로바는 이제 끝났다고……. 그러나 그녀는 보란 듯이 재기하였다. 변형된 훈련을 시작하기 전 크리스 에버트와의 전적이 4:21이었는데 그녀가 은퇴할 때 전적은 오히려 43:37로 역전했다. 이와 같은 그녀의 성공은 '테니스 훈련만으로 최고 선수가 될 수 있을까?'라는 질문에서 비롯되었다.

이것은 스포츠계뿐만 아니라 비즈니스 세계에서도 마찬가지이다. 지금까지 해오던 것에 의심을 품고 질문을 던져서 새로운 패러다임으로 바꿀 때 비즈니스는 성공할 수 있다. 임파서블 푸드(Impossible Food)는 비욘드 미트(Beyond Meat)와 더불어 환경을 우려하고 건강에 관심을 가지는 것에 힘입어 식물성 재료로 만든 대체육(가짜 고기) 분야의 대표적인 회사가 되었다. 임파서블 푸드는 '고기를 먹기 위해 꼭 고기가 있어야 하나?'라는 질문에서 시작하여 고기를 대체할 수 있는 대체육을 만들었다. 임파서블 푸드가 이런 연구를 하기 전에 이미 콩을 갈아 글루텐으로 굳히는 방식의 콩고기가 존재하고 있었다. 그러나 임파서블 푸드는 기존의 대체육의 식감과 맛은 고기에 비할 수 없다는 것을 알고 새로운 접근을 하였다. '고기를 고기답게 맛있게 만드는 것이 뭐지?'라는 질문을 던졌고 연구에 연구를 거듭했다. 그리고 마침내 헴(heme, 헤모글로빈)이 고기를 붉게 하고 맛과 향에도 관여한다는 것을 알아냈다. 식물의 뿌리에도 존재하는 헴을 이용하여 실제 고기 맛을 내고 식감이 좋은 대체육을 만들어버거킹 등 패스트푸드에 고기 없는 패티가 들어간 햄버거를 출시했고 시장을 선도하고 있다. 이러한 결과가 나온 것은 알고 있던 상식을 의심하고, 질문하고, 꾸준한 연구가 뒷받침되었기 때문이다.

독일 함부르크에 본사를 둔 화장품, 향수, 향료, 식·음료, 의약품 및 기능식품 원료를 만드는 심라이즈(Symrise AG)는 2019년 IBM과 함께 인공지능 향수를 만들기 위하여 인공지능 조향사인 필리라(Philyra)를 만들었다. 인공지능 조향사를 만든 이유는 단순한 의심과 질문에서 시작되었다.

'향수를 만들기 위해 꼭 냄새를 맡아야 하나?'

'그런데 조향사들은 세상의 모든 냄새를 구별할 수 있을까?'

이런 질문을 하고 조향사들의 역량을 확인해 보니, 유능한 조향사는 약 1,300여 종의 냄새를 구별할 수 있었지만, 수없이 존재하는 냄새를 전부 구별하지는 못한다는 것을 알게 되었다. 그래서 심라이즈는 '만일 AI가 향수를 만든다면 새로운 조합도 가능할 수 있지 않을까?'라는 질문을 던졌다. 그리고 인공지능에 냄새를 학습시켜 무려 190만 종의 향기를 구분할 수 있게 하였다. 결국 인공지능 조향사 이름을 딴 필리라(Philyra)라는 인공지능 샘플 향수를 만들어 고객들로부터 "독창적이며 참신하다", "생각지도 못한 조합이다"라는 평가를 받았다.

심라이즈는 여기서 그치지 않고 2019년 10월 22일 독일 프랑크푸르트에서 열린 'IBM 싱크 서밋(IBM Think Summit)'에서 인공지능의 도움을 받아 개발한 향수 '베를린 3.0'을 공개하는 등 혁신을 이어갔다. '베를린 3.0'은 IBM의 디지털 조향사 '필리라'로부터 도움을 얻은 심라이즈

측이 베를린 최대의 번화가에 있는 유명 쇼핑몰 '비키니 베를린(Bikini Berlin)'을 찾은 쇼핑객들로부터 청취한 다양한 의견을 반영해 개발한 향수이다. 제작 과정에서도 단순한 경험이 아니라 빅데이터의 도움을 받았다. 이와 같은 과정을 거쳐 개발된 향수는 개별 고객들의 취향에 완벽하게 부응할 수 있었고, 조향사가 한층 세련미를 추가하여 이 세상에 하나뿐인 독특한 향수를 만들어 냈다. 그리고 앞으로도 190만 종에 해당하는 냄새를 구분하여 지금까지 존재하지 않았던 새로운 향수를 만들 기대감을 높였다.

지금껏 상식으로 믿고 누구나 정설로 받아들이고 있는 것에 의심을 품고 질문을 하면 이를 받아들여야 할 사람들이 매우 힘들어하고 당황할 수 있다. 그러나 의심하지 않고 있는 그대로 받아들이면 철학·과학·정치·사회·인간관계·비즈니스 등 모든 분야에서 더 나은 발전을 기대할 수 없다.

무엇인가 발전을 이루는 것은 단순하다. 의심하면 된다. 의심하기 위해서는 새로운 눈으로 바라볼 수밖에 없고, 새로운 눈으로 바라보려면 질문을 할 수밖에 없다. 질문을 하면서 모든 것을 새롭게 보는 것, 지금까지 상식으로 여겼거나 당연하다고 생각한 것을 의심하고 다시 바라보는 것이 바로 '관점'이다.

INSIGHT

3장

혁신, 창조적 파괴로
앞서 나간다

| ISSUE |

가치를 창출할 수 없다면 혁신이 아니다

모든 조직이 혁신(innovation)을 부르짖는다. 그렇지만 혁신이 무엇인지, 얼마나 어려운지, 무엇을 지향해야 하는지 등의 정확한 개념을 파악하지 않고 시도하면 성공하기 어렵다. 혁신이란 '묵은 풍속, 관습, 조직, 방법 따위를 완전히 바꾸어 새롭게 하는 것'을 의미한다. 혁신의 어원은 가죽 '혁(革)'에 새로울 '신(新)'이 더해진 개념이다. 그래서 가죽을 벗겨서 새롭게 할 만큼 고통과 어려움을 동반한다는 선입견을 갖기 쉽다.

그런데 가죽을 뜻하는 한자는 '피(皮)'도 있다. 《주례(周禮)》[1]에서는 "가을에는 피(皮)를 거두고 겨울에는 혁(革)을 거둔다(秋斂皮, 冬斂革)"고 하였다. 피(皮)는 '짐승 가죽을 벗겨 낸 것'이고, 혁(革)은 '짐승의 가죽에서 그 털을 다듬어 없앤 것'이다. 따라서 '혁'은 이미 가공한 가죽을 더 새롭게 만든다는 의미이므로 가죽을 벗겨내는 '피'의 고통을 넘어선 단계이다. 영어로 innovation(혁신)은 in(안)과 nova(새롭다)가 결합한 것으로 '안

1 《주례(周禮)》는 중국 주나라 왕실의 관직제도와 전국시대 각국의 제도를 기록한 유교경전이다.

에서부터 새롭게 된다'는 의미다.

개선(改善)과 혁신의 차이는 무엇일까? 개선은 기존의 기능에 하나의 기능을 추가하여 조금 더 좋은 성능으로 바뀐 것을 일컫는다. 그러나 혁신은 같은 속성에서 출발했지만, 전혀 다른 새로운 것으로 인식된다. 그래서 혁신 제품은 그 브랜드 자체가 제품이 속한 카테고리를 대변한다. 권오현 전 삼성전자 회장은 《초격차: 리더의 질문》에서 '개선은 조직의 손익으로, 혁신은 조직의 사활(死活)로 평가된다'라고 할 만큼 개선과 혁신은 근본적으로 차이가 있다. 그런 이유로 혁신은 새로워야 하고 가치 있게 바뀌어야 한다.

그렇다면 '새롭다'고 혁신이라 할 수 있는가? 만약 이동형 MP3 플레이어를 혁신하기 위해서 이동형 MP3 플레이어를 하이파이(hi-fi) 오디오 시스템으로 만들어서 커다란 스피커와 앰프를 연결하여 MP3를 듣게 한다면 혁신일까? 예전과는 달라졌으니 새로운 것이다. 하지만 이 제품을 혁신적이라고 평가하기는 어렵다. 왜냐면 이동형 MP3 플레이어의 가치는 '이동하면서도 음악을 들을 수 있다'는 이동성, 편리함이라는 속성이 있기 때문이다. 따라서 혁신은 새롭기만 하면 이루어지는 것이 아니라 가치를 창출해야 한다. 새로움이 가치와 연결되어 있을 때 비로소 우리는 혁신이라는 이름을 붙일 수 있다.

피터 드러커는 혁신을 "소비자들이 이제껏 느껴온 가치와 만족에 변화를 일으키는 활동이다"라고 정의하고 있다. 그러므로 기존 자원이 가진 잠재력을 더 높여 더 많은 가치를 창출하는 것, 없던 것에서 혹은 아주 형편없던 것에서 가치를 창출하는 것이 혁신이다. 즉 혁신은 새로운 것도 중요하지만 가치 창출이 더 큰 의미를 갖는다.

혁신은 기업 활동에서 필수 불가결한 요소이다. 기업은 가치를 창출할 때에만 존속할 수 있으며, 혁신은 가치를 창출하는 활동이기 때문이다. 기업이 영속하기 위해서는 성장해야 한다. 그 성장은 기존의 틀 안에서 움직이는 것이 아니라 새로운 방식으로 성과를 창출하는 혁신으로만 가능하다. 모든 것의 경계가 무너져 내리고 그 안에서 융합되고 분화되는 급격한 변화의 시대에 혁신이 필요한 이유이다. 혁신은 한때 유행하는 트렌드가 아니라 성장을 위한 진정한 처방이다.

혁신을 어떻게 이룰 수 있는가? 혁신이라는 말을 사회·문화적으로 사용하기 시작한 사람은 슘페터(Schumpeter)이다. 그는 저서 《자본주의, 사회주의, 민주주의》에서 혁신은 '창조적 파괴'라고 표현했다. 오늘날 많이 회자하는 말이다. 혁신의 핵심 개념이 사실상 이 말에 모두 담겨 있다. 혁신의 과정을 성취하기 위해서는 기존의 틀과 관념을 일단 부수어야 가능하기 때문이다. 혁신은 일정 부분 또는 전면적인 파괴를 수반한다. 파괴는 혁신을 위한 수단이며 과정이자 그로 인한 결과의 한 모습이다. 창조적 파괴가 중요한 것은 그런 전제조건 또는 과정을 통해야 혁신이 제대로 이루어질 수 있는 기반이 조성되기 때문이다.

줌 피자(Zume Pizza)[2]는 피자를 가장 맛있게 먹는 방법을 연구하였다.

2 줌 피자(Zume Pizza)는 줄리아 콜린스(Julia Collins)와 알렉스 가든(Alex Garden)이 실리콘밸리에서 창업한 피자 브랜드이다. 평범한 배달 피자 프랜차이즈로 보이지만, 실리콘밸리의 스타트업 기업답게 AI와 빅데이터를 이용한 스마트 공정으로 1분에 372개의 피자를 구워내어 최적의 맛이 나는 시간인 4분 30초 안에 갓 구운 피자를 door to door로 배달한다는 강점을 내세워서 2017년 최고의 스타트업 기업 중 하나로 선정되었고, 2018년 소프트뱅크에서 무려 3억 7,500만 달러의 투자를 이끌어 낸 실리콘밸리의 대표적인 잘나갔던 벤처기업 브랜드이다.

피자가 가장 맛있는 시간은 426°C 화덕에서 5분간 구운 후 4분 30초 후에 먹는 피자 즉 9분 30초 만에 먹는 방법이다. 그런데 미국의 평균 피자 배송 시간은 45분이었다. 줌 피자는 배달시켜 먹는 피자가 딱딱하고 맛이 없는 이유를 알아내고 이를 개선하는 방법을 찾기 시작하였고 마침내 가장 맛있는 피자를 직접 배달하는데 성공했다.

어떻게 했을까? 줌 피자는 주문을 받으면 매장에서 사람과 로봇이 주문자의 요구에 맞게 토핑 후 1분 초벌구이를 하여 배달차에 싣고 가장 맛있는 시간에 배달한다. 핵심은 배달차에 만든 화덕이다. 줌 피자는 어떻게 하면 고객이 가장 맛있는 시간에 피자를 먹을 수 있는지만 생각하였다. 그 결과 화덕을 배달차에 싣는 창조적인 파괴로 1차 초벌구이를 한 피자를 화덕이 있는 배달차에 실은 후 집에 도착하기 8분 전부터 굽기 시작하여 정확하게 9분 30초 만에 초인종을 눌렀다. 줌 피자는 이 방법으로 가장 맛있는 시간에 피자를 배달했고, 배송 시간도 평균 45분에서 22분으로 단축하였다. 미래의 배송 목표 시간은 5분이라고 한다. 이것은 또 어떻게 가능한 것인가? 빅데이터를 이용하여 이때쯤 고객이 이러저러한 토핑을 얹어 피자를 주문한다는 통계를 가지고 미리 집 앞에서 대기했다가 주문과 동시에 가장 맛있는 시간에 피자를 배달하겠다는 것이다.

이것이 혁신이다. 혁신은 안정적일 때는 추구하기 힘들다. 왜냐면 혁신을 추구하려면 추진 동력이 있어야 하는데 안정적인 상황에서는 추진 동력을 일으키기 어렵기 때문이다. 대부분의 혁신은 무엇인가로부터 공격을 받을 때 또는 위기일 때 일어난다. 혁신을 일으키기 위해서는 어느 방향으로 갈 것인지 그 지향점이 필요하다.

2020년 10월 15일 현대자동차 회장으로 취임한 정의선 회장은 취임사에서 현대자동차의 지향 방향과 혁신 의지를 밝혔다. 그의 취임은 현대자동차의 혁신 즉 현대차 3.0 시대로의 출발점을 알리고, 모빌리티 산업이라는 대전환을 시사하는 의미를 갖는다. 정의선 회장은 취임식에서 '고객 제일'이라는 말을 9번이나 강조하였다. 전임 회장인 정몽구 회장의 '품질 경영'과 비교되는 지향이다. 자동차의 품질도 중요하지만 고객에게 맞춤형으로 대응하지 못하면 환경변화에 적응할 수 없다는 혁신적인 메시지이기도 하다. "고객의 평화로운 삶과 건강한 환경을 위해 성능과 가치를 모두 갖춘 전기차로 모든 고객이 안전하게 이용할 수 있는 친환경 이동수단을 구현하겠다."는 정의선 회장의 의지는 현대차 1.0 고유모델 개발, 2.0 품질 경영을 넘어 3.0시대에는 고객가치와 공감 경영을 추구하겠다는 것이다. 이렇게 혁신을 추구하기 위해서는 새로움과 가치 창출의 지향 의지가 필요하다.

혁신은 새로워야 하고 거기에 가치를 담아야 하며, 조직의 사활을 걸고 추진해야 한다. 또한 환경변화를 제대로 읽고 그에 맞는 보폭으로 함께 걸어가거나 조금 앞서가는 속도를 취하지 않으면 안 된다. 그럼에도 혁신은 조직의 구조적인 문제와 구성원의 적극적인 협력과 변하고자 하는 의지가 없으면 공염불(空念佛)이 되기 쉽다. 즉 구성원 모두가 새롭게 업(業)의 개념을 세우고, 한 방향으로 나아가는 것이 혁신의 지름길이다. 혁신은 마음대로 안 되지만, 마음먹기에 달렸다.

4,000원짜리 커피와 1억 원짜리 커피의 차이

혁신이 안 되는 이유는 낡은 생각에서 벗어나는 것이 어렵기 때문이다. 혁신은 이루기도 힘들지만 받아들이기도 힘들다. 사람들은 본능적으로 이미 익숙한 편안함을 추구하기 때문이다.

하이데거(Martin Heidegger)는 '산다는 것은 언어를 갖는 일이며, 언어는 존재의 집'이라고 하였다. 언어에 의해 관념과 의미의 세계가 존재하게 되고 그 세계에서 여러 가지 존재와 사건들이 인간의 의식에서 서술될 수 있다. 인간은 그 공간에서 자신이 놓여있는 객관적 상황을 통제하고, 미래를 계획하고, 그것들을 기초로 어떤 행위를 이성적으로 선택하면서 삶을 창조적으로 발전시킬 수 있다. 또한 언어로 표현하고, 그 안에 존재하도록 함으로써 일정한 틀을 갖게 되며 그 틀로 고정관념이 생길 수 있다.

고정관념을 벗어나 혁신을 추구하기 위해서는 여러 가지가 필요하지만 그중에서 중요한 것은 본질을 파악하는 것과 고객에 대한 인식의 전환을 하는 것이다. 이와 같은 지향은 특히 의료산업과 같이 질병으로 고통

받는 환자들을 위한 공익적인 성격이 강한 산업에서는 꼭 되새겨야 할 문제이다.

본질을 파악하기 위한 사고의 제1원리는 고대 그리스 철학자 아리스토텔레스의 형이상학(形而上學)에서부터 시작된다. 아리스토텔레스가 주창한 제1원리는 '의심할 여지 없는 궁극적 논거'를 말한다. 예를 들어 수학의 제1원리는 '두 점 사이의 최단 거리는 직선이다', '평행하는 두 직선은 만날 수 없다'와 같은 공리들이다. 즉 '제1원인을 제외한 모든 존재는 그것이 존재하게 된 원인이 있다. 그러나 제1원인만은 예외여서 제1원인을 존재하게 하는 원인 같은 것은 없다.' 즉 제1원인은 절대 가정이고 진리이다.

이를 잘 활용한 경영자는 미국 테슬라(Tesla)의 일론 머스크(Elon Reeve Musk) 회장이다. 그는 디그(Digue) 창업자 케빈 로즈(Kevin Rose)와의 인터뷰에서 "나는 무슨 일을 할 때 제1원리에서부터 시작한다. 흔히 사람들이 알고 있는 것을 따르기보다는 확고하게 제1원리를 따르는 것

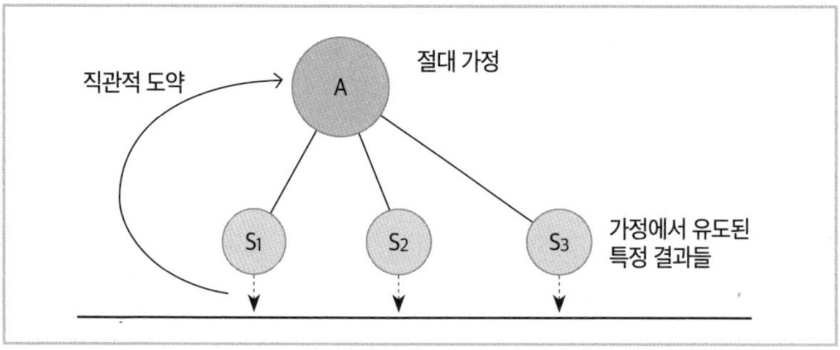

제1원리에 의한 직관적 도약

이 중요하다."라고 하였다. 즉 낡은 습관을 버리고 문제의 근본부터 독립적인 방식으로 사고하는 것이 그의 방식이다.

그림처럼 S1, S2, S3…의 상태에서 생각하면 너무 국소적인 시각에 빠지거나 전체를 보지 못하고 엉뚱한 방향으로 전개될 수 있다. A라는 제1원리 차원에서부터 하나씩 생각을 전개해야 S1, S2, S3와 같은 가정에서 유도된 특정 결과들로부터 '직관적 도약'이 가능하고, 이것이 바로 혁신이 될 수 있다.

포스트잇을 포스트잇으로만 한정하여 생각하면 사각형의 메모지만 생각하게 된다. 생각을 더 전개하더라도 사이즈 크기만 달라질 뿐 온통 사각형의 알록달록한 포스트잇만 만들 뿐이다. '어딘가 메모를 하고 그 메모한 것을 붙이는 것'이라는 근본으로 돌아가야 그것이 원형이 되든 세모가 되든, 자유로운 길이로 끊어서 쓰는 형태가 될 수 있다. 무엇이든 쓰고 그것을 어딘가 붙여놓을 수 있는 다양한 형태의 부착형 메모지가 탄생할 수 있다.

혁신은 고객을 대하는 인식의 전환에서 시작된다. 카이스트 교수이자 칼럼니스트 윤태성은 《고객은 독이다》에서 고객은 기업(또는 병원)을 죽이기도 하고 살리기도 한다는 독특한 개념을 전개하였다. 고객을 어떻게 보고 인식하느냐에 따라 기업(병원)이 흥할 수도 망할 수도 있다는 의미이다.

100미터만 걸어가도 한두 개쯤은 보이는 커피숍은 희비가 교차한다. 커피 맛도 중요하지만 커피숍에서 고객을 어떻게 대우하고 바라보느냐에 따라 손님이 많고 적을 수 있다. A 커피숍에서는 4,000원짜리 아메리카노 커피 한 잔을 사러 온 고객으로 대우하는데, B 커피숍은 1억 원짜리 최고급 커피를 사러 온 고객으로 대우한다면 결과는 확연하게 달라질 것이다. A, B 커피숍의 차이는 CLV[1]를 단순히 한 번의 RFM[2]으로 보느냐, 아니면 평생의 가치로 평가하느냐에 달려있다. 즉, B 커피숍은 512잔(1년)×4,000원(1잔의 커피 값)×55년(평생 커피를 먹을 수 있는 기간)=112,640,000원으로 계산하기 때문에 1억 원짜리 최고급 커피를 사러 오는 고객으로 생각한다. 같은 관점에서 병원에 찾아온 감기 환자를 단순 감기약 처방에 그치는 재진 환자로 볼 것인지 마치 1억 원을 기부한 고객[3]처럼 대할 것인지 고객을 바라보는 관점의 차이가 미래를 좌우한다.

혁신은 새로운 것을 찾아내고 거창하게 무엇인가를 바꾸고자 하는 노력도 있지만 차분하게 이름이 생기기 이전의 근본 상태로 돌아가 본질이 무엇인지를 파악하고, 이것을 사용하는 고객을 어떻게 인식할 것인지에서부터 시작하는 작은 행동의 변화일 수도 있다.

1 Customer Lifetime Value

2 Recency, Frequency, Monetary

3 국민 1인당 평생 의료비는 1억 원 넘어… 중에서(디지털타임스, 2015. 7. 23일자)

단순하고 직관적인 것은 왜 사랑받을까?

지하철 3호선 금호역 1번 출구 쪽 4층짜리 건물 2층에 호프집이 하나 있다. 이 호프집은 전철역에서 가까운 위치에 있음에도 여러 번 주인과 상호가 바뀌었다. 바뀐 상호의 이름은 '호랑이와 곶감', '직장인들 이야기', '퇴근길 한잔', '금호동 명소' 등이었다. 상호가 바뀔 때마다 '지금이 어떤 시대인데 저런 고전적인 이름을 사용할까?', '직장인이 많이 왕래하는 곳도 아닌데 굳이 직장인을 강조할 필요가 있을까?' 이런 생각이 들었다. 간판을 보면 시원한 맥주 한 잔을 하고 싶은 마음이 내키지 않았다.

그런데 어느 날, 그 호프집에 주인이 바뀌면서 소소한 변화가 일어나기 시작했다. 손님이 북적이는 것은 아니지만 꾸준하게 단골이 생겼고 꽤 오랫동안 잘 운영되고 있다. 그 이유는 무엇일까? 나는 그 비결을 단순함에서 찾았다. 더도 말고 덜도 말고 딱 그 집이다. 맥주집! 맥주를 파니 맥주집이라는 상호를 붙이는 것이 당연할 것 같은데 왜 그동안 사장들은 여러 미사여구를 붙였을까? 단순히 상호 하나 바꿨을 뿐인데 직관적으로 그 집의 목적을 파악하게 만든다.

3호선 금호역 앞 맥주집

이 집의 두 번째 특징은 맥주집을 가리키는 노란색 화살표다. 길거리를 지나다 이 집 쪽을 바라다보면 노란색 화살표가 눈에 띌 수밖에 없다. 호프집에서 맥주 맛을 크게 바꾸는 것은 불가능하다. 결국 변화를 추구하려면 간판과 안주 말고는 딱히 변화를 꾀하기 힘든데 이 집은 간판에서 혁신을 이룬 셈이다. 단순하게 그리고 직관적으로!

지구상에 없던 것을 처음으로 발명하거나 고안하여 새로운 것을 창조하는 것은 쉽지 않다. 한 개인 또는 회사가 그런 일을 이루기에는 한계가 있다. 대부분의 혁신은 자연의 법칙에서 응용하거나, 전혀 다른 분야의 것을 자기 산업 분야에 도입하거나, 서로 다른 것을 붙여서 제3의 것을 창조한다. 이를 비유하여 피카소는 "좋은 예술가는 카피(copy)하는 것이고 위대한 예술가는 훔치는(steal) 것이다."라고 하였다. 뉴턴도 "내가 더 멀리 보았다면 이는 거인들의 어깨 위에 올라서 있었기 때문이다."라는 말로 겸손을 표현한 바 있다.

창의성이란 다른 분야에 이미 존재하던 것에서 새로운 영감을 얻거나 모방하되 변형함으로써 새로운 창조를 해내는 경우가 많다. 그런 의미에서 앞서 얘기한 맥주집의 화살표를 병원의 어느 장소에 부착하여 사용할 때 혁신이 될 수도 있다. 예를 들어, 병원에 처음 오는 사람들이 안내 데스크에서 물어보는 장소 문의 빈도를 체크하여 가장 많이 물어보는 장소에 화살표 하나를 걸어 둔다면 문의 건수가 감소할 뿐만 아니라 불만도 줄어들어 고객 만족도가 높아질 수 있지 않을까? 이왕이면 화살표를 멋지게 디자인하여 부착한다면 화살표 자체로 상징적인 공간이 될 수도 있다.

최근 유행하는 대만산 흑당 버블 라테에 이어 하나둘씩 판매처가 생기고 있는 '소금 커피'의 경우 대만에서는 단순하게 원두커피에 소금 한 꼬집을 넣어 마시는 것이다. 그런데 한국에서 맛본 소금 커피는 원두커피에 크림을 넣고 크림에 소금을 섞은 후 계핏가루까지 뿌려 짠맛과 단맛이 어우러진 변형된 커피다. 언젠가 이 소금 커피가 가장 혁신적인 커피로 인식될지도 모를 일이다.

융합을 통한 혁신 또는 전혀 다른 분야가 만났을 경우 혁신을 이루기 위해서는 단순해야 한다. 스티브 잡스는 단순함으로 혁신을 이룬 가장 대표적인 인물이다. 여러 개의 기능을 하나로 합친 아이폰의 기능은 심심하리만치 단순하지만 필요한 기능을 더욱 강하게 만든 장점을 지니고 있다.

의료계에서도 융합의 움직임이 나타나고 있다. 가정의학에서 태극권을 도입하는 사례나 현대의학과 동양의학을 묶은 동서신의학 분야가 나타나기도 한다. 의학과 IT, 의학과 3D 프린팅 기술, 의학과 4차 산업혁명이 만나면서 의학의 융·복합적인 창의성을 무궁무진하게 발현할 수 있다. 의료장비 분야에서도 새로운 획기적인 의료장비의 개발보다는 이미 개발된 의료장비들을 합쳐서 또 다른 혁신을 이루는 도전이 나타나고 있다. PET CT는 이미 상용화되었고, PET와 MRI를 합치거나 MRI와 CT

를 묶는 것 등이 그런 도전이다.

전혀 새로운 분야를 처음으로 만드는 것은 위대하고 좋은 일이다. 그러나 모든 혁신이 전혀 새로운 것을 창조하는 것으로만 이루어지는 것은 아니다. "창의성이란 훔친 케이크에 딸기 하나를 얹어 파는 것이다." 창의성을 추구할 때는 미국의 추상표현주의 화가이자 액션페인팅의 대가 잭슨 폴락(Jackson Pollock)의 말을 다시 한번 생각해 볼 일이다.

2016년 말 중동호흡기증후군(MARS)이 전국을 혼란에 빠뜨렸을 때 감염병 확산을 방지하기 위하여 병원들에서는 건물 밖에 컨테이너 임시 진료소를 설치하여 운영했다. 은평성모병원에서는 이 경험을 살려 병원을 신축할 때 건물 내에 있지만 유사시에는 보호벽 하나를 차단하여 건물 내에 박힌 컨테이너처럼 병원 본관과 완벽하게 차단되는 안심 진료소를 설치했다. 이 사례는 병원과 컨테이너를 묶은 혁신적인 것이라 할 수 있다.

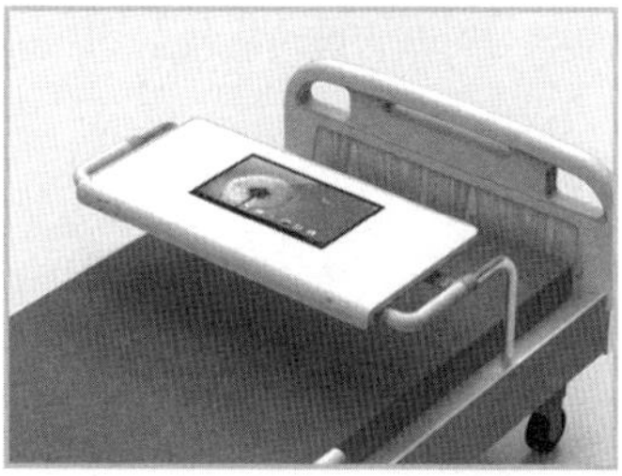
은평성모병원에 설치된 스마트 미디어 보드

가톨릭대학교 은평성모병원[1]에 적용한 스마트 미디어 보드(Smart Media Board)는 환자 침대용 식탁에 휴대폰과 같은 스마트 미디어 보드를 내재시킨 혁신적인 제품이다. 스마트 미디어 보드는 환자용 식탁과 미디어 기능을 함께 사용할 수 있도록 완전 방수시설을 추가한 제품으

1 은평성모병원은 2019년 4월 1일 개원한 가톨릭대학교 제5 부속병원으로 은평구 진관동에 소재한 808병상의 최첨단 병원이다

로 국내 최초로 선보이는 융합 상품이며 두 가지 기능을 하나로 단순화한 좋은 사례라 할 수 있다. 이와 같이 여러 개의 개념을 하나로 묶으면 단순해질 수 있고 그것이 혁신을 이룬다.

고객에게 메시지를 전할 때 너무 많은 내용을 알려주려고 할수록 혼란을 줄 수 있다. 간결함이 정답이다. 초코파이에 '정(情)'이라는 한자를 더했을 뿐인데 혁신을 이룬 사례나 전지현과 이정재가 콤비로 광고한 SK 텔레콤 LTE 광고는 '잘생겼다'는 단순하고 간결한 콘셉트를 반복하여 2014년도 광고 대상을 받았다. 단순한 것이 강하다. 나머지는 고객이 알아서 판단한다.

은평성모병원의 홍보 포스터는 '오늘'이라는 단순하고 간결한 메시지를 담고 있다. '오늘 이 시간 병원을 이용하는 고객에게 최선을 다하겠다'는 의지와 '고객의 소중한 시간을 존중한다'는 메시지를 함께 전달하고 있다. '오늘 최선의 진료에 집중하여 당신의 소중한 시간(취미, 건강 등)을 되돌려 드리겠다'는 약속을 담고 있다.

은평성모병원 개원 홍보 포스터

이연복 셰프가 탕수육 대신 퐁듀를 요리한다면?

혁신이란 다르거나 새로워야 한다. 그래서 더 나아져야 한다. 그렇다면 더 나아지기 위하여 어떻게 다름을 추구하고 차별화할 것인가?

삐딱해야 한다. 사각형의 네모반듯한 건물을 보고 혁신적이라 하지 않는다. 똑같은 사각형이라면 높고 큰 것 말고는 새로울 것이 없다. 피사의 사탑[1]이 지을 당시부터 삐딱하든 중간에 기울어져 삐딱하든 삐딱하기 때문에 유명한 사탑이며 세간의 관심을 받는다.

혁신을 추구하기 위하여 프로젝트를 수행할 때 가장 흔히 사용하는 방법이 벤치마킹(benchmarking)[2]이다. 벤치마킹은 동일 산업 분야에서도 가능하지만 전혀 다른 산업 분야에서도 아이디어나 새로운 기법을 도입

1 피사의 사탑(Leaning Tower of Pisa)은 이탈리아 토스카나주 피사 시(市)의 피사 대성당에 있는 종탑으로 기울어진 탑으로 유명하다.

2 벤치마킹(benchmarking)은 기업에서 경쟁력을 높이기 위한 방법의 일환으로 타사에서 배워오는 혁신 기법이다. 그러나 복제나 모방과는 다른 개념이다. 벤치마킹은 단순히 경쟁 기업이나 선도 기업의 제품을 복제하는 수준이 아니라 장·단점을 분석해 자사의 제품을 한층 더 업그레이드해 시장 경쟁력을 높이고자 하는 개념이다.

할 수 있다. 벤치마킹을 잘 하기 위해 중요한 점 몇 가지를 짚어보자.

피사의 사탑

첫째, 열매를 보지 말고 뿌리를 보는 것이다. 겉으로 드러난 표면적인 내용은 수많은 여러 단계를 거쳐 나타난 결과이다. 그 결과만을 그대로 도입할 경우 실패할 확률이 높을 뿐만 아니라 모방에 불과하다. 반드시 표면에 나타난 결과를 내기 위한 근본적인 동력이 무엇인지를 벤치마킹하는 것이 중요하다.

둘째, 누구를 벤치마킹하느냐의 문제이다. 동일한 분야에서 가장 경쟁력 있거나 잘 나가는 대상을 벤치마킹할 수도 있다. 그러나 이것은 가장 기본적인 벤치마킹의 단계이다. 같은 그라운드에서 경쟁해야 할 상대이기 때문에 상대를 아는 것은 당연히 중요하다. 그러나 이 단계에만 머문다면 결국 그 상대와 경쟁하자고 덤벼드는 격이다. 완전히 다른 산업 분야에서 다른 아이디어를 찾아야 경쟁도 필요 없고 혁신하기에 더할 나위 없이 좋다. 왜냐하면 다른 분야에서 벤치마킹을 하는 경우 경쟁 상대와 레드오션에서 만날 일도 없고, 우리만이 할 수 있는 유일한(only one) 아이디어를 전개할 수 있으니 시작하자마자 최초가 될 수 있다. 그러나 대부분의 조직에서는 다른 분야에서 새로운 것을 찾는데 주저한다. 잘 모르는 분야라고 생각하기 때문이다. 그러나 최근 환경은 하나의 분야만 독보적으로 존재하거나 성장하는데는 한계가 있다. 다양한 융합이 나타나고 있기 때문이다. 그러므로 타 분야에 대한 벤치마킹은 필수적인 단계이다.

셋째, 벤치마킹 내용을 내 것으로 만드는 것이 중요하다. 벤치마킹의 양은 중요하지 않다. 이것을 나에게 적당히 응용하는 것이 중요하다. 이를 위해서는 창의성이 필요하며, 창의성으로 비로소 그들의 것을 내 것으로 새롭게 만들 수 있다.

혁신을 위해서는 벤치마킹을 비롯하여 다양한 정보수집(searching) 활동을 하게 된다. 정보수집 다음 단계로는 수집된 다양한 정보를 다시 분류하는 과정을 거치며 이 단계에서 가장 많이 이용하는 경영 기법이 SWOT 분석[3]이다.

SWOT 분석은 내용을 정리하기 위한 강력한 도구임에는 틀림이 없다. 마치 유명한 셰프가 음식 재료들을 분류해서 잘 정리해 놓는 것과 같은 단계이다. 다음 단계로 더 중요한 것은 각각 분류된 재료들을 가지고 어떻게 요리를 할 것인가의 레시피를 구상하는 것이다. 좋은 레시피를 만들기 위해서는 각각의 재료를 어떻게 조합할 것인지를 고민해야 한다. 이를 도와줄 수 있는 강력한 도구는 TOWS 분석[4] 기법이다. 즉 재료가

---

3 SWOT 분석은 강점(Strength), 약점(Weakness), 기회(Opportunity), 위협(Threat)의 머리글자를 모아 만든 단어로 경영 전략을 수립하기 위한 분석 도구이다. 내적인 면을 분석하는 강점·약점 분석과 외적 환경을 분석하는 기회·위협 분석으로 나누기도 하며 긍정적인 면을 보는 강점과 기회 그리고 그 반대로 위험을 불러오는 약점, 위협을 저울질하는 도구이다. 보통 X, Y축으로 2차원의 사분면을 그리고 각각 하나의 사분면에 하나씩 배치하여 연관된 사항들을 우선순위로 분석한다.

4 TOWS 분석은 SWOT 분석을 기반으로 한다. SWOT 분석 역시 스탠퍼드 연구소의 앨버트 험프리(Albert S. Humphrey)가 기업의 중장기 계획이 왜 실패하는가를 분석하는 프레임워크로 시작한 SOFT 분석(Satisfactory, Opportunity, Fault, Threat)에서 시작되어 오늘날의 SWOT 분석으로 바뀌게 되었다. SWOT 분석은 다시 또 샌프란시스코 대학의 하인츠 웨이리치(Heinz Weihrich) 교수에 의하여 TOWS 분석으로 다시 발전하게 된다. TOWS 분석은 외부환경 분석을 우선시하여 '어디서 싸워야 쉽게 이길 것인가?'를 먼저 고민하는 입장 즉 기업이 이익을 내기 적합한 시장과 시장 내의 위치를 먼저 결정(positioning)하고 포지션에 적합한 내부 역량에 대해 고민하는 기법이고, SWOT 분석은 내부의 역량 분석을 먼저 하여 '어떻게 싸워야 쉽게 이길 것인가?'를 먼저 고민하는 기법이라 할 수 있다.

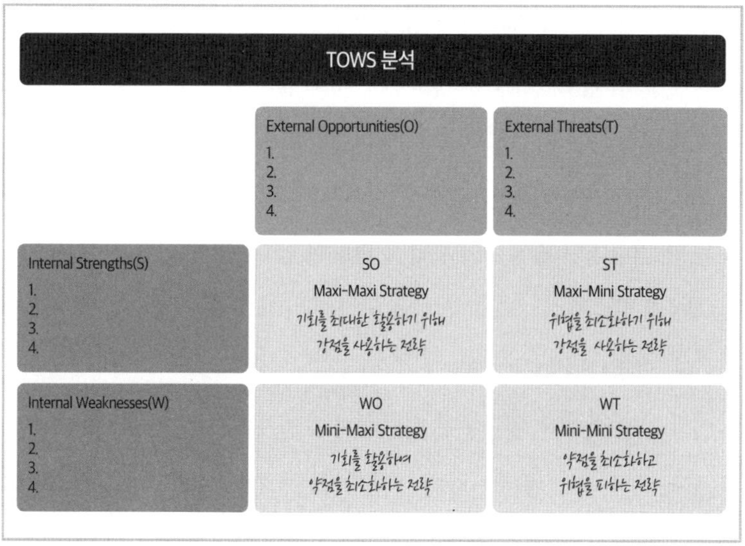

TOWS 분석 기법

다 갖추어져 있으면 다음에는 무엇을 어떻게 할 것인지를 결정해야 하기 때문에 외부환경(누가 먹을 것인가?)과 내부환경(나는 무엇을 할 수 있는가?)을 묶어서 자신의 개선점을 찾아야 한다. 이 경우 대부분은 외부적으로도 기회가 되고 나 자신도 가장 잘할 수 있는 SO(Strength & Opportunity) 분야에 집중하는 전략을 선택하게 된다. 어찌 보면 당연한 것이다. 외부적인 환경도 원하고 있고, 나도 그 장점을 가지고 있기 때문이다. 그런데 여기서 하나 더 중요하게 생각해 봐야 하는 전략적 선택이 있다. 바로 ST(Strength & Threat) 전략이다. ST 전략이 바로 혁신 포인트이면서 삐딱한 전략이다.

이연복 셰프가 '냉장고를 부탁해' 프로그램에 나와서 요리를 하면 게스트는 당연히 이연복 셰프의 중국 음식을 기대한다. 이연복 셰프도 중국 음식에 장점이 있기 때문에 탕수육 메뉴를 선택할 확률이 높다. 그런데 만일 정말로 그렇게 선택했다면 게스트는 당연히 그럴 줄 알았다는 반응과 함께 기대 수준이 한껏 높아질 것이다. 그러므로 웬만한 수준의 탕수육을 만들어 내면 경쟁에서 탈락할 확률이 높다. 또한 이연복 셰프가 나올 때마다 탕수육이나 중국 음식을 한다면 탈락 확률은 점차로 더 높아질 것이다. 고정관념 때문이다.

이와 같은 선택을 정규분포 곡선에서 보면, '늘 그럴 것이다'라고 생각하는 곳, '누구나 그럴 것이다'라고 생각하는 곳(고정관념 영역)을 선택한다면 혁신이라 할 수 없다. 뻔한 것을 충돌시키면 새로운 것은 나오지 않는다. 전혀 다른 극과 극의 물건을 일부러 부딪치게 해야 스파크가 일어난다. 혁신은 위험성이 있지만 전혀 생각하지 못하는 새로운 곳에 있다. 그러나 그 새로움에는 위험성이 있기 때문에 자신의 장점을 접목하는 지혜

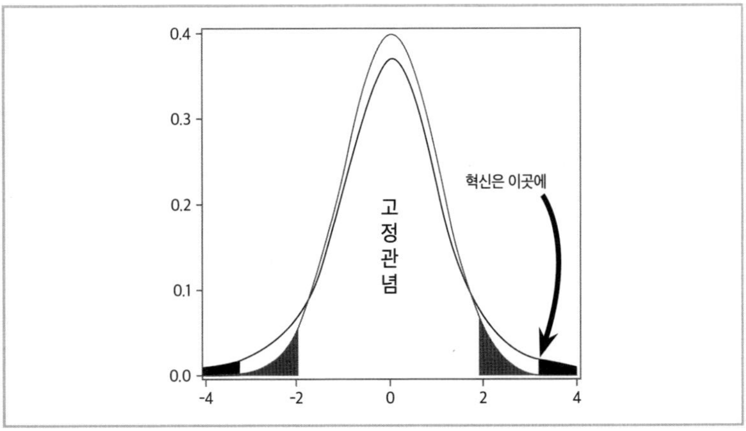

정규분포와 혁신

가 필요하다.

만일 이연복 셰프가 고정관념을 깨고 예상외로 프랑스 요리 퐁듀를 선택한다면 어떤 결과가 나올까? 중국 요리 대신 프랑스 요리를 선택함으로써 고정관념을 탈피했지만 그것만으로는 너무 위험성이 크다. 이연복 셰프는 위험성을 극복하기 위하여 퐁듀 요리이지만 퐁듀에 찍어 먹을 재료 중 하나를 탕수육으로 선택함으로써 승리할 확률을 훨씬 높일 수 있다. 이러한 선택이 혁신을 이룬다. 혁신은 누구나 선택하는 것이 아닌 다른 것, 새로운 것으로 더 나은 결과를 도모하는 것이다. 혁신은 고정적인 생각이 아니다. 삐딱하게 생각하는 것이 혁신이다.

누가 화장실에서 빨간 화장지를 쓰겠어?

"뭐 좀 획기적인 방법 없을까?"

"새로운 것이 필요한데 뭐 없을까?"

살면서 수시로 하는 말이고, 특히 직장 생활을 하는 사람이라면 부지기수로 듣는 말이다. 이럴 때 가장 많이 사용하는 방법은 브레인스토밍(brainstorming)[1]이다.

브레인스토밍은 ① 한 사람보다 다수일 때 아이디어가 많다. ② 아이디어 수가 많을수록 질적으로 우수한 아이디어가 나올 가능성이 많다. ③ 아이디어는 비판이 가해지지 않으면 많아진다는 원칙이 적용된다.

그러므로 브레인스토밍에서는 어떤 발언이라도 비판을 해서는 안 되며, 자유분방한 의견을 장려하고, 아이디어가 많을수록 좋다는 사상과 다른 사람이 낸 아이디어에 편승해도 좋다는 것을 전제로 최대한 많은 아이디어를 찾아내야 한다. 그러나 브레인스토밍을 시작하면 생각과 달리 획

---

1 브레인스토밍(brainstorming)은 일정한 테마에 관하여 회의형식을 채택하고, 구성원의 자유발언을 통한 아이디어의 제시를 요구하여 발상을 찾아내려는 방법이다. 1941년 미국의 광고회사 부사장 알렉스 F 오스본(Alex Osborn)이 제창하였고 저서 《독창성을 신장하라》(1953)로 널리 소개되었다.

기적인 생각이 술술 떠오르지 않거나 많은 아이디어가 나온다 하더라도 실제 적용할 수 있는 아이디어가 별로 많지 않다.

이때 아이디어를 더 많이 나오게 하거나 사고를 확장하는 방법 중 하나가 거꾸로 생각하는 역발상(逆發想)이다. 역발상은 'Why not(왜 안 돼)?'에 대한 대답이 되기도 한다. 역발상은 위치를 바꾸거나, 색깔을 바꾸거나, 핵심이라고 생각하는 기술을 제거하거나, 모두가 불가능하다는 것을 가능하다며 거꾸로 생각하는 방법이다. 이와 같은 역발상 방법은 다음과 같은 4가지 원칙을 통하여 효과를 볼 수 있다.

❶ 꼭 한 가지여야 한다는 생각을 버린다.

현대인이 자기 몸에 가장 가까이 두는 것은 휴대용 화장지와 휴대폰이 아닐까 싶다. 화장지는 생활에서 떼려야 뗄 수 없는 물건이다. 그런데 우리가 사용하는 화장지는 대부분이 하얀색이다. 왜 화장지는 흰색이어야만 할까? 검은색은 화장지가 될 수 없을까? 화장지가 흰색인 이유는 이물질이 묻었을 때 잘 보이도록 하는 청결과 위생 관념 그리고 다른 색깔로 염색하는 공정을 추가하지 않음으로써 비용을 줄이고자 하는 이유일 것이다. 그러나 이를 거꾸로 생각하면 '이물질이 짙은 색만 있는 것일까? 흰색 이물질도 있는 거 아닌가? 흰색 이물질을 흰색 화장지로 닦으면 전혀 표시가 나지 않으니 다른 색깔이 필요한 게 아닌가?' 하는 생각도 해볼 수 있다. 그리고 흰색에 대해서도 '펄프 색깔은 하얀색이 아니고 형광 표백제를 사용하여 하얗게 만든 것이기에 하얀 색깔이라고 반드시 깨끗한 것은 아니다'라고 생각하는 것이 역발상이다. 이물질은 짙은 색이고 화장지는

레노바(Renova)의 컬러 화장지

일본 해피페이퍼사의 검정색 화장지 세트

하얀색이어야 한다는 고정관념을 버릴 때 새로운 혁신이 나올 수 있다.

실제로 '화장지는 흰색이다'라는 고정관념에 반기를 든 기업이 있다. 포르투갈의 화장지 회사 레노바(Renova)는 하얀색 화장지를 벗어나 빨간색·파란색·노란색·하늘색 등 다양한 색상의 화장지를 만들었다. 처음 레노바에서 컬러 화장지가 나왔을 때 '누가 화장실에서 빨간 화장지를 쓰겠어?'라고 걱정했지만 작은 소품에서도 차별화를 꿈꾸는 개성 강한 소비자들이 늘어나면서 컬러 화장지가 인기를 누리고 있다. 초(超) 개인화·초 특화 시대를 맞이하여 더 많은 러브 콜이 예상된다. 레노바의 화장지는 크리스마스 또는 생일파티 준비를 위한 장식 소품으로도 사용되며 화장지 업계에서 틈새를 만들고 있다.

유명 연예인 중에서도 컬러 화장지 애용자가 있다. 대표적으로 가수 비욘세(Beyonce)는 빨간색 화장지, 영국의 음악 프로듀서인 사이먼 코웰(Simon Phillip Cowell)은 검은색 화장지를 사용한다고 밝힌 바 있다. 컬러 화장지는 포르투갈과 미국 및 영국뿐만 아니라 일본의 해피페이퍼사

(Happy Paper)에서 개발한 검은색 화장지 세트가 블랙 마니아 층의 인기를 누리며 고가에 판매되고 있으니 주목할 만한 일이다.

❷ 꼭 그 위치에 있어야 한다는 생각을 버린다.

겨울이면 "아버님 댁에 보일러 놔드려야겠어요"라는 멘트로 유명한 거꾸로 타는 보일러 광고가 한때 유행하였다. 이 거꾸로 타는 보일러도 역발상의 결과이다. 일반적으로 보일러의 버너 위치는 보일러의 하단에 있는데 '거꾸로 타는 보일러'는 버너의 위치를 상단에 설치하였다. 처음 가열된 공기는 위쪽에서 아래쪽으로 잠시 내려오다가 자연적인 대류현상에 따라 다시 위쪽으로 올라가는 움직임을 보여 두 배의 효율을 올리는 원리이다. 즉, 내부에 흐르는 물을 위에서 아래로 내려오도록 함으로써 데워진 공기가 내려올 때 한 번, 다시 자연 대류현상에 의해 올라갈 때 또 한 번, 이렇게 두 번 데우는 방식이 거꾸로 타는 보일러의 원리다. 이와 같은 혁신은 버너는 늘 보일러의 아래에 있어야 한다는 생각을 거꾸로 하여 보일러 위쪽에 버너를 설치한 사례이다.

❸ 꼭 그것이 있어야 한다는 생각을 버린다.

어느 상품이나 가장 핵심적인 분야가 있다. 그런데 그 핵심을 제거함으로써 오히려 혁신을 이루었다면 이것도 거꾸로 생각한 결과이다. 예를 들어 캔디의 생명은 단맛인데 단맛을 내는 설탕을 제거한 '무설탕 캔디', 커피의 생명이라 할 수 있는 카페인을 제거한 '카페인 프리', 또는 '디카페인 커피'와 같은 것이다. 반대로 생각하는 역발상은 때로 핵심을 인정하지 않음으로써 혁신을 이루기도 한다.

❹ 안 된다는 생각을 버린다.

모두가 불가능하다고 생각하는 것에서 가능성을 찾는 것도 거꾸로 생각하는 것이다. 예를 들어, 눈이 오지 않는 사막에서 스키를 타는 아랍에미리트를 상상할 수 있는가? 두바이에 있는 쇼핑몰 몰 오브 에미리트(Mall of Emirates)에는 축구장 3개 크기의 실내 스키장이 있는데 이 스키장은 사막에서 스키를 탄다는 기발한 발상 덕분에 〈포브스〉가 선정한 '세계 최고의 쇼핑몰'에 이름을 올렸다. 추운 러시아에는 에어컨이 필요 없을 것이라는 일반적인 생각을 뒤집어 러시아 에어컨 시장의 36%를 점유한 LG전자의 사례도 반대로 생각한 결과이다. 흔히 추운 러시아에는 에어컨이 필요 없을 거라고 생각하기 쉽지만 러시아에도 1년에 약 45일간의 여름이 있다. 더구나 추운 날씨에 익숙한 사람일수록 더운 날씨를 더 견디기 힘들어한다는 점에 착안하여 틈새를 찾은 것이다. '미쳤다'는 소리를 듣지 않는 아이디어는 혁신적인 아이디어가 아니다.

역발상 즉 거꾸로 생각하는 것이 언제나 크게 성공하는 것은 아니다. 큰 성공보다는 오히려 틈새시장에 가까울 수 있다. 그러므로 거꾸로 생각했다고 해서 처음부터 너무 크게 일을 확장하거나 반드시 옳다고 강요할 필요는 없다. 거꾸로 생각했지만 수많은 사례가 소리 없이 묻혔기 때문이다. 또한 거꾸로 생각한 것에 소비자들이 일시적으로 흥미를 느낄 수는 있으나 지속하여 더 낫다고 생각하지 않을 수도 있다. 그러므로 일반적인 상품이 소비자들에게 너무 익숙하여 무엇인가 새로운 혁신을 이루고자 한다면 거꾸로 생각해 보는 사고의 전환을 시도해 보고, 가능성이 있는 아이디어가 탄생했다면 작게 시작하여 틈새를 만든 후 그것을 큰 시장으로 키우는 '스몰 자이언츠 전략'이 역발상 전략의 주효한 실행 방법이다.

선(線) 하나가 이룬 혁신

고속도로를 자주 이용하거나 출장이 잦은 편은 아니지만 가끔 고속도로를 이용하던 어느 날 도로 노면에 분홍색과 녹색 실선이 두껍게 그려져 있었다. 이것은 언제부터 생겼을까? 두 실선의 색깔이 다른데 이것은 어떤 의미가 있을까?

노면색깔유도선은 국토교통부와 경찰청에서 2011년부터 2016년까지 시범적으로 운영하여 여러 가지 개선점이나 필요한 사항들을 도출한 후 2017년부터 본격적으로 확대 적용하고 있는 혁신적인 도로안전대책이다. 도로 위에 생긴 선(線)의 혁명은 어느새 10년이 다 되어가고 있는데 이를 이제 알아본다는 것이 뒤늦은 감이 있다.

노면색깔유도선이 설치된 위치는 고속도로 나들목과 교차로 부근 등이다. 그 이유는 내비게이션의 상용화로 예전보다 길 찾기가 훨씬 쉬워졌다고는 하지만 초보 운전자들에게는 차선이 많은 교차로나 나들목에서 방향을 찾기가 쉽지 않기 때문이다. 더욱이 초보 운전자인데 길눈까

노면색깔유도선

지 어두운 사람은 나들목으로 쉽게 빠져나가기 위해 미리 차선을 변경하거나 미리미리 여유있게 준비하는 것이 수월하지 않다. 자칫하면 빠져나가야 할 길을 지나치거나 끼어들기로 교통사고가 발생할 위험이 있다.

노면색깔유도선은 자동차 사고나 위험을 혁신적으로 줄였다. 국토교통부에 따르면, 노면색깔유도선을 설치한 후에 고속도로 분기점과 나들목에서 교통사고가 약 27%나 감소되었다고 한다. 서울시에서는 2017년 20곳에 주행 유도선을 추가 설치해 교차로 사고가 50% 이상 감소되었다고 하니 놀라운 결과이다. 선(線) 하나가 만들어 낸 놀라운 혁명이라 할 수 있다.

도로 위에 그려진 노면색깔유도선의 색깔은 초록색과 분홍색이다. 갈라지는 차로가 한 방향일 경우에는 분홍색이고, 두 방향으로 나뉠 경우에는 초록색이 적용된다. 국토교통부 매뉴얼에 따르면 분홍색과 초록색이 선정된 이유는 도로 색과 명도 차가 커서 눈에 잘 띄기 때문이다.

노면색깔유도선이 설치되는 곳은 교통사고 위험이 가장 높은 곳으로 복잡한 고가도로 아래나 교차로 좌회전 방향이 확실하지 않은 곳, 도로 분기점에 여러 방면 진입로가 있는 곳, 로터리 등이다. 이외에도 하이패스 유도선, 졸음쉼터 등에 노면색깔유도선이 설치된다. 노면색깔유도선의 도색 폭은 45~50cm이며 노면유도선이 두 개일 경우에 두 선의 간격은 40cm이다.

노면색깔유도선은 도로 위에 단순한 선(線)을 몇 개 그어 교통사고를 획기적으로 줄이고 운전 미숙자 또는 초행 운전자 및 길눈이 어두운 사람들에게 안전한 운전을 할 수 있도록 해 주었다. 그렇다면 이 사례에서 배울 수 있는 혁신적 사고는 무엇일까?

첫째, 대부분의 혁신은 유사한 다른 사례를 보고 응용하거나 재해석하여 이룬 것이다. 노면색깔유도선 역시 일본 등 해외에서는 이미 사용하고 있다. 다른 곳에 이미 이런 사례가 있느냐 없느냐가 중요한 것이 아니라 이미 존재하고 있는 사례를 어떻게 응용하여 우리 실정에 맞도록 적용하고 발전시키느냐가 더 중요하다.

노면색깔유도선은 국내 대부분의 병원에서 비슷한 사례를 발견할 수 있다. 병원에 처음 가는 사람은 복잡한 동선에 혼란을 겪을 수 있기 때문에 병원에서는 복도 바닥에 다양한 색깔의 선(線)을 그려놓았다. 그 색깔을 따라가면 어느 위치가 나온다고 안내 받은 경험이 있을 것이다.

병원에서 활용되는 안내 유도선

병원에서는 노면색깔유도선과 유사한 형태의 혁신을 20~30년 전부터 적용하고 있다. 다만, 병원에서는 그 선을 환자나 보호자들이 이용한 것이고, 노면색깔유도선은 운전자가 이용한 차이가 있을 뿐 원리는 같은 것이다. 병원에서의 유도선뿐만 아니라 선을 통한 혁신을 이룬 사례를 좀 더 거슬러 올라간다면 테일러(Taylor)의 과학적 관리론[1]까지 연결될 수도 있다. 이처럼 대부분의 혁신은 '최초성'뿐만 아니라 '응용성'도 중요하다.

둘째, 혁신은 어려운 방법 또는 어려운 사례를 적용하려고 할수록 성공하기 힘들다. 어렵게 시작하기보다는 쉽고 단순한 혁신이 더 큰 영향을 미칠 수 있다. 교통사고를 예방하고 길눈이 어두운 사람이나 초행 운전자를 위해서 미리 전광판을 여러 개 설치하고 지속하여 안내를 하는 방법도 있고, 유도 간판을 여러 개 설치하는 방법도 있을 것이다. 그러나 노면색깔유도선은 그런 방법보다 훨씬 간단한 방법으로 혁신을 이룬 것이기 때문에 가치가 있는 것이다. 따라서 기업체든 병원이든 혁신을 이루는 방법을 어렵게 적용하려고 할수록 혁신은 요원한 일이 될 수도 있다.

셋째, 끊임없는 관찰이 혁신을 이룬다. 노면색깔유도선은 유사한 사례를 관찰하고 응용한 것이다. 설치 위치 역시 복잡한 교차로나 고가도로 밑 그리고 나들목에서 운전자들이 무엇을 불편해하고 어떤 상황에서 교통사고가 나는지 꾸준히 관찰한 결과이다.

관찰의 힘은 위대하다. 어떤 현상은 한 곳에 똑같이 존재하고 있지만,

1 과학적관리론(Scientific Management Theory)은 19세기 말부터 20세기 초엽 미국에서 산업자본주의가 전개됨에 따라 일어난 일련의 기업경영 및 생산과정 과학화 운동과 고전적 조직이론이 접목되면서 구축된 관리이론을 말한다. 테일러(Frederick W. Taylor) 등에 의해 대표되는 과학적 관리학파는 '절약과 능률'을 행정의 가장 중요한 가치 기준으로 삼고, 정치·행정분리론을 토대로 하여 행정 고유 영역의 활동을 규율하는 과학적 원리와 합리적인 관리기법을 탐구했다. 최소의 노동과 비용으로 최대의 능률을 올릴 수 있는 표준적 작업(업무) 절차를 정하고 이에 따라 예정된 작업량을 달성하기 위한 가장 좋은 방법을 발견하려는 합리적인 관리기술의 접근방법이다. 과학적 관리론은 미국의 경영학자 테일러에 의하여 개발된 것이므로 일명 '테일러 시스템(Taylor System)'이라고도 부른다.

그것을 누가 어떻게 관찰하고 응용하느냐에 따라 많은 차이가 있다. 미래는 빅데이터가 쌓이는 시대이기 때문에 더 다양한 혁신이 창출될 수 있다. 빅데이터보다 더 중요한 것은 빅데이터에서 일정한 알고리즘을 찾는 통찰과 관찰의 힘이다. 그리고 관찰과 더불어 중요한 또 한가지는 관찰로 발견한 새로운 관점이나 생각을 어떻게 실행에 옮기느냐 하는 것이다. 관찰을 통해 다른 관점으로 보거나 '같은 것이지만 다른 곳에 응용하면 어떨까?' 하는 생각을 하는 것에서 출발하여 그것을 실제 적용할 때 혁신은 우리에게 손짓하며 다가올 수 있다.

사칙연산(四則演算)으로 혁신하라

계획을 수립하거나, 혁신을 추진하거나, 컨설팅을 하거나, 무엇인가 분석할 때 가장 많이 사용하는 것이 SWOT 분석이다. 그런데 SWOT의 단순한 나열이 무슨 효용이 있을까? 나열된 내용을 잘 활용하는 것이 더 중요하지 않을까? SWOT 분석 내용을 사칙연산으로 대입하면 훨씬 효과적인 결과를 도출할 수 있다.

더하기와 빼기는 1489년 독일의 수학자 요하네스 비드만(Johannes Widmann)이 《상업계산》이라는 저서에서 '과잉'과 '부족'이라는 의미로 처음 사용했다. '+'의 기원은 'and'라는 뜻을 가진 라틴어 '엣(et)'에서 나왔는데 이걸 빠르게 흘려 쓰다 보니 '+'로 변한 것이다. '-'는 라틴어 단어 'minus'를 문자 그대로 쓰다가 시간이 지나면서 첫 글자 m에 선을 하나 그은 형태로 변했다. 그 후 점점 더 단순해지면서 나중에는 m이 사라지고 위에 그었던 선 하나만 남아서 '-'로 표기하게 되었다. '+'와 '-'를 수학적인 기호로 정의하고 보급한 것은 프랑스의 프랑수아 비에트(François

Vièe)라는 수학자이다.

우리가 현재 사용하는 곱셈 '×'의 기원은 영국의 수학자 윌리엄 오트레드(William Oughtred)가 1618년 처음으로 사용한 것으로 영국 국기의 십자가를 본떠서 만들었다. '÷' 수학 기호는 스위스 수학자 란(Johann Heinrich Rahn)이 1659년 처음 사용했는데 나눗셈 기호가 정착되기 전 유럽에서는 '÷'를 뺄셈 기호로 사용하다가 점차 나누기로 사용되었다.

이와 같은 수학 기호가 중요한 것은 그 기원보다 각각의 기호가 갖는 의미가 더 중요하다. 즉, 더하고 빼고 곱하고 나누는 의미를 SWOT 분석과 결합하면 더 발전적인 분석이 가능하기 때문이다.

SWOT 분석은 기업의 내부환경과 외부환경을 분석하여 강점(strength), 약점(weakness), 기회(opportunity), 위협(threat) 요인을 규정하고 이를 토대로 경영전략을 수립하는 기법이다. 강점(strength)은 내부환경(자사 경영자원)의 강점, 약점(weakness)은 내부환경의 약점, 기회(opportunity)는 외부환경(경쟁, 고객, 거시적 환경)에서 비롯된 기회, 위협(threat)은 외부환경에서 비롯된 위협의 의미를 가진다. SWOT 분석적인 의미에서 보면 외부로부터의 기회는 최대한 살리고 위협은 회피하는 방향으로 적용하고, 자신의 강점은 최대한 활용하고 약점은 보완한다는 논리에 기초를 두고 있다.

SWOT 분석의 기원은 스탠퍼드 대학의 앨버트 험프리(Albert S. Humphrey) 교수가 개발한 SOFT 분석과 전략적 적합성에 초점을 둔 하버드 비즈니스 스쿨의 케네스 앤드류(Kenneth R. Andrews)에 의하여 개발되었고, 엄밀히 말하면 두 사람의 내용을 종합하여 시간이 지나 재정돈

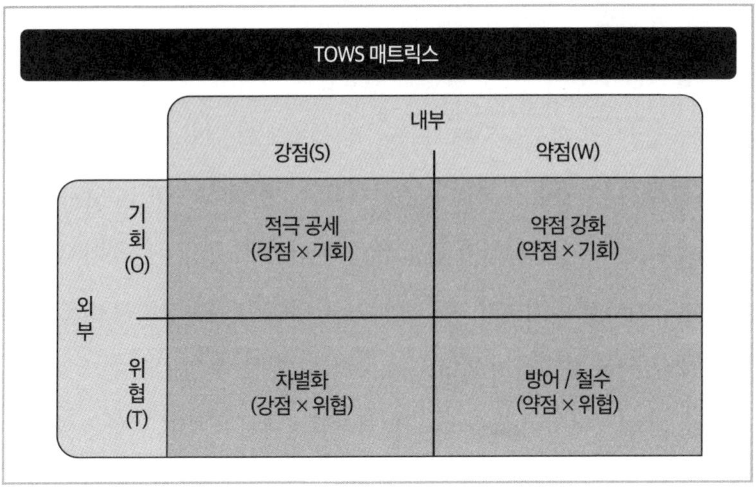

TOWS 분석

한 내용이 SWOT 분석이다.

SWOT의 단순한 나열식 분석에 회의를 느끼고, 이를 활용한 매칭 전략을 도출한 사람은 샌프란시스코 대학의 하인츠 웨이리치(Heinz Weihrich) 교수다. 웨이리치는 SWOT 분석에서 나온 내용을 매칭하여 'TOWS 매트릭스'를 발전시켜 오늘날까지 활용하고 있다.

그런데 SWOT 분석에서 도출된 내용을 TOWS 매트릭스 분석으로 전개하면 충분한가? 그 방법대로 진행하면 제대로 된 전략이 도출되고 바람직한 방향이 될 수 있을까? TOWS 매트릭스에서 한 걸음 더 나아가 제시할 수 있는 방법은 SWOT 분석 내용을 사칙연산의 개념과 대입하는 방법이 될 수 있다.

이 분석 방법은 아직까지 제시된 바가 없으므로 '은산(恩山)[1] 분석'이라 이름 붙여볼까 한다. 이 분석은 사칙연산을 수학적으로 활용하는 것이 아니라 개념적인 내용을 SWOT 분석의 각 요소와 대입하여 응용하는 방법이다. 즉, 내부환경의 강점은 적극적으로 개발하고 어떤 수단과 방법을 가리지 말고 더 만들어야 하기 때문에 더하고(+), 내부환경의 약점은 최대한 줄여야 바람직하기 때문에 빼야 하며(-), 외부환경에서 비롯된 기회는 내 자원을 투입하지 않고도 활용할 수 있는 좋은 기회이기 때문에 최대한 곱하는(×) 것이 효율적이고, 외부환경에서 비롯된 위협은 제거하면 좋겠지만 내부환경이 아니기 때문에 마음대로 없앨 수 없다. 그러므로 그 위협을 최대한 분산시키거나 나누는 방법(÷)이 바람직하다.

'은산 분석'은 SWOT 분석, 그리고 TOWS 분석과 어떤 차이점이 있는가?

먼저, SWOT는 각각의 요인에 대한 분석적 나열이며, 이를 어떻게 활용할지에 대한 개념은 TOWS 분석밖에 없다. 그러나 TOWS는 두 가지의 개념 즉, 강점과 기회, 약점과 기회, 강점과 위협, 약점과 위협을 묶어서 대응 전략 방향을 제시한다. 그렇지만 '은산 분석'은 SWOT 각각의 요인에 대한 활용 전략을 제시한다는 점에서 차이가 있다.

또한 TOWS 분석은 각각의 요인을 묶어서 적극 공세, 약점 강화, 차별화, 방어 또는 철수 전략을 제시하고 있으나 이와 같은 전략을 무조건 적용하기보다는 이러한 전략을 적용하기에 앞서 각각의 분석 요인에 대한

1 은산(恩山)은 필자의 호

'은산 분석'을 먼저 적용한 후 그 내용을 가지고 후행적으로 TOWS 분석을 적용한다면 훨씬 방향성과 내용이 제대로 적용될 수 있다.

선행적으로 SWOT 요인에 '은산 분석'을 적용하면 TOWS 전략의 내용이 바뀔 수 있다. 강점(+)과 기회(×)가 결합한 '적극 공세'는 변함이 없으나 이는 크게 매력적인 의미를 갖지 못한다. 왜냐하면 이 전략은 나도 알고 상대방도 다 알고 있는 전략이기 때문이다. 약점과 기회에서도 최소한으로 빼낸(-) 이후 기회(×)를 만난다면 '약점 강화' 전략이 아니라 '차별화 전략'을 시도할 수 있다. 또한 강점이 많은 상태(+)에서의 위협이라면 '차별화' 전략만이 아니라 '적극 공세/차별화'를 함께 고려할 수 있다. 최소로 줄인 약점(-)과 위협(÷)이 만날 경우 '방어/철수' 전략이 아니라 나의 약점을 역으로 이용한 '특화 또는 철수 전략'을 적용하는 것이 효과적일 수 있다. 나의 약점을 변함없이 유지하면서 방어해봐야 100% 질 것이므로 방어 전략은 유효하지 못하기 때문이다.

SWOT 분석과 사칙연산을 활용한 은산(恩山) 분석

'은산(恩山) 분석'	강점(S)	약점(W)
기회(O)	적극 공세 (강점 × 기회)	차별화 (약점 × 기회)
위협(T)	적극 공세 / 차별화 (강점 × 위협)	특화 / 철수 (약점 × 위협)

이와 같이 단순한 SWOT 분석과 TOWS 전략 수립이 아니라 SWOT

분석으로 구분한 후 '은산 분석'을 한 번 더 거친 다음 TOWS 분석을 한다면 새로운 시각 즉 상대방도 예측하지 못하고 내부적인 장점도 극대화할 수 있는 새로운 전략을 만들 수 있다.

똑같아지면 파괴된다

2020년 2월에 개원한 아주대학 요양병원이 화제다. 대학병원이 급성기 중증환자가 아닌 경증의 장기요양환자를 대상으로 하는 서비스를 제공하는 것이 옳은가에 대한 논란 때문이다. 의료기관은 일반 기업과 달리 비영리를 추구하고 국가에서 건강보험으로 가격(수가)을 통제하기 때문에 다양한 변화와 혁신을 추구하는 데 한계가 있다.

그렇지만 다른 한편으로 민간병원은 완전한 공공의료기관은 아니므로 일반기업과 같이 새로운 도전과 혁신을 추구하는 부분도 있다. 그런 이유로 공공기관과 민간기업의 중간인 아주대 요양병원의 개원이 논란거리가 된 것이다.

최근 우리나라의 보건의료 정책은 2019년 9월 제4기 상급종합병원 지정 기준 변경과 의료전달체계를 개편하는 내용을 중심으로 급격한 변화의 물살을 타고 있다. 또한 2018년부터 보건의료 분야의 커뮤니티 케어 관련 시범 사업들이 하나둘씩 시행되면서 의료기관에 대변혁을 예고하고 있다. 뇌졸중 환자를 대상으로 급성기와 회복기 및 요양기 병원 전달체계를 확립하고, 이를 연계하는 네트워크 구축 시범 사업이 2020년도 상반기에 실시되었다. 2019년 12월 말에 신청이 마감된 1형 당뇨병 환자의 재택의료서비스와 복막투석환자의 재택의료서비스 사업도 커뮤니티 케어의 일환이다. 뿐만 아니라 과거에 시행된 후 잠깐 명맥이 끊어졌던 왕진이 동네병원을 중심으로 행해지고 있다. 원격진료를 통해 환자들이 대형 상급종합병원 또는 급성기 병원을 방문하는 것을 최대한 줄이기 위한 정책이 국회를 통과하여 의료계의 새로운 판도 변화를 예고하고 있다. 이와 같은 변화는 현재 의료계의 판도를 바꾸게 될 획기적인 변화들이다.

제도 변화의 원인은 현 정부의 의료 보장성 강화 정책으로 국민의 개인 의료비 부담금 감소와 반대급부로 나타난 국가 건강보험 재정문제 그리고 세계 최단기 고령사회 진입과 수명연장으로 인한 노인 의료비의 기하급수적인 증가 문제가 복합적으로 작용한 결과이다.

그런데 이런 정책 변화의 흐름에서 급성기 환자를 회복기나 요양기 더 나아가 집으로 돌려보내려는 정책 방향에 일부 대학병원이 요양병원을 설립하는 틈새 전략을 들고 나온 것이다. 아주대 요양병원의 설립과 운영은 우리나라 의료계에 중요한 터닝 포인트가 될 수 있다. 대학에서 요양병원을 설립하는 것은 아주대 요양병원이 처음은 아니다. 2019년 4월 동아대병원 산하 대신 요양병원이 설립허가를 받고 운영되고 있었다. 그러나 동아대에 이어 아주대까지 요양병원이 생기면서 4~5개의 대학병원에서 병원 운영의 어려움을 극복하기 위하여 추가적으로 요양병원 설립을 검토하고 있어 그 파장이 커질 가능성이 높다.

대학병원에서 요양병원을 설립하는 것에 반대하는 이유는 현 정부가 동네의원부터 상급종합병원까지 1~3차 의료기관 전달체계를 확립하는 것을 주요 과제로 실행하고 있는 시점에서 상급종합병원이 중증질환자 진료에 집중하지 않고 거대 자본으로 아급성기 환자, 만성기 환자까지 독식하려 한다는 시각에서 출발한다. 또한 한 병원에서 환자를 주고받는 형태를 취하는 것은 전체적인 의료전달체계를 파괴할 수 있는 행위라는 우려 때문이다.

반대로 대학병원이 요양병원을 운영하는 것이 필요한 이유는 대학병원 본원과 환자를 연계하여 가장 효과적인 의료서비스를 제공하는 형태라는 주장이다. 급성기 치료를 마친 환자들이 회복기 및 유지기 치료 후 빠른 시간에 지역 요양시설이나 집으로 복귀해 일상적 삶을 유지하도록 돕는 정부의 '커뮤니티 케어' 실현에 부합하는 모형이므로 장려되어야 한다고 말한다. 양쪽 주장 모두 어느 쪽이 맞고 어느 쪽이 틀렸다고 말하기 힘들다. 찬반양론이 팽팽한 가운데 우리는 무엇을 고민해야 할 것인가?

제일 먼저 생각해야 하는 것은 환자이다. 환자의 입장에서 생각하면 동네 요양병원이든 대학 부설 요양병원이든 상관없다. 누가 환자에게 가장 적합하고 바람직한 서비스를 제공하느냐가 중요하다. 이런 측면에서 고려하면 양측은 모두 공급자 입장에서만 생각하는 주장이라 볼 수 있다.

두 번째로 고려해야 할 사항은 보건의료 분야에서 운영 형태의 다양성이다. 우리나라의 보건의료는 정부의 관리하에 각종 의료 관련 법률로 일정 모형을 정한 후 그에 따르도록 하는 형태이다. 이러한 유형이 바람직한 장점도 있다. 그러나 전국적으로 모든 의료기관의 운영 형태가 똑같은 것이 바람직한 것인가? 아니면 각자의 장점을 최대한 반영하고 새로운 시도를 하여 다양성을 넓히는 방향이 바람직할 것인가? 글로벌 경쟁 환경에서는 다양하게 운영하는 것이 현명한 방향일 수 있다. 동일 산업 분야에서 다양성의 필요성은 다른 사업 분야의 사례로 생각해 볼 수 있다. 동일한 형태가 오래 지속되면 새로운 파괴가 나타나는 현상에 대한 사례이다.

1980년대와 1990년대에는 원색 소파에 수족관 하나를 설치하고 주로 지하에 있던 다방의 형태는 전국 어디를 가나 유사하였다. 그래서 사라졌다. 다방이 사라지면서 좀 더 밝은 분위기의 인테리어와 다양한 종류의 커피나 음료를 팔면서 지상으로 올라온 것이 카페이다. 지상으로 올라온 카페들이 전국 어디를 가나 비슷한 유형을 띨 때쯤 새로운 파괴 형태로 나타난 것이 제3의 공간과 문화를 제공하면서 등장한 스타벅스 같은 커피 전문점이다.

2019년 기준으로 스타벅스 매장은 1,262개이며, 고용 인원은 1만 4,846명에 이른다. 뒤를 이어 투썸플레이스와 이디야 등 커피 전문점이 대세를 이루고 있다. 그런데 이상한 점은 동네 커피숍은 자신만의 개성을 살리면서 다양한 형태로 운영되어야 하는데 자세히 보면 규모만 작을 뿐 커피 전문점 형태를 따르고 있다. 이와 같이 똑같은 분위기와 똑같은 형태가 전국적으로 일반화되면 무엇이 나타나는가? 새로운 파괴자가 나타난다.

국내는 아니지만 이미 이러한 파괴적인 변화는 시작되었다. 대표적으로 몰스킨(Moleskine)과 팬톤(Pantone)이 카페와 기업의 이미지를 연결하는 새로운 유형의 카페를 선보이며 파괴자로 등장했다. 노트와 책을 만드는 전문업체인 몰스킨은 이탈리아 밀라노에 카페를 오픈했는데, 스타벅스와 달리 심플한 디자인과 뉴트럴 톤의 내부 인테리어를 갖춰 현대적이고 편안한 창의적 작업 공간을 제공하는 콘셉트로 새롭게 오픈하였다. 몰스킨 카페는 스타벅스형의 커피 전문점이 아니라 창작의 플랫폼을 강조하며 파괴적인 형태로 등장한 것이다.

색채 전문기업인 팬톤은 매년 그해의 색을 선정하여 발표하는 기업인데 이러한 기업의 특징을 살려 "색을 맛보라"는 구호로 모나코에 팬톤 카페를 차렸다. 이 카페의 음료에는 팬톤의 색 분류번호가 표시되고, 시각이 미각으로 전환되는 경험을 제공한다. 이 역시 새로운 파괴자의 형태이다.

어찌 보면 사람마다 각자의 개성이 있는데 대부분의 사람이 스타벅스나 투썸플레이스 같은 공간만을 찾는다는 것은 어불성설이다. 앞으로 커피 시장은 더 다양한 형태의 모습으로 나타날 수 있고, 스타벅스나 투썸플레이스 같은 기존 업체들 또한 자기 혁신을 통하여 새로운 모습을 창조함으로써 지금의 영광을 유지하려고 할 것이다.

이와 같이 어디를 가나 개성 없이 비슷비슷해지면 새로운 파괴자가 등장하여 그 산업 분야는 상승 나선형을 그리며 성장하고 발전한다. 그렇다면 의료기관은 이와 같은 변화의 법칙을 따르지 않는 분야인가? 아니다. 의료기관도 마찬가지다. 모든 의료기관이 천편일률적으로 같은 형태의 의료서비스만 제공할 필요는 없다. 고객인 환자에게 해가 되지 않는 한 산업형태를 동일하게 규제하고 지정하는 것은 그 산업 분야의 발전을 저해할 수 있다.

한국의 의료기관은 너무 오랫동안 유사한 형태를 유지해 왔다. 1990년대 초반 현대와 삼성에서 기업형 병원을 설립하고 기업 경영방식을 병원에 도입한 이후 나름대로 변화와 혁신을 꾀했다. 그렇지만 아직도 한국 병원들은 어디를 가나 1층에 접수처와 원무 창구가 있고, 저층부에 외래, 상층부에는 병실, 상층부와 저층부 사이에 수술실, 지하에는 편의시설과 주차장 및 장례식장이 위치한 형태로 운영되고 있다. 유니폼도 비슷하고 운영 프로세스도 유사하다. 일부 원스톱이나 당일 진료 형태를 표방하는 의료기관도 있지만 근본적인 변화는 아직 나타나지 않고 있다.

일본 카메다병원의 모토 사진

일본 카메다병원은 최상층에 장례식장이 있다. 우리나라 대부분의 병원에서 장례식장을 지하에 두는 것과는 대조적이다. 이유는 하늘나라에 가장 가까운 곳이 최상층이기 때문이란다. 또한 "환자가 원하면 No는 없다."는 고객 만족 실천 운동과 함께 "Always Say YES!"를 모토로 진정으로 고객 중심의 병원을 운영하고 있다.

서울의 중·소병원 가운데 한 병원은 부족한 주차 공간을 해결하면서 주차 타워를 병원 건물과 붙여 환자가 입원한 병실에서 퇴원 수속을 하고 바로 같은 층에 붙어있는 주차장으로 이동하여 퇴원함으로써 편의를 도모할 뿐만 아니라 프라이버시도 지킬 수 있게 하였다.

이제 의료기관은 온라인서비스는 물론 본인의 건강정보를 제공하는 다양한 서비스들이 늘어나는 시대를 맞이하게 될 것이다. 의료기관은 전통적인 급성기 환자치료뿐만 아니라 빅데이터를 이용한 헬스케어 산업으로 미래 성장동력의 핵심이 이동될 것이며 다양한 유형의 의료서비스를 제공할 것이다. 모름지기 변화와 혁신 나아가 새로운 파괴자가 나타날 것이다.

이런 관점에서 아주대 요양병원의 개원과 이를 둘러싼 갈등은 우리나라 보건의료 산업 발전의 성장통이라 할 수 있다.

혁신에서 혁명으로

내가 자주 애청하는 '불후의 명곡, 전설을 노래하다'라는 프로그램은 과거 유명했던 가수의 노래를 후배 가수들이 다시 부르는 형식이다. 그런데 출연자 중 과거의 유명했던 가수와 똑같이 부르는 후배 가수는 대부분 탈락이다. 우리의 머릿속에 기억된 멜로디와 향수가 있어도 가수의 화려했던 시절의 노래를 그대로 따라 부르는 것을 명곡 판정단들은 싫어한다.

달라야 새로워질 수 있다. 달라야 콜라보가 이루어지고 시너지가 발생한다. 같으면 쇠락한다. 똑같아지면 파괴된다. 그런데도 우리는 자꾸 같아지려 한다. 같은 방향을 지향하되 창법과 감성 그리고 스타일은 달라야 한다.

내가 본 무대 중에 가장 파격적이고 새로운 출연자는 박애리와 팝핀현준 부부였다. 이들은 일반 통념으로 보면 여러 가지 다름이 있다. 국악이라는 장르와 현대적인 창작 무용의 장르가 다르고, 둘의 나이 차이도 박애리가 두 살 더 많다는 점도 일반적이지는 않다. 이들에게 더 관심이 가는 이유는 국악을 전공한 박애리가 현대가요를 부르기 때문이다. 간주 때는 어김없이 춤꾼 남편이 나와서 현대무용으로 새로움을 더하고, 더 놀라운 것은 박애리가 현대무용을 같이 따라 하는 부분이다. 동서양의 조화는 물론 전설의 노래를 새롭게 소화하여 완벽하게 다르면서도 같은 하나의 무대를 만들어 낼 때는 소름이 돋는다.

모창 능력을 알아내는 '히든 싱어'라는 프로그램이 있다. 출연자들은 정말 놀라울 정도의 모창 능력을 뽐낸다. 심지어 원곡을 부른 가수보다 더 노래를 잘 부르는 출연자도 나온다. 그러나 너훈아가 나훈아가 될 수 없고, 로커 김경호의 샤우팅보다 더 멋지게 샤우팅을 해도 그 사람은 김경호가 되지 못한다. 새로움이 아니라 흉내를 내기 때문이다. 모창도 대단히 칭찬받을 능력이지만 모창은 모창일 뿐이다.

기본은 유지하되 더 낫거나 새로운 기능 또는 성과를 발휘할 때 혁신이라 부른다. 기본 자체까지 송두리째 바뀌는 것은 혁명이라 부른다. 따라서 기존의 노래에 박애리와 팝핀현준처럼 새로운 시도를 하여 제3의 창작이라는 성과를 만들어 내는 것은 혁신이라 할 수 있다. 그러나 노래를 사람이나 다른 생명체의 목소리로 만드는 것이 아니라 기계음만으로 사람의 노래를 만들 수 있다면 혁명이라 할지도 모른다.

혁신과 혁명은 그대로 따라 하려고 노력하는 것이 아니라 새롭게 시도하려고 하는 데서 나온다. 달라야 새로워진다. 조직에서도 정치에서도 같은 것만 지향하거나 유지하려고 하면 파괴되거나 사라질 수 있다.

왜 인공지능이 가장 잘하는 일을 온종일 교육하는가?

암기의 신, 공부의 신 하면 누가 떠오르는가? 아마도 의대생과 법대생이 아닐까 싶다. 특히 의대생이 외워야 하는 암기의 양은 상상을 초월한다. 그런데 2019년부터 하버드, 스탠퍼드, 듀크대는 의대의 강의 교육 방식을 전면 폐지하였다. 무슨 일일까?

애벌레가 나비가 되려면 허물을 벗어야 한다. 애벌레가 가장 크고 힘센 유충이었다며 과거의 영광에 빠져 유충으로 남으면 결국 날지 못하고 죽는다. 과거의 영광이 미래의 발목을 잡을 수도 있다. 아날로그와 디지털 시대의 경영방식은 다르다. 산업도 시대에 따라 달라져야 한다.

우리나라는 1980년대에 가발, 운동화, 섬유 등의 산업이 중심이었다. 1990년대와 2000년대에는 철강, 조선, 석유화학 등 중화학 공업으로 성장의 축이 이동하였다. 그 이후에는 답보상태이다. 삼성의 반도체 산업과 휴대폰이 효자 노릇을 하고 있지만, 삼성도 반도체 산업을 제외하면 수익 폭이 줄어들고 있다. 반도체 호황은 위기를 맞고 있고, 2000년대까지 중화학공업은 중진국과의 격차가 점차 줄어들면서 더는 효자 노릇을 하지 못한다. 이제는 석유 중화학 분야에서 4차 산업혁명 시대로 넘어가야 한다.

2016년 알파고와 이세돌 9단의 바둑 대결이 있었다. 모두가 기억하는 것처럼 4:1로 알파고가 이겼다. 세기의 대결에서 사람들은 충격을 받았다. 알파고는 이후 인간계 최강이라는 중국의 커제 9단을 비롯하여 전 세계 정상급 기사들을 줄줄이 제압하고 2017년 5월 은퇴를 선언하였다. 이때까지의 전적이 68승 1패이다. 알파고에게 유일하게 1승을 올린 사람이 이세돌 9단이다.

알파고는 왜 바둑계에서 은퇴했을까? 더는 바둑 경기에서 사람을 이기는 것이 의미가 없기 때문이다. 이렇게 은퇴한 알파고는 이후 2019년 1월부터 '알파 스타'라는 이름으로 스타크래프트 분야에 뛰어들어 유럽 프로게이머와 대결하여 10승 1패를 기록 중이다. 4차 산업혁명의 총아라고 할 수 있는 인공지능은 아주 빠르게 발전에 발전을 거듭하고 있다.

구글은 왜 알파고를 내세워 한국에서 세기적인 대결을 벌였을까? 당연히 상업적인 목적에서였을 것이다. 그런데 왜 그것이 한국이었을까? 그것은 한국이 아직 애벌레였기 때문이다. 이지성은 《에이트》에서 서양에서는 이미 에이다 러브레이스(Ada Lovelace)[1]의 '찰스배비지의 해석기관 분석'(1842)에서부터 인공지능에 대한 연구가 시작되었다고 주장한다. 180년 전의 일이다. 그런데 우리나라는 아직도 석유 중화학공업에 주력

1 세계 최초의 프로그래머

하고 있다. 일본과 중국은 우리보다 최소한 50년 이상은 빨리 인공지능 분야를 준비해 오고 있는데 우리나라는 아직 애벌레의 영광에 머물러 있다. 그러니 한국을 대상으로 알파고가 바둑게임을 펼친 것이다.

미국과 일본 등 선진국에서는 새로운 교육혁명이 일어나고 있다. 인공지능 시대에 잘 적응할 수 있도록 새로운 교육 시스템으로 변신하고 있다. 교육은 4차 산업혁명 시대에 가장 잘 적응하게 할 수 있는 기반이다. 싱귤래리티(Singularity) 학교, 일론 머스크가 설립한 애디 아스트라(Ad Astra) 사립학교, 실리콘밸리에 있는 페닌슐라(Peninsula) 대학, 미네르바(Minerva) 대학 등은 새롭게 미래를 대비한 특이한 학교들이다. 이들은 일반적인 학교 교육과 매우 다른 교육을 한다. IT 기기를 전혀 사용하지 않고 읽고, 쓰고, 토론하고, 사색하는 지극히 동양적인 교육을 지향한다. 스티브 잡스도 그랬고 앞서가는 서양의 천재들은 동양적인 학습과 생각의 방식을 추구하고 있다. 그런데 지극히 동양적인 사고와 사색을 해야 할 우리는 서양 학문 그것도 그들이 이미 버리기 시작한 교육 방식을 지향하고 있다.

하버드대학교 의과대학에서는 MIT와 함께 새로운 교육 모형을 만들고 2019년부터 강의식 교육을 폐지하였다. 하버드 의대는 교육시간에 소설을 쓰고 플립 러닝(flipped learning)[2] 방식을 적용하고 강의식 교육은 폐지하였다. 일본도 2019년부터 입시를 폐지하고 고전 독서와 토론 중심의 새로운 수업 방식으로 전환하고 있다. 왜 이런 변화를 시도하는

2 플립 러닝(flipped learning, 역진행 수업)은 혼합형 학습의 한 형태로 정보기술을 활용하여 수업에서 학습을 극대화할 수 있도록 강의보다는 학생과의 상호작용에 수업시간을 더 할애하는 교수학습 방식이다.

것일까? 인공지능에게 지배당하지 않기 위해서이다. 인공지능이 잘할 수 없는 공감과 창의력을 길러주고, 독서와 사색으로 상상력을 길러주고, 새로운 문화 간의 융합을 도모하거나 학문 간의 융합을 도모하는 교육 즉, 통섭(統攝)의 지혜를 길러야만 인공지능을 지배하거나 부릴 수 있기 때문에 이런 교육을 시도한다.

그런데 우리 교육 현실은 어떤가? 우리나라는 아직도 외우고 답만 찾는 교육이 중심을 이루고 있다. 딴생각하지 말고 답에만 집중하도록 대치동과 목동 학원에서는 늦은 밤까지 암기 공부를 시키고 있다. 잠깐 쉬는 시간에도 사색이나 휴식이 아니라 나의 생각과 상상력과 창의력을 죽이는 휴대폰 검색에 대부분의 시간을 쓴다.

충격적인 사실은 향후 10년 이내에 컴퓨터가 가장 잘할 수 있는 능력이 바로 외우는 거란다. 지금까지의 지식을 통째로 외우고 잊어먹지도 않는다고 한다. 24시간 깨어 있는 인공지능이니 외우는 것을 가장 잘하는 게 맞다. 그런데도 우리는 인공지능이 가장 잘하는 그 방식 그대로 학습하고 있다. IQ 100~150 내외의 사람들이 10년 이내에 IQ 10,000에 도달한다는 인공지능이 가장 잘하는 일을 온종일 하고 있다. 그리고 그렇게 공부해서 우수한 점수를 맞은 사람들이 의과대학에 들어가서 또 외우는 수업을 한다.

우리는 암기 공부에 치중하며 경쟁해야 하는가? 아니다. 다른 방식을 찾아야 한다. 서양에서는 천재들이 유명 대학을 중간에 자퇴하고 IT 기기도 없이 아날로그 방식으로 수업하고, 토론하고, 상상하고, 명상하는 학교에 다니고 있다.

지금 우리나라의 교육 방식은 애벌레다. 나비가 되기 위해서는 최소한 지금과 같은 교육 방식은 아닌 듯하다. 읽고, 쓰고, 생각하고, 상상하고, 묶고, 연결하는 무엇인가 다른 교육 방식이 필요하다. 단순히 서양의 플립 러닝을 모방하는 것이 아니라 왜 이렇게 교육해야 하는가를 분명히 알고 새로운 교육을 지금부터라도 시작해야 한다.

다르게 봐야 다르게 보인다

한반도를 둘러싼 정치적인 역학관계로 인하여 지금은 막히고 일부 시설이 폭파되었지만 개성공단에 설치된 의료 시설을 방문한 적이 있다. 개성공단을 방문할 때는 통일부에서 여권과 같은 출입허가증을 받아야 한다. 개성공단에 가려면 도라산역을 거쳐 자동차로 출국하는 방법이 있는데 인천공항에서 해외로 출국하는 것과 같은 수속 절차를 밟아야 한다. 수속이 끝나고 길을 따라 분단 장막 앞까지 도착하여 대기하고 있으면 북한의 인도 차량이 와서 한 줄로 북한 입국소까지 따라간다. 북측 입구에 도착하면 철저하게 몸과 차량 수색이 이루어지는 것은 물론이다.

이때 드는 생각은 이것이다. '아~ 잊고 있었네. 우리나라는 섬이 아니었어. 개성은 배가 아니라 자동차로 갈 수 있는 곳이었지.' 육로로 개성에 간다는 것은 평양을 거쳐 중국과 러시아로도 갈 수 있다는 것을 의미한다. 그러고 보면 우리나라 대통령은 중국을 방문할 때 비행기로 가는데 북한의 김정은 국방위원장은 전용기 대신 열차를 타고 중국에 간다. 비행기로 가는 것과 열차로 이동하는 것은 별 차이 아닌 것 같지만 사실은 매우 큰 차이다. 자기 나라를 떠나 다른 나라를 방문할 때 비행기나 배 이외의 방법이 불가하다는 것은 섬나라를 의미한다. 자동차나 열차로 이동할 수 있다면 육지를 의미한다. 그러므로 전용기든 아니든 비행기로 가느냐 열차로 가느냐는 작은 차이지만 매우 다른 의미를 내포한다.

대한민국은 섬나라일까, 육지 나라일까? 우리는 너나 할 것 없이 한반도라고 부른다. 그런데 한반도가 맞나? 사전에서 반도(半島, peninsula)를 찾아보면 '육지가 바다에 길게 돌출하여 삼면이 바다로 둘러싸여 있는 부분으로 지각 변동에 의해서 생긴 융기부이며, 한반도, 아라비아반도, 스칸디나비아반도, 캄차카반도, 인도차이나반도 등이 여기에 해당한다.'라고 정의되어 있다. 따라서 우리나라는 반도가 맞다. 그런데 여기서 대한민국이 반도의 조건을 충족하기 위해서는 북한까지 포함되었을 때다. 북한을 제외한다면 우리나라는 반도라기보다는 섬에 가깝다. 창의력개발연구원에서 공개한 사진을 보면 우리나라가 왜 반도라고 하기에는 애매한지 알 수 있다.

대한민국의 지도(출처: 창의력개발연구원 홈페이지)

대한민국을 한반도라고 부르는 것은 우리가 남북이 분단되지 않았을 때를 의미한다. 우리는 북한을 당연히 한민족이고 한 나라라고 생각해 왔다. 우리의 사고방식은 과거 고조선부터 시작해서 고구려, 백제, 신라 3국으로 나뉘었어도 우리는 늘 하나로 생각해 왔다. 그래서 남북이 나뉘었어도 우리는 하나라고 생각한다. 그렇지만 현실은 우리나라가 남북으로 나뉘어 있고, 통일이 되기 전까지 대한민국은 반도라기보다는 섬에 가깝다.

섬이 아니라 섬에 가깝다는 의미는 무엇인가? 우리나라는 일본과 같은 섬나라이다. 그러나 섬도 아니다. 왜냐하면 섬(島, island)의 사전적 정의는 '주위가 수역(水域)으로 완전히 둘러싸인 육지의 일부로서 분포 상태에 따라 제도(諸島)·군도(群島)·열도(列島)·고도(孤島)로 나눈 것'이다. 그렇지만 대한민국의 북쪽은 수역(水域)이 아니라 육지이기 때문에 섬도 아니다. 그래도 반도와 섬 둘 중 하나를 선택하라면 현재 우리의 상황은 섬나라에 가깝다. 사전적 정의를 떠나 다른 기준으로 보면 섬나라처럼 중국이나 시베리아를 열차로 가지 못하는 나라이고, 대한민국을 떠나 다른 나라로 가려면 비행기나 배 이외에는 갈 수 없는 나라이기 때문이다.

무엇을 어떤 기준으로 보느냐는 그만큼 중요하다. 반도냐 아니냐, 섬나라냐 아니냐가 중요한 것이 아니다. 중요한 것은 무엇이 맞고 틀리고의 문제가 아니라 어떻게 보느냐에 따라 세상은 전혀 다르게 인식될 수 있다는 것이다.

급격히 발전하고 변해가는 환경에서 서로 융합하고 협력하여 시너지를 내기 위해서는 나만의 색깔이 정답이라고 주장하는 태도는 바람직하지 않다. 안경 너머의 색깔도 인정하는 태도가 없이는 융합과 협업은 어렵기 때문이다.

주변에 악마의 대변인이 있는가?

법률은 한 나라와 사회를 움직이는 근간이다. 의회민주주의인 우리나라에서의 법률안은 국회의원과 정부가 제출할 수 있다. 정부의 해당 부처에서 법률안을 제출하거나 최소 10명 이상의 국회의원들이 동의하여 법안이 제출되면 국회의장은 이 법률안을 소관 상임위원회에 회부하여 사전심의를 한다. 소관 상임위원회 심의가 끝난 법률은 법제사법위원회에서 자구 수정과 체계를 정립하여 국회 본회의에 회부하고, 본회의에서는 해당 법안에 대한 질의·토론을 거쳐 법률안을 표결하는 과정을 거치도록 되어 있다.

언론 매체에 보도되는 "20대 국회 마지막 본회의 발의 법안 무더기 통과", "국회 열리자마자 쏟아지는 졸속 법안들 걱정된다", "소셜네트워크서비스(SNS) 텔레그램에 의원들이 대거 참여하여 단톡방을 개설하고 법안 발의에 동의해 주는 신풍조가 나타나고 있다." 등의 기사를 보면서 걱정이 앞선다.

법률은 전 국민과 우리 사회를 대상으로 적용되는 기본 질서이며, 책임과 의무 조항이므로 내용을 심도 있게 살피고 많은 질의와 토론을 통해 부작용을 최소화하는 과정을 거쳐야 하는데 이 과정을 거치지 않고 무더기로 통과하니 이는 사후에 문제가 될 소지가 크다.

그런데 공교롭게도 이와 같은 의사결정 과정은 국회뿐만 아니라 우리나라 대부분의 단체나 조직에서 유사한 과정을 거친다. 특히 회의 후에 식사가 예정된 경우에는 더 빠르게 의사결정이 이루어진다. "반대 의견 있습니까? 없으면 통과합니다. 이의 없으시면 '예' 하시고, 있으시면 '아니요' 하십시오. 예! 모든 안건이 통과되었습니다." 이렇게 회의가 일사천리로 신속하게 끝나고 제시간에 맞춰 식사를 하면서 마냥 흐뭇한 시간을 보내는 것이 일반적이다.

그런데 만일 누군가 "이의 있습니다. 행사비 부문에 문제가 있는 것 같습니다. 인원도 얼마 참석하지 않은 행사인데 사전 준비비가 너무 많이 사용된 것으로 보입니다. 왜 이렇게 된 것인지 납득이 가지 않습니다. 자세한 보완 설명을 요구합니다."라고 하면 당연히 필요한 질문인데도 모든 참석자의 곱지 않은 눈길이 그 사람을 향한다. 그리고 대부분 "에이 그냥 넘어가지 얼마 되지 않는구먼.", "저 사람 또 트집이네. 단골이더라고 아주."하면서 부정적으로 평가한다.

대부분 회의를 생각해보면 회의 때마다 이의를 제기하는 사람은 정해져 있거나 예상이 되기 때문에 회의 주재자는 회의 전에 미리 그 사람에게 의견을 듣고 조율을 하는 경우가 있다. 그렇지만 사전에 잘 조율하고 문제가 없을 것 같은 안건 처리인데도 불구하고 기습적으로 발언을 하거나 트집을 잡기 위해 준비를 해오는 사람이 있다. 그러면 회의 주재자도 힘들어지고 안건에 큰 관심이 없는 참석자들은 이견을 제시하는 사람에게 곱지 않은 눈길을 보낸다.

반대하는 사람이 정말 눈치 없는 사람이고 필요 없는 질문을 하여 시간을 낭비하는 사람일까? 때로는 이와 같은 조언자 또는 트집 잡는 사람의 의견으로 생각지도 못했던 좋은 대안을 찾거나 단체의 사업을 미리 점검해 볼 수 있는 기회를 얻을 수도 있다.

가톨릭에서는 '악마의 대변인(devil's advocate)'이라는 독특한 제도를 활용한다. 악마의 대변인은 어떠한 인물을 성인(聖人)으로 추대하는 일이나 교황을 선출하는 과정 등 중요한 의사결정 과정에서 활용된다. 악마의 대변인은 그 의사결정이 합리적이고 객관적으로 이루어지도록 안건에 대한 회의적인 의견과 근거들을 제시하고 반대자의 역할을 수행해야 한다.

악마의 대변인은 꼭 가톨릭 성직자만 이 직무를 수행하는 것은 아니다. 때로는 일반 학자들에게 위탁하는 경우도 있다. 유명한 사례로 마더 테레사 수녀의 시복(諡福, beatification)[1]을 앞두고, 무신계의 거두인 크리스토퍼 히친스(Christopher Eric Hitchens)에게 테레사 수녀에 대한 악마의 대변인 임무를 요청한 경우가 있다. 히친스는 저서 《자비를 팔다》에서 마더 테레사 수녀에 대해 가차 없는 비판을 가한 일이 있어 악마의 대변인으로 선정되었다. 악마의 대변인 임무를 맡았던 히친스의 회고에 따르면, 악마의 대변인 증언 작업은 성서가 책상 위에 놓인 조용한 방에서

1 시복(諡福 , beatification)은 교회가 공경할 복자로 선포하는 일이다. 거룩한 삶을 살았거나 순교한 이에게 복자 칭호를 허가하는 교황의 공식 선언이다. 시복은 로마 교황청의 엄격한 심사를 거쳐 결정된다.

담당 성직자들만이 배석한 상태에서 이루어졌고 기탄없이 할 말을 다 시켜주는 분위기였다고 한다. 이 임무를 맡았던 히친스가 압박을 가한다고 말을 아낄 사람도 아니지만 히친스는 본인이 가톨릭교회에 대해 회의적이거나 무신론적 입장을 떠나서 악마의 대변인 시스템 자체는 매우 좋게 평가하였다.

악마의 대변인은 의미가 확장되어 가톨릭교회뿐만 아니라 논리학에서 논의의 활성화를 위해 고의적으로 일부러 반대 입장을 취하는 상황을 가리키는 데에도 사용된다. 법조계에서도 모의 법정에서 상대측 변호사 역할을 맡는 사람에게 이런 명칭을 사용하기도 한다. 정치학이나 행정학, 심리학 등에서는 집단이 한꺼번에 어느 한 방향으로 생각하게 되는 집단사고의 문제를 해결하기 위한 방법으로 이 악마의 대변인을 활용하기도 한다.

이런 의미에서 우리 사회에서도 만일 '악마의 대변인' 역할을 하는 개인이나 단체가 있으면 감사하게 생각하고 의사결정을 해야 하거나 회의를 주재하는 사람은 매우 기뻐해야 한다. 곱지 않은 눈으로 그를 바라보지 않아야 한다. 정도의 차이는 있지만 '악마의 대변인' 역할은 조직의 건전한 방향성이나 중요한 의사결정을 할 때는 반드시 필요하기 때문이다. 한 사회와 조직에서 구성원들의 다양성과 개성을 인정해주고, '악마의 대변인' 역할을 하는 사람에 대한 적극적인 동기부여를 함으로써 보다 완벽하게 원하는 목표에 도달할 수 있는 나침반이 될 수 있다. 한 조직이나 기업체의 미래를 좌우하거나 많은 재원을 투입하여 무엇인가를 결정하는 경우에도 반드시 정확하고 악랄한(?) '악마의 대변인'이 필요하다.

예를 들어 어느 스타트업에서 이미 깔려있는 통신망에 무료로 접속하여 유료회원을 모집하는 플랫폼 사업을 한다고 할 경우 “우리 회사는 그 회사가 깔아 놓은 네트워크를 이용하여 또 다른 사업을 펼치면서 유료회원을 유치하는 사업이기 때문에 내가 만일 상대편 회사라면 우리가 사용하는 네트워크를 비싸게 유료화할 것 같은데요?”와 같은 질문을 해야 한다. 이런 악마의 질문이 있어야 해당 기업에서는 “우리의 논리에 그런 허점이 있었구나. 우리가 하려는 아이템은 무료 접속이 장점인데 유료화라면 이 프로젝트를 근본부터 다시 검토해봐야 할 것 같은데?” 하는 심도 있는 논의를 할 수 있다. 이런 악마의 질문 없이 “그래그래 그게 좋겠다. 그냥 그런 논리로 밀어붙이지 뭐.” 이런 식의 자화자찬만 하는 의사결정 과정이라면 위기 발생 시 현실적 장애물을 만나게 될 수밖에 없다.

누구든지 반대 의견을 내는 사람은 상당한 용기를 내야 한다. 여러 사람이 싫어할 수도 있고 트집쟁이라고 비난받을 수도 있기 때문이다. 그러나 악마의 대변인과 같은 마음으로 문제를 제대로 보지 않고 졸속으로 처리한다면 그 사업은 반드시 부메랑이 되어 더 큰 문제를 일으킬 수 있다. 그러므로 최고 의사결정권자는 누군가 집요하게 문제를 물고 늘어지는 사람이 있을 경우 ‘악마의 대변인’이 나타났구나 하면서 기뻐해야 한다. 그리고 구성원 중 최소한 일부는 ‘악마의 대변인’과 같이 항상 최악을 예상하고 부정적인 상황을 제시해야 한다. 반론에 익숙해야 하고 구성원들이 보지 않고 지나가는 문제의 부스러기들을 모아 눈앞에 보여주어야 한다. 악마처럼 집요하게 질문하고 무리한 요청을 하며 압박해야 한다. 성숙한 조직은 ‘악마의 대변인’과의 씨름을 통해 실제적인 위기관리 경험과 역량을 쌓을 수 있다. 갑작스럽고, 당황스럽고, 좌절되는 상황에서도 악마의 대변인을 기억하면서 스스로 좀 더 나은 논리와 대응을 할 수 있게 된다.

이제 우리 주변에서 '아니오'라는 반대 의견을 당당히 낼 수 있는 문화가 만들어지는 것이 좋겠다. 좋은 게 좋은 것이 아니다. 진영 논리 또는 집단사고로 모두가 한 방향으로 밀어주는 방식은 성숙한 의사결정 과정이 아니다. 진정한 리더는 참석자들이 의견을 스스럼없이 개진할 수 있도록 열려있는 회의를 해야 한다. 반대하는 사람, 트집을 잡는 사람이 나타나면 '악마의 대변인'께서 납시었다는 메시지로 듣고 기뻐하며 그 역할을 하는 사람의 가치를 인정하고 항상 옆에 두어야 한다.

'위대한 의식의 순간'을 놓쳐서는 안 된다

그리스 신화에 등장하는 시시포스(Sisyphos)[1]는 커다란 바위를 계곡 밑에서 산꼭대기로 굴려 올리는 형벌을 받는다. 하지만 정상에 올려놓는 순간 바위는 계곡 아래로 다시 굴러떨어진다. 그러면 그는 다시 계곡 밑으로 내려와 똑같은 일을 영원히 반복한다. 그래서 형벌이다. 반복 형벌…….

그런데 알베르 카뮈[2]는 시시포스를 절망적으로 보지 않는다. 죽을힘을 다해 바위를 밀어 올리는 모습 대신 바위를 밀어 올리기 위해 다시 계곡 아래로 내려오는 시시포스의 모습에 능동성을 부여하면, 그 의미 부여 하나 때문에 형벌에서 벗어날 수 있다. 즉, 신의 부조리한 형벌을 스스로 받아들이고 절망을 뛰어넘는 순간, 그는 피해자가 아니라 능동적인 행위자

1 시시포스(Sisyphos)는 그리스 신화에 나오는 코린토스의 왕으로 코린토스 시의 창건자(창건 당시의 이름은 에피라였다)이다. 교활하고 못된 지혜가 많기로 유명했다. 시시포스는 제우스의 분노를 사 저승에 가게 되자 저승의 신 하데스를 속이고 장수를 누렸다. 하지만 그 벌로 나중에 저승에서 무거운 바위를 산 정상으로 밀어 올리는 영원한 형벌에 처해졌다고 한다.

2 알베르 카뮈는 《반항하는 인간(L'Homme Révolté)》(1951)에서 "나는 반항한다. 고로 우리는 존재한다."라고 주장했다.

시시포스의 형벌

로 변한다. "나는 반항한다. 고로 존재한다."라고 외치면서……. 카뮈는 이런 깨달음을 '위대한 의식의 순간'이라 했다. 이 순간은 그런 의미에서 마지막이 아니라 새로운 출발이다.

위기는 기회가 될 수 있다. 무엇인가 새로운 시도는 늘 위기에서 시작된다. 평화롭고 안정된 시기에 새로운 도전을 하는 경우는 거의 없다.

코로나19로 대한민국이 온통 아수라장이다. 5년 전 메르스 사태 때문에 선별 진료소, 안심병원, 병원 내 감염 등 다양한 경험을 했다. 그 경험을 바탕으로 이번 코로나19에서는 '사회적 거리'라는 개념도 나타나고, '비말 감염'이라는 용어도 알게 되고, 한때는 전 국민이 용어도 생소한 'KF80 이상의 마스크'를 찾아 헤매는 진풍경이 발생하였다. 사람들로 북적이던 도심 거리는 공상과학 영화의 한 장면처럼 썰렁해졌다. 사람들 간의 만남을 정지시켰고, 개학도 연기되고, 일부 회사는 출근도 막아버렸다. 하루에 수만 명이 이용하는 대형 쇼핑몰도 단 한 명의 확진자만 나타나도 문을 닫았다. 많은 사람이 영문도 모른 채 바이러스 감염이라는 엄청난 고통에 빠졌고 평상시 별로 관심이 없던 〈감기〉나 〈컨테이전〉 같은 바이러스 영화에 관심을 가질 만큼 코로나19의 영향은 매우 크다.

이보다 더 위기인 상황이 있을까? 그런데 이런 위기에서 카뮈가 찾는 '위대한 의식의 순간'을 놓치면 안 된다. 이런 부조리한 신의 형벌에 반항하고, 그 안에서 존재를 찾는 의미 즉 위기에는 반드시 기회가 있다는 의식이 필요하다. 코로나19는 지금 우리의 삶의 방식을 엄청나게 바꾸고 있다. 이것이 바로 '위대한 의식의 순간'이다. 예를 들어 코로나19 때문에 재택근무, 온라인화, 전화 원격진료 등이 나타나게 되었고 거부감 없이 다가온다. 코로나19라는 바이러스 하나 때문에 말이다.

이미 많은 기업이 바이러스 확산을 막기 위해 재택근무를 시작했다. 소위 '사무실 없는 회사'가 나도 모르는 사이에 받아들여진 것이다. 4차 산업혁명의 물결이 틈만 나면 비집고 들어가고자 했지만 쉽지 않았던 재택근무가 코로나19 때문에 이루어지고 있다. 개학이 늦춰지고, 중국 우한으로부터의 바이러스 발생 때문에 중국인 유학생들을 위한 온라인 수업이 대폭 늘었다. 천주교 서울대교구의 공동 주일 미사 동영상이 신자들에게 전달되고, 대형 교회들도 주일 예배를 온라인 예배로 전환했다. 의료계도 그동안 4차 산업혁명 시대에 맞추어 원격진료를 그렇게 많이 시도했지만 다양한 반대 의견에 부딪쳐 한 발자국도 나아가지 못했는데 코로나19가 창궐하고 있는 시점이 되니 자연스럽게 전화진료가 허용되고 원격진료를 허용해야 되지 않느냐는 움직임이 일어나고 있다.

코로나19는 기업, 학교, 교회, 병원을 변화시키고 있다. 이러한 변화는 아마도 코로나19가 종식된 이후에도 지속될 가능성이 크다. 왜냐하면 한 번 진행된 혁신을 되돌리는 것은 거의 불가능하기 때문이다. 더구나 4차 산업혁명에 해당하는 기술들이 이와 같은 변화를 되돌리지 않도록 작용할 것이다. 주기적으로 재발하는 바이러스 사태 때문에 국민들이 과거처럼 되돌아가는 것을 원하지 않을 것이다. 그러므로 지금 나타나고 있는 변화가 자연스럽게 고착될 수 있는 가능성이 매우 크다.

코로나19 사태로 온 국민이 힘들어하고 있다. 모든 경제주체가 질병으로 고통을 받을 뿐만 아니라 위축된 소비 활동으로 경제활동 절벽의 상황을 맞이하고 있다. 정말 큰 위기다. 그런데 우리는 여기서 '위대한 의식의 순간'을 놓치면 안 된다. 커다란 바위가 다시 굴러 내려갔지만 그것을 다시 밀어 올리는 것에 능동성과 주체성을 가졌던 시시포스처럼 우리는 능동적으로 그 변화를 봐야 한다.

INSIGHT

4장

고객과의 접점을 촘촘하게 설계하라

| ISSUE |

'고객'이란 누구인가?

고객(顧客)은 경제에서 창출된 재화와 용역을 구매하는 개인이나 가구를 일컫는다. 상점에서는 물건을 사러 오는 손님을 말하는 것이 보통이다. 그러나 이와 같은 사전적인 정의를 넘어 최근 고객은 기업 경영의 최고의 가치이며, 넘어야 할 과제이고, 비전이라 할 정도로 가장 중요한 이슈이다. 한때 '고객이 OK할 때까지… OK! SK!', '고객 감동', '고객 만족', '고객의 소리', '고객 상담', '고객 서비스', '고객 응대', '고객은 왕', '고객의 자리', '고객 관리' 등 다양한 개념이 유행하리만치 고객은 우리 생활과 밀접한 관계가 있다.

고객은 한자로 '되돌아볼 고(顧)'와 '손님 객(客)'을 쓴다. 《삼국지》에서 유비가 제갈공명을 세 번이나 찾아가서 모셔오는 심사숙고를 했다는 삼고초려(三顧草廬)에서도 '되돌아볼 고(顧)'가 사용될 만큼 중요한 의미를 갖는다. 즉 모든 사람은 무언가 행동을 하고 의사결정을 할 때 '기대'를 하게 되고, '되돌아보며' 느끼는 감정이 있다. 고객(顧客)이란 이와 같이 되돌아보고, 평가하고, 피드백을 주는 사람이다.

고객의 종류는 사람을 기준으로 넓은 의미와 좁은 의미의 고객으로 구분할 수 있다. 넓은 의미의 고객은 '나를 제외한 모든 사람'을 의미한다. 좁은 의미의 고객은 '내가 한 일의 결과를 이용하는 사람'이다. 즉 내가 한 일의 결과를 이용하는 사람은 내부적으로는 직원, 외부적으로는 이용자 또는 관계자가 된다. 이 밖에도 가치의 흐름에 따라 고객을 구분할 때는 가치생산 고객, 가치전달 고객으로 구분하기도 하고, 마케팅 측면에서는 잠재고객, 신규고객, 고정고객, 충성고객으로 나누기도 한다. 또한 조직 관리적인 측면에서는 내부고객과 외부고객으로 나누기도 한다.

이렇게 고객은 다양한 의미로 사용되기도 하며, 조직 운영의 궁극적인 목적이자 최우선 가치이기도 하다. 그러므로 서비스 분야에서의 고객은 우리가 서비스를 제공함으로써 호의를 베푸는 것이 아니라 고객이 우리에게 그렇게 할 수 있는 기회를 제공해주는 개념으로 고객을 이해하여야 한다. 고객은 말다툼을 하거나 누가 잘났는가를 겨루는 대상이 아니다. 단순히 무엇인가를 판매하는 대상이 아니라 우리에게 자신이 원하는 것을 요구하는 사람이다.

이런 의미에서 미국 메인주 프리포트에 본사를 둔 유통업체 L. L. 빈(L. L Bean) 본사에 걸려있는 포스터 내용이 고객을 핵심적으로 표현하고 있다.

"내게 옷을 팔려고 하지 마세요. 대신 날카로운 인상, 멋진 스타일, 그리고 매혹적인 외모를 팔아주세요. 내게 보험상품을 팔려고 하지 말아요. 대신 마음의 평화와 내 가족과 나를 위한 위대한 미래를 팔아주세요. 내게 집을 팔 생각은 말아요. 대신 안락함과 만족 그리고 되팔 때의 이익과 소유함으로써 얻을 수 있는 자부심을 팔아주세요. 내게 책을 팔려고요? 아니에요, 대신 즐거운 시간과 유익한 지식을 팔아주세요. 내게 장난감을 팔려고 하지 말아요. 그 대신 내 아이들에게 즐거운 순간을 팔아주세요. 내게 물건을 팔려고 하지 말아요. 대신 꿈과 느낌과 자부심과 일상생활의 행복을 팔아주세요. 제발 내게 물건을 팔려고 하지 마세요."

고객은 제공하는 가치를 인정하고, 원하며, 중요하다고 느끼는 사람이다. 어느 업체든 고객이 있어야 운영이 될 수 있다. 비영리조직도 고객이 있어야 수익이 생기고 운영이 된다. 고객은 기업이 돌아가게 하는 가장 핵심이다. 조직이 성공적으로 운영되고 성장하기 위해서는 어떤 조직이든 고객을 항상 중심에 놓고 생각해야 한다. 고객은 조직의 가치에 중대한 결정을 내릴 때 기준점이 될 수 있다. 즉 고객의 정의와 범주가 확실해야 명확하고 정확한 판단을 내릴 수 있다. 고객은 고정된 대상이 아니다. 상황에 따라 얼마든지 변할 수 있다. 고객의 규모는 더 커질 수도 있고 작아질 수도 있다. 그들의 니즈, 요구, 꿈은 진화를 거듭한다. 그러므로 한시라도 고객에게서 눈을 돌리면 안 된다. 고객을 정확하게 설정하는 것이 모든 조직의 성공을 이루는 가장 기본이기 때문이다. 모든 의사결정의 중심에 고객을 올려놓을 때 성공이 지속될 수 있다.

고객을 만족시키기 위해서는 먼저 내부고객부터 만족시켜야 한다. 고객 만족을 위해서는 제품의 질, 가격 등 외부 마케팅을 고객지향적으로 하는 것도 중요하지만, 외부고객과 직접 접촉을 하는 영업사원 또는 현장 종업원을 만족시켜 이들이 고객과 가지는 상호관계의 질을 높이는 것이 중요하다. 왜냐하면 조직에 만족하지 않은 직원이 고객과 접촉하였을 때 만족한 서비스를 제공하여 고객과의 관계를 좋게 만들 리가 없기 때문이다.

특히 서비스 산업은 서비스 상품이 가지는 본질적인 속성 즉 생산과 소비를 분리할 수 없다는 특성 때문에 서비스를 생산하여 직접 제공하는 직원과 이를 받아 소비하는 고객과의 직접적인 접촉이 동시에 일어난다. 따라서 내부고객은 외부고객 만족에 중대한 영향을 미친다. 그런 의미에서 내부고객은 절대고객이다.

의료 서비스는 서비스의 질적인 측면, 즉 의사의 능력과 기술도 중요하지만 의사가 고객인 환자에게 보이는 인간적 관심과 친절함 등 고객과의 관계를 중요시하여 상호관계의 질을 높이려는 노력 또한 환자의 만족도에 큰 영향을 미친다. 내부 마케팅은 이와 같은 목적을 달성하기 위하여 고객과 접촉을 하게 되는 종업원들에게 고객 만족을 위한 효과적인 교육 훈련 및 동기부여를 해야 한다. 모든 지원 서비스를 제공하는 사람들이 하나의 팀으로 일하게 해야 한다.

고객 만족이란, 고객의 기대 수준에 부응하는 제품이나 서비스를 제공함으로써 고객이 그의 가치를 인정하는 것이고, 고객이 기대했던 것 이상으로 제품이나 서비스의 가치를 제공함으로써 고객에게 만족을 주는 것이다. 고객 만족을 통하여 서비스의 재구매가 이루어지고 고객과의 신뢰를 통하여 고객 확보를 추진할 수 있다. 따라서 고객 관점에서 고객이 원하는 것이 무엇인지를 파악하고, 고객 불만이 나타나기 전에 프로세스 상에서 불만 요소를 제거하여 고객의 기대 서비스보다 인지 서비스를 향상시키는 것이 중요하다. 즉, 고객이 사전에 인지하지 못하였던 서비스를 개발하여 고객을 프로세스 내로 끌어들여 만족을 통한 충성고객을 창조하는 것이 고객 만족 전략이다.

고객 만족을 구성하는 요소는 서비스 기업의 모든 역량에서 나타난다. 기업의 이미지, 서비스, 상품, 시설, 품질, 프로세스 등 기업의 전반적 활동에서 나타나며, 기업의 모든 자원이 조화되어 고객에게 제공됨으로써 고객 만족을 창출할 수 있다. 고객 만족 요소 중에 가격이나 품질은 매우 중요한 요소이지만 최근에는 정보기술의 발달로 비교 서비스가 가능하여 고객은 이미 사전에 품질과 가격을 인지하고 서비스를 받게 된다. 따라서 어느 한 부문에서 경쟁자보다 우수하다고 해서 고객은 만족하지 못한다.

만족한 서비스의 종합적 요소는 직접적인 요소와 간접적인 요소의 통합적 결정체이며 기업의 목표이기도 하다. 고객 만족에 대한 도전은 고객의 외형적인 요구에 대한 만족을 의미할 뿐만 아니라 고객의 명확하지 않은 문제들을 찾아내어 이를 만족시킬 수 있는 시스템의 개발을 의미하기도 한다.

고객중심경영은 고객지향적 사고이다. 경영의 목적을 고객 최우선으로 정하여 고객의 시선에서 제품과 서비스를 창출하는 것이다. 생산과 교환 및 가치 제공의 모든 과정을 고객중심으로 파악하고 고객 만족 내지 고객 만족을 달성하기 위해 끊임없이 노력해야 한다. 이와 같은 노력으로 고객이 만족하면 고객은 다음과 같은 다양한 영향을 제공한다.

① 제품이나 서비스에 만족한 고객은 재구매를 할 가능성이 높으므로

매출액 증대를 기대할 수 있다.

② 제품이나 서비스에 만족한 고객은 충성고객이 될 가능성이 높으므로 시장점유율 유지에 기여할 수 있다.

③ 제품이나 서비스에 만족한 고객은 여러 사람에게 긍정적인 입소문을 퍼뜨리기 때문에 확실한 홍보 효과를 기대할 수 있다.

④ 제품이나 서비스에 만족한 고객은 경쟁사의 유인에 덜 민감하게 되어 이탈고객이 발생할 가능성이 낮아진다.

반대로 제품이나 서비스 등에 불만족한 고객은 다음과 같은 부정적인 영향을 미치기도 한다.

① 제품이나 서비스에 불만족한 고객은 재구매를 하지 않게 되어 고객을 상실할 수 있다.

② 제품이나 서비스에 불만족한 고객은 그에 대한 보상을 요구하기 때문에 비용이 발생한다.

③ 제품이나 서비스에 불만족한 고객은 여러 사람에게 부정적인 입소문을 퍼뜨리기 때문에 잠재적 고객까지도 상실할 수 있다.

경영혁신의 도구들이 유행처럼 나타났다가 기억에서 지워지는 것처럼 고객 만족도 단순한 유행의 흐름이라고 판단하고 정확하게 고객만족경영을 이해하지 못할 경우 고객지향적이 될 수 없다. 경영 실적에 고객 만족 효과가 반영되지도 않게 되고 해당 조직도 형식적인 슬로건 또는 일회성 캠페인으로만 고객 만족을 외치게 된다.

고객중심경영이 실질적으로 이루어지기 위해서는 먼저 고객지향적 사고가 무엇을 의미하며 왜 고객지향적으로 사고를 전환해야 하는지 그리고 고객지향적으로 했을 때 어떻게 달라지는지에 대한 조직 구성원들의 정확한 이해가 필요하다.

고객이 동치하는 시대

2018년 8월 중순 한국에서 처음으로 500병상 이상 상급종합병원과 종합병원 92곳을 대상으로 실시한 환자경험 시범평가 결과가 공표되었다. 처음 시행된 환자경험평가이므로 환자들이 정확한 정보를 가지고 평가한 것인지 아니면 건물 규모나 병원 구성원들의 태도만 보고 평가한 것인지, 의료의 질(質)을 담보로 한 평가인지, 단순히 감성적인 기분에 의한 평가인지, 국가의 의료제도나 정책적인 영향으로 평가에 작용하는 변수는 없었는지, 의료전달체계 상의 문제는 없었는지, 건강보험제도나 건강보험수가의 이슈와 상관관계는 없는지, 치료보다 환자경험평가 항목에만 치중할 수밖에 없도록 하는 부작용은 없는지 등 다양한 이슈와 후속 과제를 남겼다.

최근 우리나라 의료기관은 의료기관 평가 인증, 고객 만족지수 평가, 의료의 질 평가, 비급여 사용 현황 평가, 의료의 적정성 평가, 일부 대형병원에서 시행한 JCI 평가 그리고 환자경험평가까지 평가의 홍수에 놓여 있다. 이러한 평가는 환자들의 알 권리를 존중하고 의료기관의 수준을 국제적인 수준으로 향상시키기 위한 노력이라는 긍정적인 측면도 있지만 평가 결과가 여러 가지 언론 매체를 통하여 국민들에게 점수와 순위까지 발표됨으로써 일부 측면만을 평가한 결과를 통하여 의료기관을 줄 세우기 하는 부정적인 결과도 낳았다.

이러한 환경에서 의료기관은 무엇에 집중하고 무엇을 지향해야 하는가? 각종 평가 지표들인가? 의료의 질을 추구하는 것인가? 수익성을 높이는 것인가? 세 가지 모두 추구해야 한다는 것을 누구나 알고 있다. 그러나 한정된 자원과 국가 통제의 건강보험수가 정책 속에서 수익성도 담보하면서 의료의 질적 수준도 높이고 각종 평가 요소들을 모두 충족시키는 것은 현실적으로 어려운 점이 있다. 그럼에도 세 가지 측면이 모두 중요하기 때문에 의료기관은 바퀴 세 개 달린 자전거처럼 이것을 추진해야 한다. 특히 세 바퀴의 역학관계에서 전체적인 방향을 이끌고 진행 방향을 잡아가는 앞바퀴의 역할을 무엇으로 결정하느냐가 그 기관의 향방을 결정하고 문화를 구축하며, 차별화를 형성하는 결정적인 역할을 한다. 앞바퀴의 역할과 방향에 따라 뒷바퀴는 그냥 해당 기관을 얹어 실려 오기만 하기 때문이다.

의료기관은 비영리기관이고 생명을 다루는 기관이기 때문에 대부분의 국가들은 직접 의료행위를 관리하거나 모든 국민에게 평등하게 의료혜택을 제공하도록 하는 제도를 적용하고 있다. 그러므로 의료기관의 수익성이 앞바퀴에 오는 경우는 일부 영리병원 이외에는 없다. 대부분 세 가지 중 의료의 질적인 측면과 각종 평가요인에 대처하는 정책이 앞바퀴에 위치하게 된다. 그러나 넓은 의미에서 보면 의료의 질과 관련한 사항도 평가항목에 포함되기 때문에 전문적인 질적 평가는 어렵지만 넓은 의미에서 볼 때 각종 평가항목에 대비하는 정책을 우선하는 것이 바람직할 것이다.

의료기관에 대한 여러 가지 평가요인 중에서도 2018년부터 실시된 환자경험평가는 환자가 직접 유용한 경험을 했는지 평가했다는 점에서 매우 중요한 정보이다. 이에 따라 최근 의료기관에서는 환자들이 긍정적인 경험을 많이 하도록 고객만족팀 또는 고객행복팀과 같은 실무 부서가 만들어지고 있다.

환자경험평가가 중요한 경영정책의 화두로 대두되고 있는 가운데 2018년에 실시한 환자경험평가 결과는 각종 언론 매체에서 점수와 순위까지 발표하여 환자경험의 중요성을 강조하는 계기가 되었다. 평가 결과 중에서 특기할 사항은 국내 최고 병원이라고 통용되던 빅5 병원[1]에 대한 평가 결과가 높지 않았다는 점이다. 이들보다 규모가 훨씬 적은 대학병원이 더 우수한 성적을 얻었다. 이 결과를 보면, 병원의 규모나 명성에 관계 없이 환자들이 느낀 만족도나 경험은 기존의 명성과 다를 수 있으며 실제 입원하여 생활하면서 느낀 경험은 해당 현장에서 직접 경험해 보지 않으면 피상적으로는 알 수 없다는 시사점을 남겼다.

환자경험평가의 중요성을 인식하기 위해서는 고객, 특히 의료기관에서의 고객인 환자와 의료기관과의 관계를 이해할 필요가 있다. 고객은

1 빅5 병원은 서울성모병원, 서울대병원, 삼성서울병원, 서울아산병원, 세브란스병원을 일컫는다.

2018년도 환자경험평가 '빅5 병원' 성적(건강보험심사평가원 발표자료 분석 재구성)

		서울성모병원	서울대병원	삼성서울병원	서울아산병원	세브란스병원
간호사 서비스	점수	90.65	90.20	91.16	91.76	89.96
	순위	23	28	16	9	31
의사 서비스	점수	82.43	77.14	80.90	82.67	79.60
	순위	49	87	64	44	79
투약 및 치료 과정	점수	84.35	80.78	84.23	85.26	82.24
	순위	14	71	19	11	49
병원 환경	점수	92.56	77.93	89.83	88.52	91.29
	순위	1	83	11	22	4
환자 권리 보장	점수	83.59	79.99	79.92	81.94	80.80
	순위	15	70	73	30	56
전반적 평가	점수	88.49	83.48	88.28	87.58	85.60
	순위	4	42	6	10	23

병원뿐만 아니라 어디에서든 자기가 지불하는 비용에 해당하는 또는 그 이상의 대우를 기대한다. 병원에서의 기대는 생명과 관련된 기대이므로 더욱 민감한 평가일 수밖에 없다.

우리나라와 같이 사회보험을 국가가 관리하는 건강보험제도에서는 모든 국민이 평등하게 대우받고자 한다. 대통령의 공약은 물론 정부 정책들이 국민의 건강한 삶을 보장하는 것을 천명하고 있으므로 국민들은 환자인 동시에 고객이다. 건강보험 보험료를 납부하는 주체로서 그들이 정당한 대우를 받고 싶어 하는 것은 당연하다. 몸이 불편한 고객, 심신이 쇠

약해진 고객, 건강보험의 주체인 고객은 의료기관에서 따뜻하고 평등한 대우를 받고 싶어 한다. 그러나 그동안 우리나라 병원은 그 어느 곳보다 차가운 권위가 흐르는 곳이었다. 흰 가운, 하얀색 건물 그리고 무엇인지 알 수 없는 신호를 보내는 수많은 기계장치들과 감염요인을 차단하기 위한 여러 가지 제약조건들로 그 권위는 더욱 높을 수밖에 없었다. 이러한 권위는 최근까지 계속되었고, 정보의 비대칭성[2]으로 병원의 권위는 지속하여 유지되었다.

그러나 정보화 사회의 도래와 국민들의 지적 수준 향상 및 고객의 알 권리가 높아지면서 이제 병원도 고객으로부터 평가받는 시대가 되었다. 환자경험평가 결과 1위 병원이 평가에서는 좋은 성적을 냈지만 경영 상태까지 좋은 상황은 아니므로 환자경험평가 결과가 경영적인 측면에서는 중요한 것이 아니라고 폄하하는 주장도 있다. 그렇지만 그 평가 결과가 정확한 평가인지 아닌지 평가요인을 어떻게 정교하게 객관적으로 다듬어 나갈 것인지는 중요한 문제가 아니다. 더 중요한 것은 이미 병원을 고객이 평가하고 통치하는 시대로 접어들었다는 사실이다.

정부는 2019년부터 300병상 이상 병원까지 환자경험평가 대상을 확대하고 환자경험평가 항목을 환자의 가치가 존중되고 의료 소비자 관점의 의료 질 향상을 유도하여 국민 건강 증진 및 환자 중심 의료문화 정착에 기여할 수 있는 항목으로 평가를 발전시키겠다고 공표하였다. 환자경험평가는 2000년대 초반부터 미국, 영국, 네덜란드 등 여러 국가에서 환

2 정보의 비대칭성(asymmetric information)은 경제적 이해관계를 가진 당사자 간에 정보가 한쪽에만 존재하고 다른 한쪽에는 존재하지 않는 상황을 말한다.

자가 체감하는 의료 질 향상을 위해 꾸준히 실시하고 있는 제도이다. 또한 '환자의 긍정적인 경험'과 '환자 중심 의료'는 환자의 증상을 완화시키고, 치료 순응도를 높여 불필요한 검사를 줄이는 등 임상적 효과와 환자 안전에 긍정적인 효과가 있는 것으로 보고되고 있으므로 환자경험평가는 앞으로 계속 확대될 것이다.

이렇게 시대가 변화하면서 이제 의료기관은 과거의 권위와 정보의 비대칭성으로 누렸던 우월적 지위에서 벗어나 고객인 환자에게 집중하여야 한다. 환자경험평가는 앞으로 눈에 보이든 보이지 않든 병원과 접속하는 순간부터 평가를 받게 될 것이다. 환자경험평가는 어느 한 접점에서만 잘한다고 해서 높은 평가를 받는 것이 아니다. 각 접점(MOT)에서의 평가요인이 덧셈으로 작용하는 것이 아니라 곱셈의 법칙으로 작용한다. 즉 한 곳에서라도 환자 경험이 영점(zero)을 맞게 된다면 모든 과정에서의 노력이 영점이 되는 것이다.

이제 의료기관은 환자 중심에서 환자의 시각으로, 환자에게 맞는, 환자 눈높이의 서비스를 제공하여 환자들이 긍정적인 경험을 할 수 있도록 하는 혁신을 이루어야 한다. 환자를 더욱 소중히 생각하고 사람답게 대우하고 따뜻함을 느낄 수 있도록 하는 진정한 의료기관으로 거듭나야 한다. 이제 병원도 고객이 통치하는 시대로 접어들었다는 것을 인정하고 준비해야 한다.

좋은 서비스를 하기 위한 5가지 전제 조건

세계적으로 잘나가는 회사들은 고객과 좋은 관계를 형성하고 있다. 또한 '무엇이 양질의 고객 서비스인가'를 항상 묻는다. 양질의 고객 서비스는 고객이 필요로 하고 요구하는 바를 신중하게 경청하고 충족하는 것을 기반으로 한다. 고객 서비스를 개선하는 기회를 포착하기 위해 항상 지켜보는 태세를 갖추어야만 고객과의 관계가 꾸준히 향상될 수 있다.

고객들에게 더 좋은 서비스를 제공하기 위해서는 여러 가지 요건이 필요하지만 특히 다음과 같은 5가지의 기본적인 전제가 필요하다.

❶ 관찰: 고객에 대한 집요한 관찰

고객이 가진 부정적인 경험은 고객과 회사의 관계를 망가뜨릴 수 있다. 그러므로 고객에 대한 관찰이 필요하다. 고객과 회사가 만나는 접점에서 적절한 서비스 기술이 적용되고 있는지, 일관성 있게 시행되고 있는지, 고객의 반응이나 태도를 관찰하여 개선할 사항이 없는지를 확인해야 한다.

모든 과정에서 전부 고객에게 집요한 관심을 두는 것은 어렵다. 그러므로 가장 핵심적인 접점에 많은 주의를 기울이고 고객이 어떤 경험을 하게 되는지를 처음부터 끝까지 이미지가 그려지도록 해야 한다. 이렇게까지 해야 하는 이유는 고객 만족의 답은 고객에게서 찾을 수밖에 없기 때문이다.

❷ 기술: 고객에게 제공하는 서비스 기술의 강화

고객 서비스를 제대로 해야 만족이 일어난다. 만족이 일어나기 위해서는 서비스가 이루어지는 곳에 필요한 적합하고 숙달된 기술이 있어야 한다. 그 기술은 어떤 것일까? 여러 가지가 필요하지만 지식, 의사소통, 공감 기술은 접점에서 고객을 만족시키는 핵심 기술이라 할 수 있다.

- **지식**: 고객들은 제품과 서비스의 지식을 얻기 위해 접점의 담당자에게 의존해야 한다. 그러므로 서비스 접점의 담당자는 고객이 궁금한 것이 무엇인지 충분한 지식을 가지고 있어야 한다. "잘 모르겠습니다"라는 말을 반복하며 표정만 스마일을 할 경우에 고객은 절대로 만족하지 않는다.
- **의사소통**: 의사소통은 고객들에게 전달하고자 하는 내용을 정확하게 전달하는 기술이다. 진솔하게 긍정적인 언어를 사용하고 언제 어떤 상황에서라도 쾌활한 태도를 유지해야 한다.
- **공감**: 충분한 지식과 명확한 의사소통을 하게 될 경우 대부분 접점에서의 서비스는 해결될 수 있다. 그러나 추가적으로 고객의 현재 감정과 필요한 서비스를 찾아내고 그에 맞는 맞춤형 응대를 하여 고객의 공감을 얻어낼 수 있다면 최상의 서비스를 제공할 수 있다.

❸ 관계: 고객과의 관계 교류 향상

고객 서비스의 핵심적인 3가지 기술(지식, 의사소통, 공감)을 갖추고 있으면 접점에서의 고객 만족 요건은 어느 정도 충족된다. 그러나 3가지의 기본적인 기술을 보다 원활하게 사용하려면 고객과 담당자 간의 관계적인 교류를 향상시키는 능력이 추가적으로 필요하다.

• **경청**: 경청은 고객이 하고자 하는 말을 주의를 기울여 듣는 것이다. 그러나 보다 더 핵심적인 내용은 고객의 목표를 확인하는 것이다. 이 고객에게 꼭 필요한 것이 무엇인지를 찾으려면 듣기가 필요하다. 경청해야 의사소통을 할 수 있고 공감을 얻어낼 수 있다.

• **관심사**: 고객의 관심사를 찾을 수 있다면 더 좋은 공감과 관계적인 교류가 일어난다. 공통 관심사로 유대를 형성하는 것은 관계를 인간화하여 만족도를 높이는 것이므로 실수하였을 때에도 갈등을 극복할 수 있다.

• **인정**: 고객이 아직 잘 모르고 있더라도 실수한 것을 알았으면 먼저 인정해야 한다. 실수를 먼저 인정하는 것은 신뢰를 구축하며 자신감을 회복시킬 수 있다. 미안하다는 말은 너무 늦지 않게 해야 상황을 조정하고 고객의 주의를 환기시키며, 문제를 해결할 수 있도록 도와줄 수 있다.

• **확인**: 문제나 실수가 있었다면 모든 것을 해결한 후 반드시 다시 연락을 취해야 한다. 이로써 문제가 해결된 상태로 유지되었는지 또한 고객이 문제를 해결하지 못해 서비스에 만족하지 못했더라도 실망하지는 않도록 해야 한다. 왜냐하면 부정적인 입소문의 파괴력은 긍정적인 것보다 훨씬 크기 때문이다.

❹ 전략: 고객 서비스 전략 강화

지금까지 고객 서비스 접점에서 고객을 충분히 관찰하고, 익숙한 기술로 고객과 잘 교류했더라도 더 효과적으로 고객을 만족시키기 위해서는 전략적 접근이 필요하다.

- **개인화**: 고객을 하나의 인격으로 개인화하여야 한다. 고객은 로봇이나 FAQ(Frequently Asked Questions)가 아닌 사람과 직접 교류하길 원하기 때문이다. 그러므로 고객이 회사에 어떤 메시지를 남겼을 경우에는 반드시 응답하여야 한다.
- **맞춤 서비스**: 고객을 개인화한 후에는 그 고객에게 적합한 맞춤 서비스가 필요하다. 그리고 맞춤 서비스는 제공하는 것만으로 끝나면 안 된다. 고객의 요구가 완전히 충족되었는지 확인하는 단계가 반드시 필요하다. 또한 최고의 고객들에게는 특별 우대를 하여 감사의 마음을 전달하는 것이 필요하다.
- **커뮤니티 조성**: 고객을 회사 커뮤니티의 중요한 일원으로 대우한다면 고객은 그 가치에 매우 흡족해할 수 있다. 웨비나[1], 인터렉티브 웹사이트(Interactive Website), 소셜미디어, 무역 박람회 및 컨벤션 등과 같이 다양한 행사를 계기로 여러 고객이 한자리에 모이는 기회를 만드는 것이 필요하다.

1 웨비나(Webinar)는 Web+seminar의 약자로 웹 사이트에서 진행되는 세미나이다. 본인의 컴퓨터로 참여가 가능하므로 비용을 줄일 수 있고, 공간을 효율적으로 사용할 수 있다.

❺ 개인: 담당자의 깊은 몰입도

지금까지 관찰, 기술, 관계, 전략적 고객 관계를 유지해 왔다면 고객 서비스의 기반을 갖추었다고 볼 수 있다. 제일 중요한 것은 서비스를 제공하는 담당자의 마음가짐이다. 내부고객은 교체하거나 없앨 수 없는 '절대 고객'이다. 고객과 만나는 내부고객은 자신이 하는 일에 깊은 이해와 몰입도가 필요하다. 업(業)의 정의를 바로 세워야 한다. 세계 최고의 고객 서비스 기술과 교육 시스템을 갖추고 있더라도 담당자들이 제대로 된 업의 정의를 세우고 몰입하지 않으면 무용지물이다.

고객은 답인 동시에 독(毒)이다

그동안 고객관리에 적극적이지 않았던 의료기관이 정부의 환자경험 평가가 시작되면서 고객에게 눈을 돌리고 있다. 병원이 환자를 치료하는 기본을 넘어 환자들의 마음까지 세심하게 배려하는 적극적인 고객관리에 나선 것이다. 그렇다면, 고객을 어떻게 관리하는 것이 잘하는 것인가? 고객의 마음을 제대로 알면 답(答)이다. 그러나 고객의 마음을 제대로 알지 못하면 내부적인 운영상의 어려움은 물론 대외적인 인지도에서도 치명적인 요인이 될 수 있기 때문에 독(毒)이다.

| 고객인가, 환자인가? |

고객경험센터(또는 유사명칭)라는 명칭은 일반 기업에서 낯설지 않다. 이런 부서가 없다면 시대에 뒤떨어진 조직 또는 고객을 외면하고 소중한 것을 모르는 조직으로 오해받을 수 있다. 그러나 병원에서는 아직까지

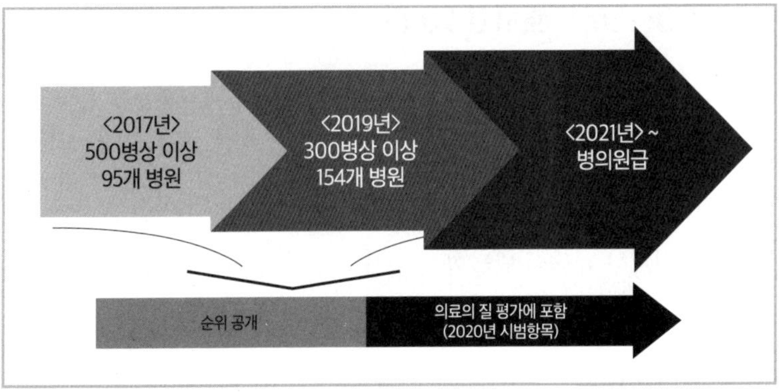

보건복지부의 환자경험평가 계획

대형병원이나 일부 혁신적인 중소병원에서만 고객경험 또는 이와 관련된 팀이 운영되고 있다. 2018년 500병상 이상 병원에 국가 차원의 환자경험평가가 실시되고 2020년부터는 의료의 질 평가에 반영되는 보건의료정책이 시작되면서 의료기관에 비상이 걸렸다. 고객에게 주의를 기울이기 시작한 것이다.

의료기관의 고객관리는 아직까지도 조직에 깊이 체화(embody)되어 있지 못하다. 일례로 병원을 이용하는 사람을 아직까지 고객이라기보다는 환자라고 부른다. 일반 기업에서는 고객을 고객이라 부르지 않는 곳이 없다. 그러나 의료기관에서는 아직도 고객이 아니라 환자이다.

| 고객이 스마트해지고 있다 |

최근에는 의료기관이 아니더라도 혈압, 수면 패턴, 혈당, 감정 상태 등을 분석해 주는 맞춤형 건강 정보를 제공해주는 모바일 서비스가 확대되고 있다. 정보화 기술이 발달함에 따라 의료 환경이 변하고 있다. 정보화 시대의 고객들은 소셜 플랫폼[1]으로 거리낌 없이 각자의 질환 증상과 치료 경험, 경과 등을 공유하며 의견을 나눈다. 뿐만 아니라 자기가 알고 있는 병원이나 의료진을 추천하는 것은 물론 자기가 경험한 병원을 평가하고 장·단점까지도 주고받는다. 의료 관련 권위가 '의사 중심의 전문가 패러다임'에서 '고객 중심의 자기 주도형 패러다임'으로 바뀌고 있다. 마트에서 물건을 고르듯 병원과 의사를 선택하는 시대로 변해가고 있다. 고객이 '스마트한 고객(Smart Patient)'으로 진화하고 있다.

의료기관에서 고객 경험 관리는 중요한 이슈이다. '고객이 답(答)인 시대'가 도래하였고, 제대로 된 고객 경험 관리가 미래의 경쟁력을 좌우하는 시대가 된 것이다. 병원은 치료만 잘하는 것으로는 만족할 수 없다. 치열한 혁신이 필요하다. 훌륭한 치료는 기본이고, 친절할 뿐만 아니라 동선도 복잡하지 않아야 하고, 진료를 받기 위한 각종 프로세스에 군더더기가 없어야 한다. 하드웨어도 깨끗하고 세련되게 변화시켜야 한다. 모름지기 고객이 답인 시대는 이미 시작되었다.

1 소셜 플랫폼(social platform)은 의사소통 등 일상생활은 물론 조직 운영과 비즈니스에 이르기까지 모든 분야를 기존 인터넷, 정보 서비스를 사회적 관계, 경험, 평판, 추천 등을 기반으로 다시 구조화하여 정보의 신뢰성과 투명성을 높일 수 있게 하는 플랫폼이다.

| 고객이 답이지만 고객의 마음은 알기 어렵다 |

고객이 답인 시대에 고객관리를 잘하기 위해 고민하는 것 중의 하나는 불만 고객의 관리다. 불만 고객의 문제를 해결하는 가장 근본적인 방법은 고객 불만 제로화, 즉 처음부터 실패 없는 서비스를 제공하는 것이다. 그러나 이는 현실적으로 불가능하다. 최선의 진료 서비스를 제공했더라도 서비스를 받는 고객의 기분 상태, 개인적인 취향 등의 주관적인 요인으로 불만족이 발생할 수 있기 때문이다. 이에 따라 대부분의 의료기관에서는 고객의 불만을 최소화하기 위해 프로세스를 개선하거나 교육 훈련 및 모니터링을 하여 서비스를 개선하는 노력을 펼치고 있다. 서비스를 회복하는 전략을 펼치기 위해 고객의 정보를 얻기 위한 '고객의 소리함'을 운영하고 있다.

그런데 고객들이 불만을 제대로 다 표현할까? 홈페이지나 '고객의 소리함'에 불만을 제기하는 고객만이 불만을 가진 고객이고 나머지 고객은 모두 만족한 고객일까? 그렇지 않다. 와튼 스쿨(Wharton School) 조사에 따르면 불만족한 고객 중 5%만이 불만을 토로할 뿐 나머지 95%는 침묵을 지키거나 친구, 가족, 동료 등에게 자신이 느낀 불만을 이야기하여 부정적인 입소문을 내는 것으로 나타났다. 대부분의 의료기관에서는 95%의 침묵하는 고객들에게 집중해야 하지만 불만을 표출한 5%의 고객에게만 서비스를 회복하는 전략에 초점을 두고 있다.

그렇다면 침묵하는 고객을 어떻게 관리하고 그들의 생각을 어떻게 파악할 수 있을까? 침묵하는 고객의 소리를 제대로 관리하기 위해서는 고

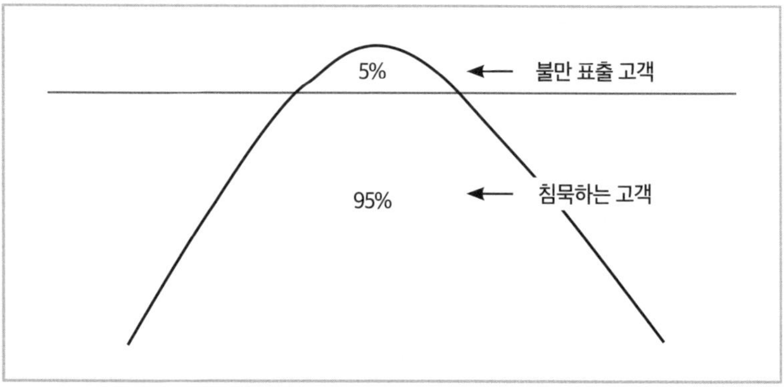

불만 표출 유형에 따른 고객 분류

객의 소리는 돈을 주고도 살 수 없는 소중한 정보로 생각하고 기쁘게 받아들이는 자세가 필요하다. 고객의 불평을 골치 아픈 것으로 인식하기보다는 학습의 기회로 여기고 경영의 핵심 전략으로 삼아야 한다. 고객의 소리를 서비스 제공의 실패가 아닌 더 좋은 서비스로 개선할 수 있는 기회라는 마인드가 필요하다. 또한 고객들이 좀 더 편하고 쉽게 불만을 이야기할 수 있는 분위기를 만들어야 한다.

이를 위해서는 고객이 불만을 말할 수 있도록 유도하고 고객이 진정 원하는 것이 무엇인지를 적극적으로 파악해야 한다. 침묵하는 고객들은 고객의 소리함에 직접 의견을 표현하지 않지만, 최소한 절반에 해당하는 고객은 구성원이 알아차릴 수 있는 다양한 형태의 불만 사인을 보내기 마련이다. 그러므로 생각을 바꾸어 고객이 직접 고객의 소리함에 의사 표시를 하지 않았지만, 이런저런 불평과 불만을 표시하고 갔다는 고객의 소리를 들은 내부고객에게 초점을 맞추는 방법이 좋은 효과를 낼 수 있다. '고객의 소리를 들은 고객의 소리함'과 같은 의견 수렴 창구를 온라인 또는 오프라인으로 마련하고, 정보를 취합하여 고객의 의견을 파악하는 방법을 고려해 볼 만하다. 더 나아가 정보를 제공한 내부고객에게 쿠폰상품을 제공한다면 침묵하는 고객의 소리를 5%에서 20%까지 더 많이 들을 수 있을지도 모른다.

고객의 마음을 알기는 쉽지 않다. 그러나 포기할 수는 없다. 고객의 마음을 알기 위해서는 그것을 얻기 위한 노력을 하는 것 말고 다른 왕도가 없다.

마음을 여는 열쇠, 진정성

어떻게 고객에게 우리의 진심을 보일 수 있을까? 우리가 이렇게 잘하고 있고 고객 만족을 위해 노력하고 있음을 어떻게 알릴 수 있을까? 고객의 마음을 열 수 있는 열쇠 즉 고객에게 가치를 제대로 전달하기 위한 지름길은 진정성 있게 고객에게 다가가는 것이다.

우리 병원의 철학과 사명(mission)을 확고히 하고, 이를 고객에게 제대로 전달하는 것이 필요하다. 외계어 수준으로 알아듣기 힘든 의료 용어를 쉽게 설명할 수 있도록 바꾸는 일, 고령사회를 맞이하여 점차 증가하고 있는 어르신들을 위해 텍스트보다 이미지를 많이 사용하는 일, 텍스트가 불가피할 경우 쉽게 눈에 띌 수 있도록 큰 글씨로 안내사항을 작성하는 일, 배경색과 메시지는 색상 대비를 통해 가독성을 높이도록 하는 일, '내'가 아니라 '고객'의 입장에서 생각하여 문제를 해결해 주는 공감과 배려를 하는 일, 그리고 이와 같은 모든 활동에 진정성을 담는 것이 중요하다.

진정성이야말로 유일하게 고객의 얼어붙은 마음을 열 수 있는 열쇠이다. 고객과 진정성 있게 제대로 공감을 이루기 위해서는 병원의 모든 구성원 특히 의료진들이 스스로 마케터가 되어야 한다. 의료인이라는 인식을 강하게 가질수록 고객이 '환자'로밖에 보이지 않는다. '환자'가 아니라 진정한 '고객'으로 인식을 바꾸는 것이 변화의 시작이다.

미디어 업계 혁신의 아이콘인 〈워싱턴포스트(The Washington Post)〉 사례에서 진정으로 고객을 인식하는 것이 얼마나 어려운 일인지를 알 수 있다. 아마존의 창업자 제프 베이조스는 2013년 워싱턴포스트지를 인수하자마자 신문을 읽는 사람들을 '독자'가 아닌 '고객'이라 불렀다. 이는 단순한 용어 변화 정도로 볼 수 있지만 고객은 물론 워싱턴포스트지에 근무하는 모든 구성원의 인식을 통째로 바꾸는 획기적인 혁신이었다.

그동안 워싱턴포스트 기자들의 인식은 독자를 고객이라 인식하지 않았다. 그들이 인식한 고객은 필요한 정보를 알고자 관심이 있는 사람들이며, 워싱턴포스트는 그들에게 필요한 정보를 제공하는 일을 하는 것이기 때문에 고객이 아닌 '독자'라는 고정관념으로 가득 차 있었다. 그러나 베이조스는 독자들을 단순히 정보를 필요로 하는 사람들이 아니라 독자들과의 '공감'을 중요한 가치로 생각하였다. 그래서 그들을 독자가 아니라 '고객'이라 부른 것이다. 독자와 고객은 엄청난 차이가 있다. 베이조스는 워싱턴포스트에서 제공하는 정보를 사람들이 어떻게 받아들이는지 정확히 알고 있었기 때문에 이런 혁신을 추구할 수 있었던 것이다.

대부분의 병원은 아직까지 병원 이용자를 '환자'라고 부른다. 환자를 '고객'으로 바꿔 부르는 것이 왜 그렇게 어려울까? 그것은 의료기관을 이용하는 대상에 대한 기존의 인식 때문이다. 의사가 치료해줘야 하는 시혜의 대상이 '환자'라면 '고객'은 의사가 행복하게 만들어줘야 할 서비스의 대상이다.

아직까지 고객을 환자라고 부르는 원인은 의료기관 종사자들에게 자신들은 시혜를 베푸는 입장이라는 인식이 남아 있고, 고객인 환자들도 생명과 건강을 볼모로 의료기관으로부터 무엇인가를 수혜를 받는 입장이라는 피동적인 인식이 내포되어 있기 때문이다. 이러한 인식 때문에 정부 주관으로 의료기관 이용자들의 경험을 평가하겠다는 평가도구의 제목마저도 고객경험평가가 아니라 '환자경험평가'이다. 의료기관에서는 아직까지 고객을 진정으로 대하고 있지 못한 것이다.

이제 의료계도 워싱턴포스트와 같은 혁신적인 인식의 전환이 필요하다. 환자들은 이제 더 이상 의료기관이 베푸는 시혜를 필요로 하는 사람들이 아니라 자신이 낸 비용으로 더 큰 가치를 바라는 고객이기 때문이다.

마음이란

박병태

너그러울 때는
온 세상을 다 품을 수 있고

비틀렸을 때는
오래된 등나무처럼
단단하기 둘도 없지

풀어졌을 때는
마르지 않고 솟아나지만

한 번 상하면
바늘 하나 꽂을 수 없이
좁아진다네

보이지 않으니
다스리고 조심할 밖에
진정으로 대할 수밖에

시장을 만드는 것도 파괴하는 것도 고객이다

"아하~ 이거 참 좋다. 사야겠다."

"어허~ 여보세요. 잠시만 기다려 보세요~. 이렇게 사면 돼. 어때?"

얼마 전 모 가전제품 매장에서 고객들이 나누던 대화 내용이다. 몇 년 전과 달리 가전제품 매장에 가보면 사람들은 제법 있는데 실제 구매가 이루어지는 모습은 찾아보기 힘들다. 기존 시장의 패러다임이 바뀌었다. 기존 가전제품 마트는 큰 규모의 전시장에 각종 제품을 모아 놓고 고객이 다른 곳에 가지 않아도 한 곳에서 제품을 구매할 수 있도록 편의를 제공하는 방식이었다. 그래서 규모가 커지고 넓어진 것이 불과 10여 년 전의 일이다. 그런데 이제는 그 넓고 큰 공간에서 직접적인 거래가 이루어지지 않고 있다. 무슨 일이 일어나고 있는 것인가?

| 기존 시장이 파괴되고 있다 |

대형 유통업체의 등장으로 국내 전통시장과 골목상권이 고사 위기에 처하자 정부까지 나서서 두 번째와 네 번째 일요일은 대형마트의 문을 열지 못하도록 규제하고 있다. 그러나 이 정책으로 고객들이 전통시장으로 발길을 돌리는 경우가 획기적으로 증가했을까? 급히 필요한 물건이 아닌 이상 하루만 참으면 되기 때문에 큰 실효를 거두지 못하고 있다. 그렇다고 정부가 나서 대형마트로 가는 고객의 발길을 전통시장으로 돌려세울 수도 없으니 특단의 대책도 없는 셈이다.

그런데 최근에는 이런 대형 매장에서조차 구매가 이루어지지 않는 기 현상이 발생하고 있다. 그동안 전통적인 시장은 시장대로, 기업은 기업대로 경쟁 상대와 비교하여 자기가 잘할 수 있는 것에 집중하고 그것을 한데 모아 고객에게 홍보하고 이윤을 남기는 전략이었다. 그런데 어느 날 이런 전략을 비웃기라도 하듯 경쟁력을 갖추고 규모도 한껏 키워 놓은 매장에 실질적인 거래가 이루어지지 않는 현상이 나타난 것이다. 이런 현상은 서점, 가전제품, 부동산 거래소를 불문하고 모든 분야에서 나타나고 있다. 무엇이 변한 것인가?

이러한 현상은 새로운 스타트업(Start up)[1]들이 나타나고 여러 개의 스타트업 기업들이 모여 기존 시장 질서를 파괴하는 새로운 생태계가 만들

1 스타트업(Start up)은 신생 창업기업을 뜻하는 말로 미국 실리콘밸리에서 처음 사용되었다. 보통 혁신적인 기술과 아이디어를 보유하고 있지만 자금력이 부족한 경우가 많고, 기술과 인터넷 기반의 회사로 고위험·고수익·고성장 가능성을 지니고 있다. 한편, 기업 가치가 10억 달러 이상인 스타트업은 유니콘(Unicorn)이라고 부르는데, 이는 많은 스타트업 중 크게 성공하는 스타트업이 드물어 상상 속에 존재하는 유니콘과 같다는 의미를 지니고 있다. 특히 기업 가치가 100억 달러 이상인 스타트업은 뿔이 10개 달린 상상 속 동물인 데카콘(Decacorn)이라고 부르는데, 이는 유니콘보다 더 희소가치가 있는 스타트업이라는 의미이다.

어지는 과정에서 비롯되었다. 우리는 평상시 특별한 생각 없이 무의식적으로 휴대폰을 사용하여 이런저런 것들을 찾아보고 시간을 보낸다. 휴가를 갈 때도 방을 빌릴지 아니면 호텔을 이용할지, 이동 방법도 자가용을 가져갈지 대중교통을 이용할지 같은 선택적인 행위를 한다. 그런데 이와 같은 행동들이 많은 사람에게서 동시다발적으로 나타나고 데이터가 쌓이면서 그 안에서 알고리즘을 찾아 틈새를 파고드는 스타트업들이 나타나 기존의 시장 질서가 무너지고 있는 것이다.

우리는 불과 50년 전 국가정보기관에서나 사용하던 최고급 컴퓨터와 맞먹는 성능의 휴대폰을 24시간 동안 끄지도 않고 사용한다. 그렇다면 휴대폰 때문에 기존 시장 질서가 무너지고 있는 것인가? 당연히 영향을 미친다. 휴대폰 자체만으로 시장 파괴가 일어날까? 근본적인 본질은 휴대폰이 아니라 고객에게 있다. 휴대폰을 사용하여 그동안 불편했던 사항을 고객이 스스로 해결하는 것이니 휴대폰도 원인이지만, 기존의 시장이 고객에게 편리함을 제공하지 못했던 것이 더 큰 원인이다.

| 고객이 시장을 파괴한다 |

휴대폰이 나와서 고객이 변한 것인가? 아니다. 고객의 본질은 한결같다. 고객이 바라는 것은 언제나 더 나은 가치를 추구하는 행동이다. 이와 같은 고객의 본질 자체는 변한 적이 없다. 그동안 그것을 채울 수 있는 방법이 없었기 때문에 표출되지 않았을 뿐이다. 고객은 그것을 채울 수 있는 스타트업들이 생기면서 억눌렀던 불편함을 해소하기 위한 행동을 하고, 그 행동이 모여 시장 파괴가 일어나고 있는 것이다.

그러므로 고객이 변한 것이 아니라 고객은 원래부터 가지고 있던 욕구를 편리하게 해결하는 쪽으로 행동을 바꾼 것뿐이다. 고객은 기술 발전이나 정보통신의 발전과 상관없이 어떤 수단과 방법이 생기면 편한 쪽으로 선택하고 행동한다. 그러므로 고객의 행동은 변했지만, 고객이 추구하는 가치는 한결같다고 봐야 한다.

어느 주말에 잠시 틈을 내서 마음먹었던 옷을 백화점에서 구입했는데 온라인 쇼핑몰에 똑같은 상품이 20~30% 더 저렴하게 판매되고 있다면 고객의 기분이 어떨까? 백화점에서 많은 시간을 들여 선택한 옷이 체형에 맞지 않아 수선을 맡기고 다음 날 한 번 더 찾아가거나 우편으로 배달받는 일상적인 백화점 쇼핑을 마쳤는데, 동창회에서 만난 친구는 오프라인 매장에서 마음에 드는 옷을 구경한 뒤 실제 구매는 온라인에서 20~30% 더 싸게 구입하고 할인쿠폰과 주말 할인까지 적용하여 절반 값에 샀다는 소리를 들었을 때의 기분은 어떨까?

아마도 십중팔구는 친구의 방법을 따라 하려고 할 것이다. 이와 같은 현상을 쇼루밍(showrooming)[2]이라 한다. 쇼루밍이 일어나면 크고 넓은 오프라인 매장은 단지 전시실(showroom)로 전락하고 마는 것이다.

고객이 변했기 때문에 쇼루밍이 발생한 것이라고 고객을 탓할 것인가? 분명 고객의 행동은 변했지만 고객의 본질적인 특성은 그대로이다. 고객

2 쇼루밍(showrooming)은 소비자들이 오프라인 매장에서 제품을 살펴본 후 실제 구입은 온라인 사이트를 통하는 쇼핑 행태를 말한다. 쇼루밍 현상이 증가하는 이유는 스마트폰, 태블릿 PC 등 모바일기기가 확산되면서 소비자가 온라인 상에서 쇼핑에 필요한 제품 정보 및 리뷰 탐색 등에 쓰는 시간이 많아지고 오프라인보다 온라인 구매가 가격 경쟁력에서 우위를 차지하기 때문이다.

의 본질은 자기의 돈과 시간 그리고 노력을 덜 들이면서 더 좋은 상품과 서비스를 구입하고자 하는 본능이 원래부터 있었기 때문이다. 그러므로 더 싸고, 시간도 안 들이고, 노력도 덜 드는 방법을 선택한 고객은 변함이 없는 것이다.

이와 같은 고객의 본질을 이해하지 못하면 기존의 대형 유통매장에서 왔다 갔다 하면서도 실제 구매를 하지 않는 고객의 심리와 행동을 이해할 수 없다. 고객이 대형 매장이나 백화점에서 사진이나 QR코드만 찍어가고 정작 구매는 온라인으로 구매하는 동안 오프라인 매장은 눈만 멀뚱거릴 수밖에 없는 것이다. 그렇다고 사진을 못 찍게 하면 그나마도 사람이 안 올 것이고, 값을 온라인처럼 싸게 하려니 비싼 부지에 커다란 건물을 짓고 인력까지 갖추어 불가피하게 소요되는 고정비용 때문에 가격을 내릴 수도 없는 진퇴양난에 빠진 것이다. 이것이 요즘 오프라인 매장의 현실이다.

| 고객의 본질을 이해하자 |

그렇다면 어떻게 할 것인가? 먼저, 모든 문제의 원인을 휴대폰으로 돌리지 말아야 한다. 정보화 시대 때문이라고 탓하지 말아야 한다. 어차피 휴대폰은 점점 더 진화하고 고성능화 될 것이다. 이를 통한 정보 축적은 더 늘어날 수밖에 없다. 아날로그 시대로 되돌리는 것은 불가역(不可逆)적이다. 그러므로 오프라인 매장이 답을 찾을 수 있는 유일한 방법은 고객에게 집중하는 것이다. 고객의 본질이 무엇이고 고객은 무엇을 원하는지 더 세심한 관찰을 하는 것이 유일한 대안이다.

고객은 무엇에 불편을 느끼고 무엇에 가치를 느끼는가? 고객은 돈과 시간과 노력을 지불하는 것에서 편리함을 느낄 때 가치를 느끼지만, 어떤 경우는 불편함에도 불구하고 특별한 가치를 느끼는 경우도 있다. 비싸고, 시간이 많이 들고, 많은 노력이 필요하며 위험함에도 불구하고 기꺼이 그것을 감수하는 양면성을 보이기도 한다.

그러므로 우리는 아직 고객을 충분히 연구하거나 관심을 갖지 못한 것이다. 고객의 입장보다는 주로 공급자의 입장에서 이렇게 하면 편할 것이다, 이렇게 하면 고객이 좋아할 것이다 생각하고 자신들의 입장에서 모든 것을 배치하고 시장을 형성한 것이다. 규모가 크고 다양한 것을 모아 놓으면 고객이 더 좋아할 것이라 생각하고 집중화와 거대화를 추진해 온 것이다. 기존 시장과 기업은 자신과 유사한 형태를 갖춘 경쟁 상대가 나타나면 그들과 어떻게 차별화하고 싸워 이길 것인가에만 집중하고 고객을 제대로 연구하거나 바라보지 못했다. 그 사이 고객은 자신의 가치와 편리함을 찾아 스스로 변한 것이다. 그 틈을 메꾸는 스타트업이 나타나면서 시장이 붕괴된 것이다. 그러므로 이제 남은 방법은 스타트업보다 더 많이 고객을 생각하고 관찰하고 그들의 욕구에 맞추는 방법을 선택해야 한다. 왜냐하면 시장을 만드는 것도 파괴하는 것도 기업이나 시장이 아니라 고객이기 때문이다.

영원한 충성고객은 없다

고객 만족과 고객에 대한 서비스를 제대로 하기 위해서는 고객을 구분하고 어떻게 하면 그들을 만족시킬 수 있을지 이해하여 충성고객으로 만들어야 한다.

| 고객의 단계를 구분하고 파악해야 한다 |

일반적으로 고객은 잠재고객, 접촉고객, 경험고객, 재구매고객, 충성고객과 같이 5단계로 분류한다.

- **잠재고객**이란 아직 우리의 고객이 아닌 대상이다.
- **접촉고객**은 제품과 서비스를 접촉한 고객으로 구매 전 단계의 고객이다. 이들에게 중요한 것은 인지도와 선호도이다.
- **경험고객**은 구매를 한 번 해본 고객이다. 이들은 가격과 서비스 만족도가 중요하다.

• **재구매고객**은 경험고객이 다시 한 번 유사 제품이나 서비스를 구매하는 경우이다. 이들에 대해서는 어떻게 하면 다음에 또다시 이용하게 할 것인가에 초점을 두는 것이 바람직하다.

• **충성고객**은 단골고객이다. 이들은 자기 스스로 브랜드를 방어하고, 추천하고, 광고하는 사람들이다.

이 중에서 충성고객이란 브랜드에 대한 애정이 변치 않고 지속하여 그 브랜드만을 지지하는 성향을 가진 고객이다. 그렇기 때문에 어느 기업이나 충성고객을 확보하기 위하여 최선을 다한다. 충성고객의 장점은 장기적으로 브랜드를 구매하고 또 재구매 한다. 주변에 추천하여 긍정적인 입소문도 퍼뜨린다. 제품이나 서비스의 가격 인상에 민감하게 반응하지도 않는다. 많은 시간과 돈을 지불하더라도 그 브랜드를 선택한다. 해당 기업의 제품이나 서비스에 대한 마케팅이나 광고 메시지에 관심을 기울이고 브랜드에 정서적으로 관여하고 참여한다. 그러므로 충성고객은 제품이나 서비스의 판매와 수익성에 긍정적 영향을 미칠 뿐만 아니라 강력한 브랜드 로열티를 형성한다.

| 고객 만족에 대한 이해가 필요하다 |

고객 만족은 가능하다. 지속하여 만족시키는 것도 가능하다. 그런데 우리 제품이나 서비스보다 더 좋은 가치를 제공하는 상대가 있고, 고객이 그것을 알았는데도 고객 만족 유지가 가능한가? 아니다. 고객 만족은 고객이 판단할 때 내가 제공한 비용(돈이나 노력, 시간 등)과 비교하여 얻은 가치가 상대적으로 우위에 있을 때 가능하다. 이제 기업은 고객이 만족했다는 평가에 안주해선 안 된다. 그동안 만족한 고객일지라도 언제든지 브랜드를 떠날 수 있기 때문이다. 고객은 브랜드가 고객의 기대치를 충족하지 못하면 과거에 만족했더라도 새로운 가치를 주는 브랜드를 선택한다. 이와 같은 경향은 경쟁이 치열해지고 소비자의 기대 수준이 빠르게 변화하는 오늘날 더욱 심해지고 있다. 예외가 있다면 충성고객은 다소 불만족하더라도 그 불만족 요소를 기업과 함께 스스로 개선하고 노력하여 브랜드의 가치를 높이도록 노력한다는 점이다. 할리데이비슨의 충성고객들이 가장 대표적인 예이다. 그들은 스스로 팬층을 형성하고 문화를 만들며, 브랜드의 가치를 높이는 활동을 전개하기도 한다.

| 충성고객에 대한 체계적인 관리가 필요하다 |

충성고객은 만들기 힘들다. 고객에 대한 관리뿐만 아니라 고객들이 지속하여 충성심을 유지할 수 있도록 해당 브랜드의 질적 수준 향상과 혁신을 이루어야 하기 때문이다. 그렇다면 어떻게 충성고객을 확보하고 유지할 수 있을까?

❶ '고객 투시경 기법'을 써야 한다.

고객 투시경이란 우리 기업의 고객을 입체적으로 파악하기 위한 도구로서 고객의 상태에 따라 다르게 마케팅할 수 있도록 하는 기법이다. 이를 사용하는 목적은 우리 기업의 고객을 입체적으로 파악하고 고객을 특성에 맞게 구별하여 맞춤 서비스를 제공할 수 있기 때문이다. 이를 통하여 고객의 특성에 따라 차별적인 마케팅 전략을 기획하고 충성고객을 확보할 수 있다.

고객 투시경을 하기 위해서는 우리 고객이 누구인지 명확하게 정의하고, 고객의 데이터를 수집하여야 한다. 경험고객을 기준으로 재구매고객과 충성고객의 수치를 파악하여야 한다. 특별히 충성고객에 대해서는 각종 양적·질적 지표를 가지고 등급을 구분한 뒤 차별화된 고객 포트폴리오 전략을 적용하는 것이 효과적이다.

고객 투시경의 핵심은 고객 단계별로 존재하는 틈(Gap)을 줄이는 것이다. 단계별 틈을 최대한 단축하여 단시간에 충성고객을 확보하는 것이 관건이다. 각 고객 단계에 존재하는 틈 중에서 가장 집중해야 하는 틈은 재구매고객과 충성고객 사이의 틈이다. 각 단계의 틈을 구분하면 표와 같다.

구분	하위 단계	상위 단계	주안점
Gap1	재구매고객	충성고객	관계 강화와 신뢰
Gap2	경험고객	재구매고객	제품이나 서비스의 품질
Gap3	접촉고객	경험고객	접점에서의 서비스와 가격
Gap4	잠재고객	접촉고객	홍보 및 인지도

이와 같은 고객 투시경 전략으로 충성고객을 확보한 사례들이 있다.

스타벅스는 Welcome, Green, Gold의 3가지 레벨로 고객을 나누어 차등 혜택을 부여하고 있다. 이를 통해 재구매고객이 충성고객으로 발전한다. 유니클로는 좋은 품질과 기능성을 강조하여 경험고객이 재구매고객이 되게 만들고 있다. 아마존은 데이터베이스를 활용해 고객을 구분하고 해당 고객에게 맞는 '판매 전략'을 세운다. 아마존은 이와 같은 전략을 통하여 접촉고객 70% 이상을 재구매고객으로 만들었다.

❷ 고객을 구분할 때 양적 지표를 적용하는 것이다.

고객을 관리하기 위한 양적 지표로 사용되는 RFM은 최근에(Recency), 얼마나 자주(Frequency), 얼마나 많이(Monetary) 해당 브랜드를 구매했는지를 말한다. 추가적으로 양적 지표와 함께 자신만의 고유한 질적 지표(예를 들어 그 고객은 우리 제품과 서비스의 가치에 적합한가? 우리 제품과 서비스 전략에 적합한 고객인가? 이 고객은 향후에도 지속하여 성장 가능성을 가지고 있는가? 등)를 함께 적용하여 고객을 구분하고 관리한다면 더 장기적인 고객 관리가 가능하다.

❸ 원활한 커뮤니케이션이다.

충성고객을 잘 관리해야 매출도 지속하여 유지될 수 있다. 충성고객을 자발적인 입소문의 주체로 활용할 수도 있다. 충성고객을 통하여 해당 제품과 서비스를 냉철하게 평가하는 것은 물론 경쟁사의 정보도 파악하고 자신들이 바라는 니즈 파악이 가능하기 때문에 고객과의 활발한 커뮤니케이션은 매우 중요하다.

❹ 차별화된 충성고객 프로그램을 운영하는 것이다.

충성고객과 일반고객이 동일하다면 충성고객의 로열티가 유지될 수 없다. 사람은 기본적으로 희소하거나 특별한 대우를 바란다. 이와 같은 욕구를 충족시키기 위하여 가장 많이 제공하는 혜택은 높은 할인율이다. 할인은 고객들의 충성도를 유지하는데 강력한 무기가 될 수 있다. 하지만 의외로 충성고객들이 기대하는 것은 심리적인 대접이다.

예를 들어, 충성고객이 호텔로 들어올 때부터 나가는 순간까지 호텔 직원이 동행하며 일종의 의전과 같은 서비스를 하는 것이다(동행서비스). 그런데 여기서 끝이 아니라 사람들이 많은 로비나 엘리베이터에서 의도적으로 "엘리베이터에 타시겠습니다. VIP 고객님." 하면서 VIP임을 알려줌으로써 주변 사람들의 이목을 끌게 하는 것이다. 이와 같은 서비스는 사소한 서비스라고 볼 수 있지만, 자신이 이곳의 VIP라는 것을 알리고 싶어 하는 인간의 본능을 충족시켜 주는 심리적 혜택을 제공한다. 또한 그런 대접을 받는 것을 목격한 일반고객도 본인이 충성고객이 되어 저런 대우를 받고 싶다는 기대효과까지 만들어 낼 수 있다.

❺ 영원한 충성고객은 없다.

사람은 누구나 특별한 대접을 받을 때 기분이 좋아진다. 그러므로 알고 있는 지인이 내가 받고 있는 예우보다 경쟁 기업에서 더 좋은 대우를 받는 것을 알았다면 큰 실망을 느끼게 된다. 그리고 그 고객은 두말없이 경쟁기업으로 갈아탄다. 엄밀히 말하면 영원한 충성고객은 없다. 고객이란 바람과 같은 것이다. 충성고객이란 기준도 제품과 서비스를 제공하는 공급자 입장에서 충성고객이지 고객의 입장에서 보면 자기는 충성고객이 아니라 그 기업에 많은 돈을 주는 사람이기 때문에 대접받아 마땅하다고 느끼는 사람인 것이다.

그러므로 조금이라도 소홀히 대하는 경우 바로 충성심을 버리고 돌아서는 것이 고객이다. 왜냐하면 고객 입장에서의 평가 기준은 매우 간단하다. 본인이 누릴 수 있는 편리성이 곧 기준이다. 시간, 가격, 접근성, 멤버십, 서비스, 품질 등 각종 평가 지표에서 본인이 더 편리한 곳을 알면 바로 옮겨 갈 수 있는 것이 고객이다. 우리 제품이나 서비스보다 더 좋은 편리성을 제공하는 곳이 있는데도 의리와 충성심으로 우리 제품 또는 서비스를 계속 구매하고 유지하는 고객은 하늘 아래 없다.

고객은 어디까지나 고객이다. 따라서 충성고객을 가장 많이 확보하는 방법은 고객이 떠나지 않게 만드는 것이다. 그렇게 하려면 고객 입장에서 우리 제품이나 서비스가 가장 편리하고 좋게 느끼도록 만드는 방법밖에 없다. 왜냐하면 충성고객은 고객이 만든 개념이 아니라 공급자가 만든 개념이기 때문이다. 고객이 얼마나 편리성과 품질을 인정하는지 파악하려면, 내부고객에게 회사 입장을 고려하지 않고 자기에게 가장 소중한 사람(가족이나 애인 등)에게 무엇인가를 제공하고 싶을 때 내 제품이나 서비스를 조건 없이 택할지 말지를 물어보는 것도 좋은 방법 중의 하나이다.

기술은 나중이고 고객이 먼저다

코로나19는 많은 변화를 가져왔다. 포스트 코로나 시대에는 더 많은 변화를 예고하고 있다. 코로나19의 확산으로 국경 간 이동이 제한되고 비즈니스 환경이 악화되면서 가능성 있는 사업 분야만 생존하는 구조조정이 불가피해졌다. GVC(Global Value Chain)가 변하고 있다. 백신과 치료제가 개발되었더라도 신종 감염병의 특성상 사람과의 접촉을 최대한 피해야 하기 때문에 디지털 전환(digital transformation)이 가속화되고 있다. 언택트(untact) 방식으로 전환한 기업과 그렇지 못한 기업 사이의 격차가 발생할 수밖에 없다.

이와 같은 급격한 변화 속에서 주의할 점이 있다. 디지털 전환은 수단이라는 점이다. 그러므로 코로나19로 인한 변화와 4차 산업혁명이 결합하여 폭발적인 속도로 가속화되고 있는 정보화 기술 발전에서의 혁신은 기술에서 출발하는 것이 아니라 고객에게서 출발해야 한다. 고객에게서 출발해야 기존방식에 혁신이 일어날 수 있다.

매주 25%씩 가격을 추가 인하하는 것으로 유명했던 미국 의류 소매

할인점 필른스 베이스먼트(Filene's Basement)는 2011년 도산하였다. 25%씩 가격 인하가 가능했던 것은 대량생산을 통한 원가 절감이 핵심이다. 그런데 밀레니얼 세대는 대량생산과 획일화 및 표준화와 반대로 개인화(individualization)와 개성화(personalization)를 추구하고 있다. 이와 같은 고객의 니즈를 읽지 못하고 대량생산을 고수한 필른스 베이스먼트의 파산은 어찌 보면 당연한 결과이다. 고객이 기술보다 먼저이기 때문이다.

디지털 전환 시대의 혁신은 고객에서부터 시작된다. 고객에서부터 시작하기 위해서는 고객의 니즈에 집중해야 한다. 그런데 고객의 니즈를 읽는 것은 쉽지 않은 일이다. 고객의 니즈는 쉽게 표현되지도 않는다. 겉으로 드러나는 니즈는 일부에 지나지 않기 때문이다. 고객 니즈는 국가와 지역에 따라 다를 뿐만 아니라 나이, 성별에 따라 다르다.

1989년 9월에 창간한 여성잡지 〈마리안느〉는 그동안 나온 잡지들보다 품격있는 잡지를 만들기 위하여 3가지가 없는 잡지를 추구하였다. 성적인 내용(Sex), 스캔들에 대한 내용(Scandal), 루머에 대한 내용(Rumor)이 없는 고품격 잡지는 그들이 바라는 미래 지향적인 잡지였다. 기본적인 방향과 콘셉트를 잡은 마리안느는 대규모 인터뷰 아르바이트생을 고용하여 타깃 고객들을 방문하여 잡지의 출간 방향을 알리고 반응을 조사하였다. 그 결과 95%의 여성들은 크게 환영하며 그런 잡지를 기다렸다는 반응을 보였다. 고객들의 반응에 힘을 얻은 마리안느는 의욕적으로 잡지를 발간하였으나 발간 이후의 반응은 싸늘하였다. 결국 마리안느는 3무(Sex, Scandal, Rumor)를 지향하다가 1년 5개월 만에 17호까지 발행하고 중단하였다. 그때까지 채무 총액은 무려 25억이나 되었다.

이 사례는 무엇을 의미하는가? 고객들이 면접 설문조사에서 보인 95%의 응답은 거짓이었다. 속마음으로는 3무(Sex, Scandal, Rumor) 잡지를 무슨 재미로 읽느냐는 마음이었지만 얼굴을 맞댄 설문조사에서는 우아한 품위를 지키기 위하여 좋은 출간 방향이라고 거짓 응답을 한 것이다. 마케팅의 대가 제럴드 잘트만(Gerald Zaltman) 하버드대 교수가 "설문조사 같은 정량적인 방법이나 포커스 그룹 인터뷰 같은 방법으로 알아낼 수 있는 소비자의 욕구는 불과 5%이다."라고 말한 것과 정확히 일치하는 사례이다.

이처럼 모든 고객의 니즈를 전부 파악하기란 어려울 수 있다. 따라서 회사가 목표로 하거나 참고할 분명한 대상, 즉 4차 산업혁명 시대를 살아가는 것이 너무나도 익숙하고 자연스러운 밀레니얼 세대의 변화와 과학기술의 발달로 인하여 생명 연장의 꿈이 실현되는 중심에 있는 시니어들의 니즈를 얼마나 잘 파악하느냐가 성패를 좌우할 수 있다. 시장을 뒤흔드는 것은 기술과 혁신이 아니라 사람이다. 그렇기 때문에 고객의 니즈를 외면한 기술은 아무리 첨단기술이라 하더라도 실패할 수 있다.

그렇다면 어떻게 고객의 니즈를 알고 대응할 것인가? 이를 위해서는 4가지 서비스 전략이 중요하다.

❶ 기존고객에게 충실히 한다.

흔히 기존고객을 잡아놓은 물고기에 비유한다. 그렇기 때문에 기존고객에게는 소홀히 하고 고객층을 넓히기 위하여 신규고객에 집중하는 것이 보통이다. 특히 병원과 같은 서비스업은 더욱 그런 경향이 있다. 왜냐하면 병원에 새로 오는 고객(병원에서는 초진환자 또는 신환이라 부른다)에게는 각종 검사는 물론 초진료 등의 수익을 올릴 수 있어 기존에 약만 처방받는 환자들보다 훨씬 많은 수익을 올릴 수 있다. 또한 언젠가 건강을 회복하여 떨어져 나갈 기존고객(재진 환자)보다 미래를 담보할 신규고객(신환)이 더 중요하다고 생각하기 때문이다.

그러나 여기서 한 가지 고려해야 할 것은 어느 사업이나 불문하고 가장 확실한 홍보 및 마케팅 수단은 기존고객의 입소문이다. 기존고객에게 잘해야 그들로부터 신규고객 창출이 이루어진다는 것을 명심해야 한다. 기존고객에게 더 큰 기쁨과 업그레이드된 서비스를 하고 고객의 경험에 만족을 더하면 그들을 통하여 자연스럽게 신규고객이 창출될 수 있다.

❷ 고객을 기다리지 않도록 해야 한다.

고객의 니즈가 변할 때까지 기다리면 안 된다. 트렌드를 미리 읽거나 앞서가면 최선이지만, 최소한 고객의 니즈가 변하는 순간에 신속하게 대응해야 한다. 왜냐하면 고객은 우리가 충분히 대응하고 변할 때까지 기다리지 않기 때문이다. 고객의 변화에 적합한 서비스 모델을 개발하고 고객을 기다리지 않도록 하는 전략이 필요하다.

이에 적합한 방법 중 하나는 대기시간을 적절히 활용하는 것이다. 예를 들어 병원의 진료 대기시간을 잘 활용해야 한다. 대부분의 병원에서 진료 대기시간 중에 제공되는 서비스는 TV 시청이 전부이다. 나머지 시간은 자기 순서가 올 때까지 번호판을 바라보는 것 말고는 할 일이 없다. 대기시간에 해당 질환에 관련된 정보를 제공하거나 설명자료를 보여주거나 해당 질환과 관련된 동영상을 제공하는 등 대기시간을 유익하게 보낼 수 있도록 하는 준비가 필요하다.

❸고객에게 맞추도록 해야 한다.

모든 제품과 서비스를 고객에게 맞추어야 한다. 회사 입장에서 서비스를 기획하고, 제공하고, 평가하는 것은 한계가 있다. 공급자 중심의 생각이기 때문이다. 이제는 공급자를 넘어 소비자 중심의 시대로 넘어갔고, 빅데이터가 등장하면서 다시 개인 중심으로 중심축이 이동하였다. 맞춤형 서비스가 필요하다. 맞춤형이 늘어나는 이유는 고객에게 맞춘 하나뿐인 서비스이기 때문이다. 맞춤형을 옷으로 비유하면 몸의 핏에 맞게 제작하는 것이 맞춤형 서비스이다. 과거에는 한 명 한 명의 고객에게 맞춤형 서비스를 제공하는 것이 불가능하고 무리였다. 그러나 현재는 고객들의 니즈가 개인화되고 있으므로 고객의 니즈를 맞춘다는 의미에서 맞춤형이 필요하다. 빅데이터로 개인의 성향과 관심사 등 고객의 니즈를 파악할 수 있는 환경이 구축되었으므로 개인 맞춤형 서비스를 제공하지 않는 것은 회사의 게으름을 드러내는 것이다.

❹ 고객 성공은 서비스나 자원 전달 그 이상의 것이다.

개인의 목표를 파악하고 그 목표를 달성함으로써 고객이 성공 의식을 느끼도록 하는 것이 좋다. 개인형, 맞춤형으로 갈수록 고객은 다른 것은 다 필요 없고 '이것 하나면 된다'는 의식이 강해졌다. 과거 고객을 집단이나 대중으로 보았을 때는 보이지 않던 고객의 목표가 맞춤형 서비스에서는 나타나기 시작한다. 고객이 목표를 이룰 수 있도록 하려면 전 직원이 고객의 관점에서 생각해야 한다.

한결같은 비즈니스는 실패할 수 있다

곱고 희던 그 손으로 넥타이를 매어 주던 때
어렴풋이 기억나오
여보 그때를 기억하오

김광석이 노래하고 김목겸이 작사한 '어느 60대 노부부의 이야기'의 첫 소절이다. 이 노래는 김광석이 생전에 통기타를 치며 두 눈 지그시 감고 담담하게 부를 때 듣는 이의 가슴을 적시게 했던 노래였다. 지금은 2020년 '미스터트롯'에서 진(眞)을 수상한 임영웅이 본선 3차전에서 부른 노래로 더 유명하다. 무려 2,000만 뷰가 넘게 들은 노래이니 요절한 김광석도 흐뭇하게 듣고 있을지도 모르겠다.

요즘 TV를 보면 트로트가 대세다. 특히 '내일은 미스터트롯'이라는 프로그램을 통해 배출한 '소위 TOP7'이라 불리는 가수들이 안 나오는 프로그램이 없을 정도로 인기다(2021년에는 '미스트롯2'가 명맥을 잇고 있다). 그리고 그들의 인기는 한 번에 타올랐다 사그라지지는 불쏘시개가 아니라 계속 유지되고 있다. 오히려 더 확산되고 있다. 왜 그럴까?

트로트(Trot)는 4분의 4박자를 기본으로 하는 한국 대중가요의 한 장르이다. 영어 의미는 '빠르게 걷다', '바쁜 걸음으로 뛰다'이다. 트로트는 1900년대 초 미국과 영국에서 4분의 4박자 곡으로 추는 사교댄스의 스텝 또는 그 연주 리듬을 일컫는 폭스 트로트(Fox-Trot)가 유행하면서 유래되었다. 트로트가 한국에 들어온 것은 일제강점기인 1920년대 말부터 엔카[演歌]의 영향을 받아 도입되었다. 그러다 보니 초기 트로트는 일본 가요에 많이 동화될 수밖에 없었다. 8.15 광복 후에는 왜색(倭色)의 잔재를 없애고 주체성 있는 건전가요의 제작과 보급이 늘어났다. 팝송과 재즈 기법이 도입되고 엔카 풍의 가요가 한국형으로 변형되면서 새로운 이름을 얻었는데 '뽕짝'이 그것이다. 이런 역사적 배경 때문에 지금도 트로트를 뽕짝이라 부르는 기성세대들이 많다.

한국에서 트로트는 해방 이후 1960년대부터 발전하기 시작한 뒤 1970년대에 이르러 폭스 트로트의 4분의 4박자를 기본으로 하며, 강약의 박자를 넣고 독특한 '꺾기 창법'을 구사하는 독자적인 가요 형식으로 완성되어 지금에 이르고 있다.

그런데 최근 '내일은 미스터트롯'으로 인기몰이를 하고 있는 트로트 스타들의 노래를 들어보면 어떤가? 이들이 부르는 노래가 전통적인 트로트 리듬인가? 1960년대와 70년대에 유행한 전통적인 트로트 형식에 해당하는가? '어느 60대 노부부의 이야기'가 전통 트로트에 해당하는가?

최종 결승에서 4위를 차지하고 트바로티라 불리는 김호중의 음악 배경은 성악이다. 이탈리아 유학으로 성악을 공부한 성악 가수다. 그가 부른 노래가 과연 트로트일까? 지금 미스터트롯 TOP7이 부르는 노래는 또 다른 장르인 뉴 트로트(New Trot)라 불릴 정도로 달라졌다.

최근 10여 년간은 아이돌을 중심으로 힙합과 군무 그리고 비주얼적인 요소로 가요계의 유행이 자리 잡았고, 이 유행은 뒤집히지 않을 것으로 여겨졌다(물론 BTS는 세계 최고의 아이돌 그룹으로 활동하고 있다). 그런데 구태의연하고 옛날 노래라는 인식이 강한 트로트가 다시 세상의 중심에 선 것이다. 어떻게 그것이 가능했을까?

삼성 SDI가 분석한 '내일은 미스터트롯' 성공 비결은 5가지다.[1] 이를 요약하고 재해석해 보면 다음과 같다.

첫째, '숨은 인재의 재발견'이다. '진·선·미'에 오른 임영웅, 영탁, 이찬원뿐만 아니라 결선에 오른 7명도 그렇고, 미스터트롯 대부분의 출연진은 대중에 알려지지 않은 무명이었다. 그래서 신선하다는 것이 가장 중요한 성공 요인이라 볼 수 있다.

둘째, '관성에서 벗어난 변화 추구'이다. 트로트라는 한정되고 상대적으로 인기가 떨어지는 장르인데도 불구하고 출연자들은 격정적인 군무와 봉춤을 선보였다. 2007년생 정동원과 최연장 장민호의 신구간 1:1 대결 등 다채로운 경쟁 요소와 볼거리를 제공하면서 변화를 추구했다.

셋째, '창조적 복제'이다. '내일은 미스터트롯'은 송가인이라는 스타를 탄생시킨 '내일은 미스트롯'의 후속편이었다. 그러나 미스터트롯은 그냥

1 조선비즈 "내일은 미스터트롯'의 성공 비결, 2020년 4월 26일 자

속편의 성격을 뛰어넘어 이전의 영광을 계승하면서도 기존에 보여주지 않았던 다양한 흥밋거리를 보여주며 더 나은 평가를 받을 수 있었다.

넷째, '기본과 본질'이다. 매회 선보인 다양한 퍼포먼스와 출연진들의 탄탄한 기본기는 트로트에 무관심했던 젊은 세대들의 관심을 모으기에 충분했다. 더구나 뉴미디어와 음원 시장에 익숙하지 않았던 중장년 세대까지 끌어들이면서 대중문화의 트렌드에도 변화를 일으킨 것이다.

다섯째, '실패의 경험과 실패 후의 기회를 잡기 위해 노력'하는 모습이다. 장민호는 패자부활전을 통해 입상했고, '진(眞)' 자리에 오른 임영웅은 과거에 다른 오디션 프로그램에서 겪은 실패의 아픔을 딛고 미스터트롯에서 우승의 영광을 거머쥐었다.

그런데 '내일은 미스터트롯'은 프로그램 자체의 성공뿐만 아니라 프로그램이 끝난 지금도 각 방송사 프로그램 섭외는 물론 광고계까지 휩쓸고 있다. 그들의 지속적인 인기 유지 비결은 무엇일까? 이것은 일시적인 반짝 성공이 아니라 당분간 유행을 선도할 '지속적인 성공 유지 요인'이라 할 수 있다.

이들의 지속적인 성공 유지 비결은 무엇일까?

먼저, '뉴 트로트'라는 새로운 장르를 만든 것이다. 만일 이들이 전통적인 트로트를 고집했다면 인기를 얻지 못했을 것이다. 이들의 도전 곡은 '저것이 트로트야?'라고 할 정도로 다양한 장르의 노래를 불렀다. 다른 장르의 노래에 트로트적인 창법을 가미하거나 편곡하여 노래함으로써 새로운 장르를 만들어 낸 것이다. 우리나라의 전통 트로트는 한이 서려 있고 슬픔이 내재되어 있다. 그런데 뉴 트로트는 눈물은 흐르는데 한이 느껴지지는 않는 묘한 카타르시스를 준다.

둘째, '실력과 도전 정신'이다. '내일은 미스터트롯'이라는 경연 프로그램이 진행되는 동안에도 전혀 예상하지 못한 분야의 노래에 도전하거나 김호중처럼 성악을 버리고 트로트 기법으로 노래를 부르는 등 탄탄한 노래 실력을 기반으로 도전하는 모습이 대중들에게 신선하게 보였다. 이들에게 자극을 받은 소위 레전드라고 불리는 기존 트로트 가수들도 도전하는 모습을 선보이며 트로트 열풍에 힘을 가세하고 있다. 개인적인 취향이지만, '트롯 신이 떴다'라는 프로그램에서 김연자는 임재범의 '너를 위해'라는 락(Rock)적인 노래를 자신에게 맞도록 바꿔 불렀는데 얼마나 매력적으로 불렀는지 모른다.

셋째, '팀워크'이다. '내일은 미스터트롯' 경연 프로그램이 끝난 이후 1위만이 아니라 7위까지의 가수들이 여러 프로그램에 팀으로 출연하여 좋은 팀워크를 보여주었다(TOP7 중 김호중은 군 입대로 TOP6로도 불린다). '내일은 미스트롯'에서는 '송가인'이라는 걸출한 스타를 냈지만 그 한 사람 이외에는 보이지 않는 한계가 있었다면 미스터트롯은 TOP7이 후속 프로그램에 등장하여 좋은 팀워크를 보여준 것이 성공 요인이다.

넷째, '익숙하게 친숙하기'이다. 과거에는 연예인들이 방송에 출연하면 평상시 절친인 데도 불구하고 존댓말을 사용하거나 깍듯이 예의를 지키는 등 어색하기 그지없는 연출을 했었다. 그런데 지금은

ICT(Information and Communications Technologies)의 영향으로 스타들의 일면들이 공개되기 시작하면서 연예인들의 자연스러운 모습이 방영된다. 다행스러운 일이라 할 수 있다. 그동안에는 그들도 똑같은 사람인데 지나치게 스타라는 갑옷을 본인 스스로 쓰거나 각종 규제 때문에 자연스럽지 못한 모습을 보여 왔었다. 그런데 지금은 한층 자연스러워졌다. 이와 같은 변화의 물결 속에서 TOP7 트로트 가수들이 TV에 방영되는 모습은 아주 자연스러워서 익숙한 친숙함으로 대중들에게 더 많이 어필되고 있다.

다섯째, '스토리텔링'이다. 아무리 훌륭하게 노래를 잘한다 하더라도 특별한 사연이나 스토리가 없으면 금방 싫증을 느끼기 마련이다. 그런데 미스터트롯 TOP7은 여러 가지 스토리가 존재한다. 개인적인 실패담은 물론 특이한 스토리들은 이들의 인기를 더해주는 요인이 되고 있다.

유행은 돌고 도는 것 같지만 자세히 보면 똑같이 되돌아오지 않는다. 반드시 약간의 변화가 가미되어 나타난다. 그리고 그 변화 요인이 점차로 큰 틈을 만들어 새로운 문화를 만드는 것이 유행이다. 새로운 문화로 정착될 뉴 트로트는 그래서 익숙한 듯하면서도 신선한 새로운 문화라고 볼 수 있다. 요약하면, 한결같지 않은 것, 그것이 인기의 비결이다.

|INSIGHT|

고객은 스스로 오지 않는다

2018년 전후하여 문재인 대통령이 청와대 전 직원에게 선물한 책이라며 세간의 화제가 된 책이 있다. 임홍택의 《90년생이 온다》이다. 90년생은 조직에서는 신입 사원으로, 시장에서는 트렌드를 이끄는 주요 소비자층을 형성하고 있는데, 문제는 기성세대의 관점에서 그들을 이해하기가 어렵다는 것이 요지인 책이다. 90년생은 알아듣기 힘든 줄임말을 남발하고, 어설프고 맥락도 없는 이야기에 열광하며, 회사와 제품에는 솔직함을 요구하고, 조직의 구성원으로서든 소비자로서든 호구가 되기를 거부하는 세대라고 묘사하고 있다. 그들은 자신에게 '꼰대질'을 하는 기성세대나 자신을 '호갱'으로 대하는 기업을 외면하는 신비한 세대이고, 그들과 공존하기 위해서는 이해하기 어려워도 그들을 받아들여야 한다는 내용이다. 어느 정도는 이해 가는 부분도 있다. 절대로 이 책이 잘못 씌었다는 것은 아니다.

그런데 90년생이 모두 그럴까? 90년생이 아니었더라도 몰랐으니까 줄임말을 안 썼고, 몰랐으니까 맘에 안 드는 제품에 솔직함을 요구하지 않았던 것이지 90년생만 그런 것은 아니다. 만일 지금처럼 정보가 공개되고 비대칭적인 상태가 아니라면, 90년생이 아니었더라도 90년생처럼 행동하였을 것이다. 조직의 구성원으로서든 소비자로서든 호구가 되기를 바라는 사람이 어디 있겠는가? 과거에는 지금처럼 알지 못했기 때문에 호구가 될 때가 많았던 것이다.

주변에 있는 90년생을 보면 기존 사람들과 다르다고 생각되는 사람도 분명히 있다. 그렇지만 그것이 90년생의 특성인지 아니면 그 사람 개인의 특성인지 단정해서 말하기 어렵다. 또한 출생 연도로 보면 분명 90년생인데 나이 먹은 사람들보다 더 옛날 사람처럼 행동하는 사람도 있다. 앞으로의 사회가 정보화되고 디지털화되면 될수록 초개인화와 초인간화 등이 언급될 것이다. 이런 특징은 예전보다 갈수록 더 개인화된다는 말이다. 그런데 우리는 역설적으로 잘게 나뉜 개개인을 억지로 묶어 하나의 그룹으로 만들고자 하는 오류를 범하고 있다. 그것이 바로 세대론(世代論)이다. 고객은 절대로 스스로 오지 않는다. 고객은 고객을 잘 이해하고 고객에게 필요한 것을 고객의 기대 이상으로 제공하는 것에 만족하고 가치를 느끼면 다가올 뿐이다.

휴리스틱(heuristics)[1]이라는 말이 있다. 휴리스틱은 문제를 해결함에 있어 그 노력을 줄이기 위해 사용되는 고찰이나 과정을 의미한다. 오늘날 환경은 매우 복잡하고 빠르고 변화가 심하다. 이런 환경에서 기업이 어떤 의사결정을 하려면 다양한 변수를 고려해야 하는데 현실적인 시간

---

1 휴리스틱(heuristics)은 시간이나 정보가 불충분하여 합리적인 판단을 할 수 없거나, 굳이 체계적이고 합리적인 판단을 할 필요가 없는 상황에서 신속하게 사용하는 어림짐작의 기술이다.

제약으로 완벽한 의사결정을 하지 못할 때가 많다. 이때 필요한 것이 휴리스틱이다. 휴리스틱은 가장 이상적인 방법을 구하는 것이 아니라 현실적으로 만족할 만한 수준의 해답을 찾는 것이다. 모든 변수와 조건을 검토할 수 없기 때문이다. 따라서 휴리스틱은 포괄적이다. 두루뭉술하게 이해하고 접근하는 것이다. 그와 같은 접근법 중에서 대표적인 것이 세대론(世代論)이 아닐까?

과거에는 굳이 '세대(世代, generation)'로 사람을 구분하지 않았다. 그런데 제2차 세계대전이 끝난 후 많은 출산이 일어나게 되었다. 미국에서는 1946년부터 1964년 사이에 태어난 사람들을 베이비 붐(baby boom) 세대라고 하는데, 이들은 미국 전체 인구의 약 30%를 차지하면서 하나의 문화를 이루고 있다. 우리나라는 6.25 전쟁이 끝난 후 1955년에서 1963년까지 출생한 사람들을 그렇게 부른다. 베이비 붐 세대들은 전쟁 이후의 어려운 환경에서 성장을 해야 했다. 어려운 환경인데도 먹고살 가족이 많았으니 근검절약하고 부지런할 수밖에 없었다. 전쟁 복구를 위한 경제 부흥의 주역으로 밤낮 없이 일했고 오늘날 우리나라가 잘살게 된 원동력이 바로 자신들의 노력이라는 자부심이 강하다. 그렇지 않겠는가?

그런데 시간이 흘러 베이비 붐 세대들이 현역에서 은퇴하기 시작하고 뒤를 이어 386세대가 등장한다. 베이비 붐 세대들은 전쟁 복구와 경제 부흥이라는 기치 아래 인권을 돌보거나 생각할 겨를도 없이 열심히 일한 사람들이다. 그들은 후손들이 어렵고 힘든 시간을 보내지 않았으면 좋겠다는 신념하에 근검절약하여 돈을 모으고 자녀들을 대학에 보내는 등 악착같은 삶의 태도를 보여주었다. 이런 세대의 자녀들은 1980년대 대학에 다니면서 민주화 투쟁을 부르짖으면서 지식인으로 등장했다. 그래도

386세대까지는 부모들이 살아왔던 방식을 간접적으로 경험하다 보니 어느 정도 베이비 붐 세대와의 교류가 있었던 세대라 할 수 있다.

그런데 어느 날 이상한 바지에 노래 같지 않은 노래를 하면서 흑인 머리를 한 신인류(新人類)가 등장한다. 벌써 50이 다 되어가는 '서태지와 아이들'이다. 이들은 베이비 붐 세대 그리고 386세대와는 완전히 다른 문화를 형성했는데 바로 'X세대'[2]이다. 이들은 중산층 가정에서 크게 불편하지 않게 자란 세대이다. 배울 만큼 배워 평범하게 잘 살 수 있는 사람들인데도 좌절과 번민에 가득 차 단조로운 삶에서 탈출하고자 하는 세대들이다. 이들이 예측 불가능한 기호와 취향을 나타내다 보니 이들을 이해할 수 없었던 기성세대들이 그냥 잘 모르겠다는 의미의 'X세대'라고 불렀다. 뭐라고 잘 설명할 수 없는 X세대의 특징은 여러 가지가 있는데 그들의 특징을 묘사할 때 자주 인용되는 것이 PANTS[3]이다. PANTS는 일본의 어느 한 광고회사에서 유래된 용어이다. Personal(개별화, 개인화, 개성화), Amusement(인생의 가치관을 즐거움에 두고 심각함을 기피함), Natural(자연에 대한 강한 욕구), Trans-border(나이나 성에 대한 구분을 거부함), Service(서비스에 있어서 하이테크와 하이터치를 추구함)를 지향한다는 뜻이다.

X세대 다음으로 Y세대가 등장하는데 Y세대는 X세대보다는 조금 덜 충격적으로 등장한다. 아무래도 기성세대들이 X세대를 경험해 봤으니 어느 정도 적응한 것이라 볼 수 있다. 학자들에 따라 약간 구분이 다르지

2 X세대는 더글라스 커플런드(Douglas Coupland)의 소설 《X세대(Generation X)》에서 유래한 말이다.

3 김기란, 최기호, 《대중문화 사전: 300개의 키워드로 읽는 한국 대중문화 20년》, 현실문화연구, 2009년.

만 Y세대는 개략적으로 1980년대 초반부터 2000년대 초반 사이에 태어난 사람들이다. 이들은 경제적인 안정감도 있고, 지적이며, 개방적인 특성을 가지고 있어 X세대와 많이 다르지 않다. 조금 차이가 있다면 인터넷, SNS 모바일 기기에 매우 익숙한 세대이고 IMF 금융위기를 보면서 X세대보다 불안정한 일자리 문제를 고민하게 되는 세대라는 점이 차이가 있는 정도이다.

가장 최근 세대는 'Z세대'인데 혹자는 'N세대' 그리고 서두에 나왔던 '90년생'으로 구분하기도 한다. Z세대는 출생연도가 1990년대이고, 이들의 특성은 Y세대보다 디지털 시대에 익숙한 디지털 원주민(Digital Native)이라고도 부른다. 이들은 디지털 원주민에서 디지털 노마드(Digital Nomad)[4]로 성장한다. 이들은 시간과 공간의 제약 없이 여기저기 유목민처럼 떠돌아다니면서도 스마트폰과 태블릿 같은 디지털 기기를 사용하여 시간과 공간의 제약에서 벗어날 수 있는 세대이다. 방이 회사이고, 교실이고, 놀이터일 수 있다. 도서관이 스타벅스로 변했으니 새벽같이 집에서 나가 자리를 맡아야 했던 대학 도서관 세대들이 그들을 이해하기는 쉽지 않을 법도 하다.

지금까지 여러 세대를 살펴봤는데 어떤가? 정말 세대 차이와 세대 구분이 의미 있다고 보는가? 세대 구분이 정확하게 맞아떨어지는 과학적인 근거가 있는 것도 아니고 학자에 따라 또는 제법 유명한 학자가 쓴 글이

4 디지털 노마드(Digital Nomad)는 일과 주거에 있어 유목민(nomad)처럼 자유롭게 이동하면서도 창조적인 사고방식을 갖춘 사람들을 뜻한다. 이전의 유목민들이 집시나 사회주변부의 문제 있는 사람들로 간주되었던 반면에 디지털 노마드는 스마트폰과 태블릿 같은 디지털 장비를 활용하여 정보를 끊임없이 활용하고 생산하면서 디지털 시대의 대표적인 인간유형으로 인식되고 있다. 프랑스 사회학자 자크 아탈리가 그의 저서 《21세기 사전》에서 '21세기는 디지털 장비를 갖고 떠도는 디지털 노마드의 시대'라고 규정하면서 본격적으로 쓰이게 되었다.

나 마케터들의 편의에 따라 구분되는 세대 구분이 무슨 의미가 있을까? 어찌 보면 당연히 그렇게 변할 수밖에 없도록 주변 환경이 바뀌고, 기술이 발전하고, 시간이 흘러온 것이 아닐까? 베이비 붐 세대의 탄생이 제2차 세계대전 직후였고 전쟁 복구를 위해 열심히 살아온 그들은 나름대로 그렇게 산 것이고 소위 Z세대는 지금 환경에 맞춰 살아오고 있는 게 아닐까?

사람은 있는 그대로 환경에 적응해 가고 있을 뿐이다. 각자 자기가 할 수 있는 방법으로 살아가고 있는 것이다. 오로지 변한 것은 문화와 환경과 기술이다. 환경과 문화와 기술이 변했는데 아직도 베이비 붐 세대처럼 사는 것이 제대로 된 바람직한 모습은 아니지 않는가?

만일 누군가의 자녀가 아직도 상투를 틀고, 짚신을 신고, 갓을 쓰고 다닌다면 변하지 않고 잘 살고 있는 사람이라고 할 수 있을까? 아니면 "너는 지금이 어떤 세상인데 나중에 커서 뭐가 되려고 정신 차리지 못하고 있냐"라고 호통을 치게 될까? 변한 것은 문화와 기술과 환경이고, 그것이 적용되는 시간이 빠르게 지나고 있다는 것이 정확한 시각이다. 마치 사람이 변한 것처럼 이해하고 두루뭉술하게 넘어가려고 하는 세대론(世代論)이 어떤 판단의 기준이 되어서는 안 된다. 그런 방식으로 고객을 이해해서도 안 된다.

고객을 이해하는 새로운 방식이 필요하다. 고객이 스스로 다가올 수 있도록 하는 전략이 필요하다. 대다수의 사람이 집단을 이루는 목적은 개인의 이기심에 근거한다. 개인적인 목적을 성취하기 위해 집단의 힘을 이용한다. 때로는 집단에 속하여 불확실성을 회피할 수도 있다. 그냥 따라가면 불편하지 않으니까 그렇게 한다. 그렇지만 그것이 그 사람의 진심은 아니다. 그렇기 때문에 고객을 정확하게 이해하기 위해서는 고객을 집단으로 묶어서 볼 것이 아니라 한 명 한 명의 성향과 특징, 상황과 여건을 반영할 수 있어야 한다. 비용의 문제는 있지만 그렇다고 개개인이 다른데, 초개인화라고 하는데, 빅데이터를 통해서 개인 성향을 분석할 수 있다고 하는데 다 무시하고 묶음으로 가려는 것은 너무 쉽게 가려는 편법이다. 오리 한 마리를 겨냥하여 잡으려는 노력이 아니라 그냥 아무 오리나 하나 맞으면 좋겠다고 생각하며 무작정 돌멩이 하나를 오리 떼 가운데로 던지는 것과 같은 행동이다.

INSIGHT

5장

계속 성장하는 데는 비밀이 있다

|ISSUE|

지속 성장을 위한 마지막 보류이자 최고의 전략

어느 조직이나 성장과 발전을 꿈꾼다. 그러나 모든 조직이 계획대로 성장하고 발전할 수는 없다. 맥킨지 자료에 따르면 기업의 평균 수명은 1935년경에는 90년 정도였으나 1995년에는 22년으로 크게 낮아졌고, 2015년에는 15년까지 낮아졌다. 최근 파이낸셜타임즈에서 발표한 글로벌 시가총액 10위의 기업은 플랫폼 기반 가치 모델을 추구하는 기업 즉 마이크로소프트, 애플, 아마존닷컴, 알파벳 등이 차지하였다. 한국 기업 역시 예외는 아니다. 한국거래소의 발표에 따르면, 2020년 현재 부동의 1위 삼성전자를 제외하면 네이버가 4위, 카카오가 9위를 차지하고, 2~3위권을 유지하던 현대자동차가 10위권 밖으로 밀려나는 등 대변혁이 일어나고 있다.

오늘날의 기업 환경은 기업 평균 수명이 15년밖에 안 될 뿐만 아니라 빅데이터, 인공지능, 기술혁신, SNS와 사물인터넷으로 대표되는 4차 산업혁명의 시대로 인해 VUCA(Volatility, Uncertainty, Complexity, Ambiguity) 환경을 맞이하고 있다. 이런 환경 속에서 기업은 어떻게 생존하고 나아가 지속하여 성장할 수 있을 것인가는 매우 중요한 이슈이다.

우리나라에서는 중소기업의 파산은 드물지 않게 다반사로 일어나고 있지만 대기업은 많지 않았다. 그러나 최근에는 대기업도 파산까지는 아니지만 순위 변동이 심하게 하락하는 등 환경 변화가 매우 심하다. 미국에서는 오랫동안 좋은 실적을 자랑해온 대기업도 비교적 짧은 기간에 생존 위협을 느낀다고 한다. 최근 15년 동안 사라진 미국의 대기업으로는 컴팩, 코닥, 라디오샥, 서킷시티, 블록버스터, 보더스, 폴라로이드 등 무수히 많다. 이들은 모두 미국에서 정상까지 올라갔던 대기업들이다.

이렇게 기업의 수명이 단축되는 이유는 무엇일까?

먼저, '개인화 경향'을 들 수 있다. 최근 인공지능의 보급으로 다양한 상품이나 서비스가 점점 더 개인화되고 있다. 같은 디바이스(device)나 앱(application)이라도 사용자에게 맞춰 최적의 체험을 제공하기 위해 자동으로 커스터마이즈(customize)되는 환경이다. 개인화는 앞으로도 변화의 핵심이 될 것이다.

둘째, '디지털화의 가속화'이다. 많은 것들이 디지털화되고 있는 가운데 사용자 체험이나 기업 가치에 빠른 디지털화를 요구하고 있다.

셋째, '공유 및 연결'이다. 다양한 상품이나 서비스가 인터넷에 접속됨으로써 온라인과 오프라인을 원활하게 융합시키는 사용자 체험이 요구되고 있다.

기업 생존 문제는 이와 같이 변화에 제대로 적응하면 획기적인 성장을 이룰 수 있고, 환경에 제대로 대응하지 못하면 공룡이 환경 변화에 적응하지 못하고 멸종한 것처럼 파산하거나 낮은 순위로 밀려날 수밖에 없는 환경이다. 그러므로 모든 조직이 생존을 넘어 지속하여 성장하기 위해서는 혁신을 추구할 수밖에 없다. 혁신을 끊임없이 추구하는 것은 기업에게는 생존을 위한 최소한의 조건이며, 격심한 환경 변화에 대한 방어책이다.

지속 성장을 위한 혁신과 변화의 트렌드에서 가장 중요하게 고려되어야 할 것은 '고객'의 의미에서 찾아볼 수 있다. 혁신의 궁극적인 목적은 새로운 시장의 창출이다. 기존 시장에서 다른 기업의 고객을 뺏어 오든, 경쟁이 없는 블루오션을 만들든 고객이 많으면 성장하고 지속될 수 있다. 그러나 고객이 등을 돌리면 지속 성장은 이미 물 건너간 것이다. 그러므로 고객은 지속 성장을 위한 마지막 보류이며 최고의 전략이다.

세계적인 네트워크 장비 기업인 시스코(Cisco Systems)의 CEO였던 존 챔버스(John Chambers)는 CEO직을 물러나기 전 고객 컨퍼런스에서 "모든 기업의 미래는 시장의 변화를 제대로 따라잡는데 달려 있다. 만약 기업들이 급진적으로 변화하지 못한다면 여기에 참석하고 있는 기업뿐만 아니라 미국 기업의 40%는 의미 있는 방식으로 존재하지 못할 것이다."라고 하였다.

짐 콜린스(Jim Collins)는 저서《위대한 기업의 선택(Great by Choice)》에서 산업 평균보다 10배 이상 성과를 올린 기업들의 특징 중 하나로 일정 수준의 성과를 일관성을 가지고 꾸준히 달성해 나가는 것을 중시한다는 것을 들고 있다. 즉, 기업 성과가 외부 여건이나 상황에 의해 크게 좌우되는 것을 용납하지 않고 자신의 운명을 스스로 개척하여 지속 성장하는 모습을 보인다는 것이다. 그렇기 때문에 향후 그저 그런 기업으로 머무느냐 아니면 급이 다른 사업 성과를 창출하는 기업이 되느냐는 기존의 낡은 비즈니스 가설과 관행을 원점에서 되짚어보고 이를 업그레이드한 '탁월한 전략'을 수립하여 제대로 실행하느냐에 달려 있다고 말할 수 있다.

이렇게 볼 때 지속하여 성장하는 기업은 미래를 내다볼 뿐만 아니라 시장의 변화를 따라잡아 일정 수준의 성과를 꾸준히 달성해 가는 기업이다. 이를 위해서는 혁신이 필수적이며 환경 변화를 잘 감지해야 한다. 우리는 현재 코로나 감염병과 함께 IT 기술의 발달, 미·중 무역 분쟁, 환율 문제 그리고 새로운 기술의 발달로 매우 빠르고 예측할 수 없는 불확실한 시대에 살고 있다. 미시건대 칼 웨익(Karl Edward Weick) 석좌교수는 불확실성 시대에 가장 필요한 것은 '센스메이킹(sense making)'이라고 표현했다. 이는 산업의 미래에 대한 통찰력과 직감에 의한 의사결정이 불확실성 시대에서 주요한 역량이 될 수 있다는 의미이다.

센스메이킹을 바탕으로 지속 성장을 위한 효과적인 혁신의 방법은 무엇일까?

❶ 조직 내의 '아이디어'와 '창의성'을 높여야 한다.

조직이 아이디어와 창의성 없이 과거 또는 기존의 운영 방법을 고수하거나 유지하는 순간 그 조직은 고사하게 된다. 활기 넘치고 생동적이며 두려움 없는 조직으로 변신하기 위해서는 조직 내에서 '아이디어'와 '창의성'이 잘 발휘되어야 한다. 마이크로소프트의 창업자 빌 게이츠는 아이디어를 얻고 10년 뒤의 변화에 집중하기 위해 매년 두 번씩 칩거를 통한 '생각 주간(Think Week)'을 갖는다.

❷ 조직 내 '아이디어'와 '창의성'을 이끌어 내기 위한 조직문화가 필요하다.

성공하는 기업은 성공적인 조직문화를 가지고 있다. 합당하고 사려 깊은 이념과 공유 가치 없이 경쟁에서 살아남을 수 없다. 지속적인 성장이 불가능하다. 최근 기업 수명이 점차 짧아지는 원인 중 하나는 다양한 조직 구성원의 개성을 소화해내지 못하는 빈약한 조직문화 때문이라고 볼 수 있다.

❸ 전략적인 글로벌화를 추구하여야 한다.

특히 우리나라와 같이 내수시장이 빈약한 상태에서 국내 시장만을 목표로 하는 사업 전략은 지속적인 성장을 이루기에는 역부족이다. 매출 확대, 선진 역량 흡수, 자원 확보, 생산원가 절감, 규모의 경제 달성 등을 이유로 지속 성장을 위해서는 글로벌 시장을 겨냥하는 것이 필요하다. 더구나 국경의 한계가 없는 정보화 시대에는 더욱더 글로벌 전략이 요구된다.

❹ 저투자를 하면서도 효과를 볼 수 있는 분야에 집중하는 것이 좋다.

예를 들면, 디자인에 대한 관심과 투자이다. 기업들은 새로운 성장 엔진을 찾기 위해 기술개발(R&D)에 대한 투자를 한다. 그런데 소비자의 관심을 끄는 것은 언제나 기술적으로 우수한 제품이 되는 것은 아니다. 높은 기술 수준은 아니지만 디자인 때문에 소비자의 관심을 이끌어 내는 경우도 있다. 디자인은 기술 혁신에 비해 투자비가 상대적으로 적게 들고, 소비자가 인식할 수 있을 정도의 기술적 차별화가 한계에 이른 상황에서는 작은 차이지만 독특함을 전달할 수 있다.

❺ 경제적 책임뿐만 아니라 환경적 책임과 사회적 책임을 다하여야 한다.

투자자들은 이제 돈만 많이 버는 기업을 최고의 기업으로 생각하지 않기 시작했다. 환경적 책임과 사회적 책임을 다하면서 경제적 이익을 추구하는 기업만이 장기적으로 성장할 수 있다.

❻ 4차 산업혁명 시대에 맞는 혁신 전략을 추구해야 한다.

지속적인 성장을 하기 위해서는 내부적으로는 혁신과 프로세스 개선을, 외부로는 지속적인 개발 또는 신규 사업으로 사업을 확장할 수밖에 없다. 그러나 국내 기업들은 대부분 혼자의 힘으로 성장을 하고자 노력하는 경우가 많다. 하지만 4차 산업혁명 시대에 필요한 것은 초연결 사회에서의 관계성이라는 특성이 강한 사회이기 때문에 전략적 협업(strategic co-work)으로 성장을 견인할 필요가 있다. 내가 영위하고 있는 사업의 강점은 무엇인지 약점은 무엇인지를 파악하고 그에 따른 협력적 네트워크(collaborative-network perspective)를 구축하는 것이 필요하다.

성장하는 조직을 어떻게 만들 것인가?

조직문화는 조직의 유효성에 어떤 영향을 미치게 될까? 최근 많은 기업이 급변하는 환경에 맞추어 성과 중심의 조직문화에 치중하고 있다. 그러나 성과 지향 문화는 단기적인 효과뿐만 아니라 지속하여 좋은 성과를 유지하는데 효과적이지 못한 경우가 많다.

성과란 무엇인가? 성과는 투입에 대한 결과이다. 그러므로 성과는 부정적일 수도 있고 긍정적일 수도 있다. 어느 조직이나 긍정적인 성과를 원하지만 모든 조직에서 긍정적인 성과만을 나타낼 수는 없다. 빠른 기술 진보와 역동적인 변화 속에서 획기적인 성과보다 실패를 경험하는 경우가 더 많고, 지속 가능한 환경이 불가능한 경험을 하는 경우가 빈번하다.

그렇다면 바람직한 조직문화는 무엇인가? 기업들은 두 가지 측면에서 조직문화에 대한 고민에 부딪히게 된다. 하나는 당장 성과를 내야 하는 고민이고, 다른 하나는 그 성과가 지속되기를 바라는 고민이다.

먼저, 당장 성과를 내야 하는 고민은 뷰카(VUCA-Volatility(변동성),

Uncertainty(불확실성), Complexity(복잡성), Ambiguity(모호성)) 시대에 생존하기 위하여 조직의 민첩성과 유연함, 구성원들의 주도성과 창조성이 요구된다. 그리고 이와 같은 조건을 충족하기 위해서는 수평적인 소통과 자율적인 조직문화가 필요하다. 동시에 다른 경쟁자들보다 나은 사업 성과를 위하여 위기감을 조성하고 구성원들의 노력과 역량을 성과가 나는 분야에 집중할 수밖에 없다. 이런 관점에서 나도 모르게 만들어지는 것이 성과중심 문화이다. 그런데 이와 같은 성과중심 문화는 단기적일 뿐만 아니라 오히려 역효과를 낼 수도 있고 부정적인 성과를 낼 수도 있다는 위험이 존재한다.

성과중심 문화를 지향하는 경영진들은 성과를 강조하고 보상함으로써 구성원들이 업무 결과에 더 집중하고 성과에 도움을 줄 것이라고 생각한다. 그렇지만 성과중심 문화의 구성원들은 외부환경의 변화나 당면한 문제 해결에 집중하고 서로 협력하기보다 조직 내부의 경쟁과 자기 보호에 관심이 더 많다. 이는 성과에 따라 평가되고 보상받기 때문에 나타나는 자연스러운 현상이다. 경영진들이 그렇게 조장하고 있는 것이다. 따라서 조직을 지나치게 성과중심 문화로 몰고 가는 것은 지속 가능 경영을 어렵게 할 수 있다.

그렇다면 어떻게 지속 가능한 환경과 문화를 만들어갈 것인가? 그 방법은 의외로 단순하다. 지향목표를 성과(成果)에서 성장(成長)으로 바꾸면 가능하다. 성장은 빠른 시간 안에 좋은 결과가 나타나지 않을 수도 있다. 그러나 지속적인 성장을 통하여 일정 시점이 경과한 후에는 실패와 성공을 반복하는 성과중심 문화보다 더 큰 성장을 이룰 수 있다. 성장 문화는 당장의 성과가 아니라 과거보다 나은 현재, 어제보다 나은 오늘의 성장을 추구하고 미래를 그려 나가기 때문에 지속 가능한 경영 환경이 구축될 수 있다.

성장중심의 조직문화는 구성원 개인의 성장이 궁극적으로 조직의 성장으로 이어질 것이라는 장기적이고 도덕적인 관념을 통해 구성원 개인과 조직이 함께 노력할 때 가능해진다. 성장중심 문화는 횡적으로 다른 기업들과 경쟁하고 앞서 나가기 위해 앞뒤 안 보고 달리는 것이 아니다. 종적으로 과거와 대비하여 오늘은 얼마나 더 성장을 했는지 바라보는 것이다. 그렇기 때문에 구성원과 조직 모두 앞과 뒤 그리고 옆을 바라볼 수 있는 여유가 생긴다. 어제보다 나은 오늘의 성장을 함께 기뻐할 수 있으므로 상호 간의 협력이 발생하게 된다. 이와 같은 변화는 급격한 성장과 획기적인 변화가 아닌 소소한 성공 경험이 축적되어 장기적인 성장은 물론 단기적인 목표 달성에도 영향력을 발휘할 수 있다.

성장은 성과보다 심리적으로 부담이 없기 때문에 점점 나아질 수 있다는 자신감 때문에 업무 실행 과정 중에도 개인과 조직이 서로의 사각지대를 볼 수 있다. 불안정성이나 부족함을 드러내고 도움을 요청할 수 있는 분위기를 만들 수 있다. 함께 성장하는 분위기는 자기 자신의 가치를 수호하기 위해 에너지를 낭비했던 성과중심 문화와 달리 외부적인 가치를 창출하기 위해 역량을 집중하게 되므로 조직의 성과가 상승하는 시너지를 창출하게 된다.

그렇다면 성장중심의 문화를 추구하는 조직을 어떻게 만들어 갈 수 있는가?

❶ 조직 운영의 투명성과 학습문화이다.

이와 같은 문화는 구성원 개개인의 호기심과 질문을 촉진하고 조직의 투명성을 유지함으로써 조직 내의 학습이 자발적으로 일어날 수 있도록 한다. 의도된 교육을 통한 학습이 아니라 업무를 수행하는 과정에서 자연스럽게 이루어지는 학습의 중요성을 인식하는 것이다. 이를 위해서는 경영진들이 업무 활동에서 나타난 물리적 성과만을 인정하는 것이 아니라 업무 활동에 담겨있는 성장 경험 또한 중요한 성과로 인정할 줄 아는 안목과 노력이 있어야 한다. 업무 수행으로 일어나는 작은 성공과 성취를 리더와 구성원들이 함께 인정하고 축하하는 자연스런 문화가 있을 때 구성원들은 일 자체가 학습과 성장이 될 수 있다는 것을 알게 되며 성장을 위해 노력하게 된다.

❷ 원래 자리로 돌아오려고 하는 회복탄력성(resilience) 관리가 필요하다.

조직은 일반적으로 안정을 추구한다. 변화는 위험하거나 부정적인 결과를 초래하게 될 것이라는 무의식적인 두려움이 있다. 또한 과거와 달라진 변화를 불편하게 생각하기 때문에 지속하여 과거로 회귀하고자 하는 모습을 보이게 된다. 이것을 어떻게 효과적으로 통제해 나갈 것인가? 이것이 성장중심의 조직문화를 구축하는 핵심 요인이다. 구성원들이 회복탄력성을 발휘하여 과거로 돌아가지 않아도 된다는 안심을 할 수 있을 때 변화된 상태가 유지될 수 있다. 경영진들은 이를 위하여 단기적이고 관리 가능한 수준의 작은 성공 경험들을 만들고 그것을 공유하도록 해야 한다. 만일 그것이 실패하더라도 별문제가 없다는 안심 분위기를 조성하는 것이 관건이다.

❸ 실패를 인정하고 이를 통해 배우는 학습 문화가 필요하다.

어떤 조직이나 성과는 중요하다. 성장중심 문화를 추구한다 하더라도 성과가 없으면 성장도 불가능하기 때문이다. 그러므로 성장중심 조직에서도 성과가 반드시 필요하다. 하지만 성장중심 문화에서는 성과뿐만 아니라 실패와 결핍을 성장을 위한 발판으로 인정하고 조직 차원의 학습과 개선의 기회로 인식한다는 면에서 차이가 있다.

성장중심 문화를 위하여 경영진들은 실패와 결핍이 발생하였을 때 구성원들이 불이익을 당하지 않는다는 심리적인 안정감을 갖도록 해야 한다. 실패와 결핍 경험이 성장을 위한 또 다른 학습 요인이라는 것을 일깨워줘야 한다. 실패와 결핍의 원인이 구성원에게 있는 것이 아니라 조직을 이끄는 경영진에게 있다는 겸허함과 책임감을 보여줄 때 성장문화가 유지될 수 있다.

이태원 클라쓰 비즈니스 전략

2020년은 새해의 부푼 희망이 시작되기도 전에 사회적, 경제적으로 충격과 혼란에 휩싸였다. 수시로 울려대는 코로나19 감염 확진자 메시지 때문에 한없는 우울에서 그나마 조금이라도 관심을 환기할 수 있던 드라마가 바로 〈이태원 클라쓰〉였다.

이태원 클라쓰 포스터

〈이태원 클라쓰〉는 밤 11시에 시작하여 12시 20분에 끝나는 드라마였음에도 오랜만에 두 눈 똑바로 뜨고 감명 깊게 시청하였다. 드라마에 출연한 배우들의 연기도 연기지만, 내용 구성에서 다양한 비즈니스 전략과 리더십 요소를 찾아볼 수 있었기 때문이다.

드라마의 내용은 철천지원수가 된 장가(長家) 집안에 박새로이라는 젊은이가 그의 동료들과 함께 포장마차 사업을 하면서 복수하는 그렇고 그런 해피 엔딩 드라마였다. 그렇지만 이 드라마가 무엇보다 재미있었던 것은 각종 경영적인 비즈니스 요인들이 드라마 전반에 걸쳐 다뤄졌다는 점이다. 여러 가지 경영 요인 중에서 박새로이라는 젊은 사업가가 단밤 포차를 성공시켜 IC그룹이라는 대형 프랜차이즈로 성공하게 된 요인을 분석해 보면 다음과 같다.

| 탁월한 전략과 마케팅 |

아무리 잘되는 기업이라 하더라도 탁월한 전략과 마케팅이 없으면 한계를 맞이할 수밖에 없다. 그런 의미에서 전략과 마케팅은 기업의 성패에 매우 중요한 영향을 미친다. 〈이태원 클라쓰〉 단밤 포차의 전략과 마케팅은 크게 5가지로 볼 수 있다.

첫째, 사업을 할 때 불모지에서 시작할 수도 있지만, 아는 곳, 익숙한 곳, 그리고 내가 가장 잘할 수 있는 것에 집중했다. 단밤 포차는 이태원이라는 장소와 포장마차라는 아이템을 적용하였기 때문에 성공할 수 있는 요건이 되었다.

둘째, 트렌드를 확실히 읽는 안목이 있었다. 요식업은 불과 10년 전만 하더라도 대형 룸을 완비하고 얼마나 많이 단체손님을 유치하느냐가 성공 요인으로 작용하였다. 그러나 최근 트렌드는 단체가 모여 '파이팅!'이나 '위하여!'를 외치는 회식 문화가 아니라 친한 소집단이나 혼족들이 편하게 맛집을 찾는 추세이다. 박새로이와 단밤 포차는 이와 같은 트렌드를 찾아 제대로 된 콘셉트로 포장마차에 집중하였다.

셋째, 타깃 고객을 명확히 하고 그에 맞는 마케팅 전략을 구사하였다. 단밤 포차 초기의 홍보 방법은 전통 방법 그대로 '전단지 배포'라는 구식 광고였다. 그러나 조이서라는 천재 인플루언서가 팀에 합류하면서 SNS를 마케팅 방법으로 선택하였다. 또한 이태원이라는 특수한 지역 특성을 고려하여 토니라는 혼혈 서빙 요원을 트렌디하게 채용한 것도 중요한 포인트이다.

넷째, 비즈니스가 어느 정도 정착 단계에 도달했을 때 멈추지 않고 더 극적인 퀀텀점프를 위한 도전을 하였다. 단밤 포차는 그냥저냥 동네에서 잘되는 포장마차 정도로 끝나는 것이 아니라 전국을 넘어 해외까지 진출하기 위한 비전 달성을 위해 최강 포차에 도전한다. 최강 포차가 되기까지 여러 가지 방해 공작과 우여곡절이 있었지만 최강 포차 타이틀을 획득하고 프랜차이즈 사업 투자까지 유치하는 반등을 이루게 된다.

다섯째, 동반성장을 추구함으로써 비즈니스 성장의 기반을 넓게 가져갔다. 입지가 좋지 않은 뒷골목을 살리기 위한 노력을 통하여 자기 자신의 성장은 물론 주변 상권을 같이 살리는 동반성장을 도모하였다. 프랜차이즈의 동반성장을 위하여 충실한 재료 납품과 교육 및 노하우를 전수하는데 게을리하지 않았다.

| 원천기술 |

아무리 좋은 전략과 마케팅 기술을 사용한다고 해도 비즈니스의 중요한 성공 요인은 '원천기술'이다. 단밤 포차의 원천기술이라면 맛으로 승부할 수 있는 대표 메뉴가 필요하다. 약간 불친절해도 맛이 있다면 욕쟁이 할머니도 성공하는 것이 요식업 아니던가? 경쟁 상대인 장가(長家)의 성장도 맛 때문이고, 장가의 끝없는 자부심과 자신감도 맛 때문이다. 요식업에서의 고객은 더 맛이 있는 곳이라면 언제든지 배신할 마음을 먹고 있기 때문에 요식업에서 원천기술인 맛은 그만큼 중요하다.

그렇기 때문에 장가의 장대희 회장도 새롭게 치고 올라오는 눈엣가시 같은 단밤 포차에 방문하여 첫 번째 한 일이 음식 맛을 보는 것이었다. 단밤에서 장대희 회장에게 내놓은 첫 번째 음식은 순두부찌개와 숙주나물이었다. 그러나 그것은 실제 원천기술이라 볼 수 없다. 그래서 장대희 회장도 큰 경쟁심을 못 느낀 것이다. 두 번째 대표 음식이라 할 수 있는 것은 최강 포차라는 프로그램 진행을 위해 우연치 않게 개발한 '홍합탕'이다. 그렇지만 그 역시 원천기술이라고는 할 수 없다. 드라마 중간에 공개되는 단밤 포차의 실질적인 원천기술은 장가와 겹치는 원천기술, 즉 박새로이 아버지가 개발한 소스가 원천기술이다. 드라마에서 구체적으로 나타나지는 않았지만 단밤 포차의 실질적인 원천기술은 문어순두부찌개이고, 이 음식에 들어가는 소스는 과거 장가의 조리장이었던 박새로이 아버지가 개발한 소스였으며, 그것이 원천기술이었다.

음식 비법이나 레시피는 특허를 내주지 않는다. 예를 들어 김치찌개에 대한 특허를 낸다고 할 때 다른 사람이 아주 조금만 양을 조절하거나 원재료의 산지를 달리해도 유사한 맛을 낼 수 있다. 그렇다고 그 특허를 침해했다고 처벌할 수도 없다. 더구나 일정 음식을 어느 한 사람에게만 특허를 주어 다른 사람은 그 사업을 하지 못하도록 하는 것도 원조 논란이 있기 때문에 음식업에 특허제도를 적용하기 어렵다. 그래서 그냥 시장 원리에 맡겨 두는 것이 음식이다. 이런 이유 때문에 음식 비법은 죽기 전까지 자식도 모르고 며느리도 모르게 비법을 유지할 수밖에 없는 것이다.

장가 입장에서 원천기술의 비법이 간직될 수 있었던 것은 개발자인 박새로이의 아버지가 교통사고로 죽었기 때문에 가능하였다. 그런데도 이 원천기술이 유출될 수밖에 없었던 것은 아버지가 만들어준 집밥을 통해 자연스럽게 그 맛을 체득한 단밤 포차의 사장이 박새로이였기 때문이다. 이 드라마에서는 그 맛의 원천기술을 중간에 보여주지 않고 최종회에서 장대희 회장이 박새로이를 찾아와 무릎을 꿇고 거래를 하는 자리에 장대희 회장에게 대접하는 상징적인 음식으로 등장한다. "아시겠습니까? 이제 이것은 더 이상 장가의 원천기술이 아닙니다."라는 무언의 독백과 함께…….

| 리더십 |

탁월한 전략과 마케팅 그리고 원천기술이 있다고 하더라도 이를 발휘하고 유지할 수 있는 리더가 없으면 비즈니스는 제대로 이루어질 수 없다. 그래서 리더십은 가장 중요한 비즈니스 성공의 요체이다.

〈이태원 클라쓰〉에서 장가 장대희 회장의 리더십과 단밤 포차 박새로이의 리더십은 극명하게 대조적으로 나타난다. 두 사람의 리더십을 비교하면, 장대희 회장은 고전적인 카리스마적 리더십이다. 반면에 박새로이는 복합적 리더십이다. 카리스마도 있고, 혁신을 통한 리더십을 발휘하는 변혁적 리더십과 줄 것은 주고 받을 것은 받으며 동기를 부여하는 거래적 리더십 등 다양한 리더십을 한꺼번에 보여준다.

오늘날과 같이 복잡 다변적인 환경에서 하나의 리더십을 고수하기보다는 복합적인 리더십이 필요할지도 모른다. 그래서 여기서는 장가 장대희 회장의 리더십보다는 박새로이의 리더십에 중점을 두고 살펴본다.

단밤 포차 박새로이가 보여준 리더십은 다음과 같은 특징을 갖는다.

❶ 강인한 의지와 추진력이다.

박새로이는 가진 자의 비열한 음모로 중퇴 학력과 전과자라는 낙인이 찍힌 사람이었다. 그렇지만 열악한 환경에서도 포기하지 않고 꼭 필요한 일에 집중적인 연구는 물론 필요한 자금 확보를 위한 피나는 노력과 꼭 이루고야 말겠다는 의지가 남달랐다. 또한 장가 장대희 회장의 여러 차례에 걸친 견제와 압박으로 힘든 상황을 맞이하지만, 어떠한 어려움에서도 힘들어하지 않고 "안 된다고, 안 될 거라고 미리 정해놓고 그래서 뭘 하겠어요. 해보고 판단해야지."라며 오히려 더 도전적이 되어 다음 행보를 취하는 불굴의 기업가 정신을 발휘한다. 이와 같은 의지와 추진력에 대하여 동료 및 부하들의 존경심이 어우러져 강한 리더십으로 나타난다.

❷ 사람에 대한 존중과 신뢰이다.

"나는 너희들만 있으면 돼.", "내가 하고자 하는 단밤은 이익 추구가 아니라 제대로 된 요식업을 운영하는 것이고, 그 결과로 나타나는 신뢰가 내가 바라는 것이다.", "나는 내 식구들 건드리는 사람 가만히 안 둔다."

등 사람을 존중하고 신뢰를 중시한다는 것을 여러 번 되풀이하듯 보여주고 실천함으로써 강한 리더십을 발휘한다.

❸ 확실한 비전과 빅 픽처를 보여주고 공유한다.

박새로이는 장가를 무너뜨리고 국내 최고가 되겠다는 확고한 비전뿐만 아니라 해외까지도 진출하는 큰 그림을 가지고 있었다. 또 그것을 동료들과 공유하는 리더십을 보여준다. 그렇기 때문에 흔들리지 않는 동료들의 신뢰와 그에 걸맞은 방향 설정 및 투자를 할 수 있었다. 이와 같은 비전과 목표는 경쟁자인 장가 장대희 회장도 "목표가 확고한 사람의 성장은 무서운 법이야."라고 할 만큼 리더십의 중요한 요소이다.

❹ 강한 책임감으로 솔선수범한다.

"내가 사장이니까 내가 책임진다. 걱정하지 마. 이건 내가 정한 거야."라는 책임감으로 구성원 모두가 그를 따르고 신뢰할 수 있도록 만들었다. 일부 잘못된 판단으로 기업이 어려워져 죄책감을 느끼는 동료에게 그것은 내가 정한 것이고, 나는 너희를 믿기 때문에 그리고 우리는 같이 가는 것이기 때문에 나는 어떤 어려움도 함께할 수 있다고 말하는 박새로이에게 동료들은 충성을 맹세하고 신뢰한다.

너무 큰 꿈 때문에 무모하다고 느낄 수 있는 동료들에게 "내가 하고자 하는 방향에 반대하면 나가도 좋다. 나는 할 것이다. 너는 반대하면 안 해도 된다. 그렇지만 나는 내가 정한 목표대로 그리고 내가 해야 하는 일을 위해서 이렇게 선택하고 행동할 것이다."라는 강한 신념과 책임감을 보여주고 자신이 직접 솔선수범함으로써 강한 리더십을 발휘한다.

❺ 지속적인 동기부여를 한다.

단밤 포차의 주방장이면서 최강 포차 전국 우승을 일구어낸 마현이도 초기에는 음식을 잘 만들지 못했다. 주방장이 음식을 잘 못하면 당연히 나가야 하지만 박새로이는 주방장을 내쫓은 것이 아니라 두 배의 급여를 주면서 "나는 너를 믿는다. 더 노력해. 할 수 있지?"라는 신뢰와 동기부여를 통해 최강 포차 우승이라는 결과를 만들어 낸다.

외모는 외국인인데 혼혈로 한국에서 살았던 토니에게 "너도 영어를 할 수 있다. 영어 공부해봐."라는 용기를 줌으로써 드라마 종반에는 유창한 영어로 서빙을 하는 장면을 연출한다.

❻ 철저한 권한 위임을 실천한다.

철천지원수인 장가의 장대희 회장은 '장대희=장가'라는 등식이 성립하도록 철저하게 자기 중심으로 회사를 운영한다. 심지어 자식을 버리는 한이 있더라도 장가를 지키고자 하는 1인 리더십을 보여준다. 그렇지만 박새로이는 함께 고생했던 동료이자 창립 멤버들에게 각자에게 맞는 권한을 위임한다. 특히 조이서에게는 초창기 단밤 포차의 매니저, IC그룹으로 성장한 이후에는 전무의 역할을 부여하는 등 철저하게 권한을 위임하는 리더십을 발휘한다.

❼ 초심(初心)을 유지한다.

장가 장대희 회장이 처음 포차 사업을 시작한 이유는 '우리 가족들이 눈치 보지 않고 배고프지 않게 먹고살 수 있도록 하기 위해서'였다. 그렇지만 사업 규모가 커지고 국내 굴지의 포차 사업체로 성장하자 기업을 하는 목적은 이익 때문이라며 철저한 약육강식의 전략을 추구하고 견제 세력이 들어오면 응징하는 형태로 기업을 운영한다. 그런 이유로 비즈니스로 연결된 사람들은 장 회장이 위기에 처하자 모두 등을 돌리는 위기를 맞는다. 반면 박새로이는 장가를 무너뜨리고 원수를 갚고자 하는 강한 목표의식 때문에 잘못된 방식으로 기업을 운영할 수도 있었지만, 이익보다는 사람을 우선하고 신뢰받는 기업이 되겠다는 목표를 세우고 이를 실천함으로써 리더십이 유지되고 성공할 수 있었다.

여의주는 신비한 보물인데 왜 가치가 없을까?

아무도 모르는 지하 500미터 어느 곳에 깊숙하게 세계 최고의 보석을 숨겨 놓고 있다면 이 보석은 가치가 있는가? 존재론적으로는 어딘가에 있으니 가치를 인정할 수 있을지 모르나 효용론적으로는 아무 쓸모 없는 보석이다. 이 보석의 한계는 일단 아무도 모른다는 것이다. 그런데도 세계 최고의 보석이라고 인정할 수 있는가? 가치를 인정받기 위해서는 보여야 한다.

| 아무리 명품이라도 보여야 한다 |

최근 백화점 명품관 매장에서 벗어난 명품들이 한정판 전시회로 밀레니얼 세대를 유혹하기 위해 지하 1층 팝업 매장에 등장하였다. 지금까지 최고급 명품들의 배치와 진열 관행은 고급 백화점의 2층이나 3층 좋은 자리이면서 사람들의 북적거림이 별로 없는 한적한 공간에 자리하였다.

불과 10년 전후만 해도 일반인들은 최고급 명품관을 지날 때마다 눈요기 정도로만 가능했을 뿐 부유한 차림의 귀부인이나 유명 연예인들만 이용할 수 있는 특별한 장소라는 인식을 가지고 있었다. 명품관을 돌아보거나 지나칠 경우 쳐다보는 사람이나 팔려는 사람이나 서로 큰 관심을 두지 않았다. 행여 한번 촉감이라도 느껴보려고 손으로 만지면 따가운 눈총은 물론이요, '손으로 만지지 말고 눈으로만 보라'는 엄중한 경고가 쓰여 있는 곳이 명품관이었다. 그런데 그런 명품들이 지하철역과 연결돼 유동인구가 많은 지역, 롯데리아와 크리스피 크림 도넛까지 인접한 캐주얼 공간에 등장한 것이다. 도대체 왜 이런 현상이 나타났을까?

여러 가지 이유가 있겠지만, 가장 큰 두 가지 이유는 다음과 같다.

첫째, 명품이 더 이상 일부 최상위 계층의 전유물이 아니라는 점이다.

1인당 소유 수량으로 본다면 상류계층의 사람들이 더 많이 명품을 소유하고 있겠지만 이제 일반인들도 누구나 하나쯤은 명품을 가지고 있다. 일 년에 한두 번씩은 상류사회 사람들 못지않은 수준으로 외식을 즐기고 휴가도 즐기는 시대가 되었다. 당신이라면 까다롭고 비위 맞추기 힘든 극소수의 상류계층에 관심을 두겠는가? 아니면 한두 번이지만 까다롭지 않고 더 많은 가능성이 있는 대중들에게 관심을 두겠는가?

둘째, '가치'는 눈으로 직접 볼 수 있을 때 높아진다는 것이다.

아무리 좋은 명품이라도 대중은 모르고 극소수의 사람만 알고 있다면 아무도 모르는 지하 500미터 어느 곳에 깊숙하게 숨겨 놓은 세계 최고의 보석과 다를 바 없지 않은가? "나 명품 입었어.", "이거 명품 백이야."라고 아무리 티를 내고 싶어도 알아보는 사람이 없다면 무슨 소용이 있겠는가?

그래서 명품관이 지하철역과 햄버거 가게 및 음식점이 있는 곳까지 진출한 것이다. 그러므로 그들의 의도는 일반 대중에게 명품을 팔고자 하는 의도는 지극히 낮다. 어찌 보면 대중들에게 인식시키고자 하는 목적이 더 크다.

일반인들에게 명품을 보여주고 알려주고 언젠가 어디선가 이것을 봤을 때 '명품이구나'라는 안목을 만듦으로써 그 명품의 가치를 높이고 다행히 누군가 하나 큰맘 먹고 사주면 더 좋고라는 의도에서 지하까지 명품관이 진출한 것이다. 이러한 현상이 나타난 것은 파레토 법칙(Pareto Principle)[1]이 디지털 시대를 통하여 롱테일 법칙(Long Tail Theory)[2]으로 바뀐 영향이 반영된 것이다. 아무리 가치 있는 것이라 하더라도 알아보는 사람이 없으면 가치는 상승하지 않는다는 것을 알아챈 마케팅적 의도라고 할 수 있다.

| 가치 있는 일은 모두에게 알려야 한다 |

'여의주는 신비한 보물이지만 가치가 없다.' 만일 여의주를 실제로 가지고 있다면 상상할 수 없는 가치를 부여할 수 있을 것이다. 그러나 용이

1 파레토 법칙(Pareto Principle) 또는 80대 20법칙(80-20 Rule)은 '전체 결과의 80%가 전체 원인의 20%에서 일어나는 현상'을 가리킨다. 예를 들어, 20%의 고객이 백화점 전체 매출의 80%에 해당하는 만큼 쇼핑하는 현상을 설명할 때 이 용어를 사용한다. 2대 8 법칙이라고도 한다. 이 용어를 경영학에 처음으로 사용한 사람은 조셉 M. 즈란이다. '이탈리아 인구의 20%가 이탈리아 전체 부의 80%를 가지고 있다'라고 주장한 이탈리아의 경제학자 빌프레도 파레토의 이름에서 따왔다.

2 롱테일 법칙(Long Tail Theory)은 결과물의 80%는 조직의 20%에 의하여 생성된다는 파레토의 법칙에 배치하는 것으로 '사소한 다수'가 20%의 '핵심 소수'보다 뛰어난 가치를 창출한다는 이론이다.

품고 있는 신비의 영물이라는 여의주는 실제로 존재하지 않는 것이다. 용도 상상 속의 동물인데 용이 품고 있는 구슬이니 얼마나 허무한 개념인가? 그럼에도 불구하고 여의주는 여러 예술가의 상상화를 통하여 어느 정도 눈에 그려질 만큼 묘사되어 왔다. 원래 여의주는 영묘한 구슬로서 이것에 빌면 만사가 뜻대로 된다고 하는 믿음까지 생겼고, 여의주는 용의 턱 아래에 있는 구슬로서 사람이 얻으면 갖은 조화를 부린다고 전해지는 상상 속의 구슬이다. 그러나 여의주는 실제 거래 가격이 형성되어 있지 않고 어느 정도의 가치가 있는지 정해져 있지 않으니 실제로는 가치가 없는 것이다.

보이는 것이 가치 있다는 주장은 내면적인 가치, 무형의 가치를 무시하는 것이라는 소리를 들을 수도 있다. 그러나 내면에만 있고 발휘되지 않으면 가치가 있다고 말할 수 있는가? 내면의 가치 또는 무형의 가치가 동기화되고 실행되어 결과적으로 무엇인가로 나타났을 때 비로소 그 가치가 드러나게 된다. 즉, 가치란 눈에 보이거나 확인할 수 있을 때 가치를 인정할 수 있다. 흔하지 않되(희소성의 법칙), 좋은 의도여야 하고(가치 있는 일), 누구나 쉽게 모방할 수 있는 것이 아닌 고유한 것이 가치다. 그리고 그것을 많은 사람이 알아야 하고(인지도), 직접 볼 수 있어야(가시성) 그 가치는 더 크게 인정받을 수 있다.

조직에서도 마찬가지이다. 그 조직이 가지고 있는(또는 행하고 있는) 특별한 그 무엇(가치)이 누구나 할 수 있는 것은 아니고, 그들만이 할 수 있는 고유한 것이거나 특별한 것일 때 가치 있는 일이다. 그러나 그것을 자신들만 알고 있거나 내부적으로 좋다고 할 경우에는 그것이 가치 있다고 말할 수 없다. 가치 있는 것은 보여야 한다. 알려야 한다. 그들이 하고 있는 특별하고 고유한 일을 많은 사람에게 알리고 볼 수 있게 해야 한다. 스티브 잡스의 말처럼 대부분의 사람은 그들이 무엇을 원하고 있는지 모른다. 내가 또는 우리 조직이 그것을 보여줄 때 고객은 또는 대중은 '아~ 내가 필요한 것이 이것이었지', '아, 내가 필요한 것을 저 조직이 해주는 거였어'라는 인식과 함께 그 조직의 가치도 상승하게 된다.

다만, 이와 같은 드러냄은 명품들을 세상에 드러내 그 가치를 높이고자 하는 드러냄이 아니라 진정성 있고 좋은 의도로 진행된 가치마저도 밖으로 드러내고 알림으로써 그 가치를 드높일 수 있다는 의미이다. 이렇게 드러낸다고 '오른손이 한 일을 왼손이 모르게 하라(마태오 6, 1-4)'고 하신 하느님의 겸손을 어기는 것일까? 아니다. 겸손을 해치는 것은 없는 것을(또는 행하지 않은 것을) 있는 것처럼 하는 것이다. 조금밖에 없는 것을(또는 행하지 않은 것을) 많이 있는 것처럼 과장하는 것이다. 제대로 행하고 그것을 드러내는 것은 겸손에 역행하는 것이 아니다. 더구나 그것이 좋은 일이라면 행한 사실을 적극적으로 드러냄으로써 타인에게까지 선한 의도를 전파하고 그들도 그 일을 행하도록 할 수 있으니 더욱 가치 있는 일이 될 수 있다.

가치 있는 브랜드의 4가지 비밀

어떻게 가치 있는 최상위 브랜드를 만들 수 있는가? 조직은 물론 개인도 무엇인가 가치 있는 유형·무형의 상품을 만들고, 이것을 이용하는 고객들로부터 만족을 얻기를 원한다. 고객들이 지속해서 애용하고 충성심을 보임으로써 개인 또는 조직을 하나의 가치 있는 브랜드로 만들고 싶어 한다. 그러므로 가치 있는 브랜드가 되기 위해서는 소비자인 고객의 선택과 지속적인 이용이 필요하다. 이를 위해서는 소비자의 머릿속에 개인이나 조직 또는 그들이 창출한 상품(제품이나 서비스)이 떠올라야 하는 것이 전제조건이다.

잭 트라우트와 알 리스(Jack Trout & Al Ries)는 《마케팅 불변의 법칙》에서 "마케팅은 제품·서비스의 싸움이 아니라 인식의 싸움이다."라고 하였다. 홍성태와 조수용 역시 《나음보다 다름》에서 무엇을 어떻게 차별화할 것인지를 강조하며, 브랜드는 인식의 싸움임을 강조하였다. 마케팅 세상에는 소비자나 소비자의 기억 속에 자리 잡는 그 무엇(상품)에 대한 '인식'만 존재할 뿐이다. 그 외 다른 모든 것은 환상에 불과하다.

그렇다면 어떻게 브랜드를 인식시킬 것인가? 어떻게 수많은 상품(제품·서비스) 중에서 나를 또는 우리를, 우리 상품을 인식시킬 것인가?

POD(Point of Different)는 그런 면에서 매우 중요하며, 다음과 같은 4가지가 전제되어야 한다. ① 최초로 인식되는 일(the first) ② 유일한 가치를 갖는 일(only one) ③ 최고 수준을 갖추는 일(the best) ④ 정직하게 하는 일(authenticity)이 그것이다.

| 최초가 되어라(The First) |

'최초'가 되는 것은 이미 인식의 절반의 성공을 이루고 가는 것이다. 소비자들은 인식 과정에서 자기 마음속에 제일 먼저 들어온 최초의 상품을 가장 우월하다고 인식한다. 왜냐하면 마케팅은 제품이 아니라 인식의 싸움이기 때문이다. 소비자들은 '더 좋은 것'보다 '새로운 것 또는 다른 것'에 관심을 갖는다.

최근 SNS의 발전으로 밀레니얼 세대와 Z세대들은 초 개인화 성향을 갖고 있기 때문에 불편하고 때로는 이용하기 어렵더라도 무엇인가 독특하고 다른 것을 선호하는 경향이 있다.[1] 그러므로 남들보다 먼저 시작했다는 인식을 심어야 한다. 세계 최초이면 더욱 좋고, 세계 최초가 아니라면 국내 또는 지역 최초나 동종업계 최초가 되더라도 '최초'가 되는 것은 그 어느 것보다 매력적인 가치를 만드는 요인임에 틀림없다.

---

1 김난도·전미영·최지혜 외, 《트렌드 코리아》, 미래의창, 2020

최근 병원 업계에서도 다양한 '최초'의 사례가 등장한다. 가톨릭대학교 은평성모병원에서는 전공의를 대신하는 세계 최초의 회진 로봇[2] 개발에 이어 세계 최초의 인공지능 음성 간호기록[3]을 구축하고 이를 시연함으로써 은평성모병원을 가치 있는 브랜드로 만들고자 노력하고 있다. 이와 같은 사례가 '최초'를 추구하는 좋은 사례이다.

| 유일함을 유지하라(Only One) |

'유일함'을 유지하기 위해서는 본질에 충실해야 한다.

노자는 《도덕경》에서 3가지 보물, 즉 자애와 검소와 겸양을 설파하였다.[4] 특히 겸양은 '자신을 뒤로하여 앞선다'는 역설적 의미를 담고 있지만 이는 경쟁하지 않아도 될 수준으로 높아지거나 유일함을 유지한다면 경쟁하지 않아도 앞설 수 있음을 시사한다. '유일함'을 유지하기 위해서 도덕경에서 말하는 것처럼 '덜어내고 또 덜어내면 무위(無爲)[5]에 이르고, 무위에 이르면 이루지 못할 것이 없다. 세상을 취함은 언제나 무위로 하나니 유위(有爲)로 일하면 천하를 취하기에 부족하다.'[6]

덜어내고 또 덜어내면 결국 본질에 도달하게 되고 본질은 그 개인이나 조직 및 상품의 존재 이유가 된다. 그 존재 이유에 충실하게 되면 경쟁이

---

2 동아일보, 로봇과 의료진이 함께 회진… 첨단 기술 집약된 '스마트병원', 2019. 9. 27일자

3 인공지능신문, 은평성모병원, AI 음성 간호의무기록 구축, 2019. 11. 12일자

4 노자, 《도덕경》 66~67장

5 무위(無爲, action without intention)는 일체의 부자연스러운 행위, 인위적 행위가 없음을 의미한다.

6 《도덕경》 48장

나 경쟁 상대가 필요 없이 스스로 앞설 수 있다.

홍성태, 조수용은 《나음보다 다름》에서 현대적인 의미에서의 유일함을 유지하기 위해서는 독특한 디자인을 심어야 하고 특정 분야에서 전문업체라는 인식을 심는 것이 필요하다고 하였다. 또한 소비자를 생산과정에 동참시킴으로써 내가 손수 만든 것, 나만의 것에 더 애착을 갖도록 한다면 그 또한 세상에 유일하게 존재하는 것이므로 더 높은 가치를 느끼게 할 수 있다. 이케아 가구는 이와 같은 원리를 이용하여 가구 선택과 제작에 소비자를 동참시켜 브랜드 가치를 높이는 전략을 사용하고 있다.

| 최고가 되어라(The Best) |

'최고'라는 것은 '최초'와 더불어 가장 매력적으로 소비자에게 인식될 수 있는 요건이다. 최고가 되기 위해서는 어떤 분야에서든 1위라는 인식을 심어야 한다.

의료계에서 전 세계적으로 환자들이 선택한 최고의 병원은 메이요 클리닉(Mayo Clinic)이다. 암 진료 분야에서 세계적인 명성을 유지하고 있는 것의 영향으로 병원 전체가 항상 최고로 인식되는 후광효과(halo effect)[7]를 누리고 있는 것이다. 그런데 2019년과 2020년에 어느 한 분야의 병원 순위 발표에서 메이요 클리닉을 누르고 최고를 차지한 병원이 있다. 바로 클리블랜드 클리닉이다. 미국 내 심장병원 분야 TOP10에서

---

7 후광효과(halo effect)는 한 대상의 두드러진 특성이 그 대상의 다른 세부 특성을 평가하는 데에도 영향을 미치는 현상이다.

2019년 미국 최고 심장병원 순위(메디컬 옵서버, 2019. 8. 5.)

순위	병원	점수		위치
1	클리블랜드 클리닉	100	Cleveland Clinic	클리블랜드(오하이오 주)
2	메이요 클리닉	91.9	Mayo Clinic	로체스터(미네소타 주)
3	시더스-사이나이 메디컬 센터	82.4	Cedars-Sinai Medical Center	로스앤젤레스(캘리포니아 주)
4	뉴욕-프레스비테리언 병원-콜럼비아 및 코넬	79.7	New York-Presbyterian Hospital-Columbia and Cornell	뉴욕(뉴욕 주)
5	미국 하버드의과대 매사추세츠병원	77.9	Massachusetts General Hospital	보스터(매사추세츠 주)
6	마운트 시나이 병원	75.5	Mount Sinai Hospital	뉴욕(뉴욕 주)
7	노스웨스턴 메모리얼 병원	70	Northwestern Memorial Hospital	시카고(일리노이 주)
8	UCLA 메디컬센터	69.3	UCLA Medical Center	로스앤젤레스(캘리포니아 주)
9	브리검 및 여성병원	69	Brigham and Women's Hospital	보스턴(매사추세츠 주)
10	스탠퍼드 헬스케어-스탠퍼드 병원	68.8	Stanford Health Care-Stanford Hospital	스탠퍼드(캘리포니아 주)

클리블랜드 클리닉이 메이요 클리닉을 누르고 최고를 차지한 것이다.

이와 같은 결과는 순위를 평가할 때마다 항상 메이요 클리닉에게 최고를 내줄 수 없기 때문에 클리블랜드 클리닉에서 시장을 쪼갠 결과이다. 병원 전체 평균 1등은 메이요 클리닉일지 모르지만 심장 분야는 본인들이 1등이라고 어필한 것이다.

어찌 되었든 어느 분야에서든 최고가 되는 것은 매우 중요하다. 왜냐하면 소비자들은 남을 모방하는 심리가 있고 잘나가는 상품에는 그만한 이유가 있다고 생각하기 때문이다. 어느 분야에서도 1등을 하기 어렵다면 직장배 테니스 대회든 탁구 대회든 사소한 것이라도 무엇인가 최고를 경험하도록 하는 것이 좋다. 무엇이든 1등을 한 경험은 그것이 사소한 분야일지라도 브랜드 형성에 영향을 미친다.

최고라는 인식을 심는데 중요한 또 하나의 요인은 '전통과 역사'이다. 소비자들에게 당신의 조직이 전통 있는 조직이며, 오랫동안 사랑받아 온 상품(제품 또는 서비스)이라는 인식을 심어야 한다. 왜냐하면 소비자들은 시간이 주는 가치를 경험적으로 알기 때문이다. 오랜 기간 팔리는 상품(제품 또는 서비스)이라면 그럴 만한 이유가 있다고 생각하는 것이다. 40년 전통의 족발집, 원조, 진짜 원조를 강조하는 이유가 바로 그것이다.

| 정직해야 한다(Authenticity) |

마케팅에서 최초가 되거나, 유일하거나, 최고가 되는 것은 가장 중요한 소비자의 인식을 바꿀 수 있는 요인이다. 그러나 이 세 가지 요인보다 더 중요한 것이 바로 진정성 즉 '정직'이다.

'정직'은 진심을 담아 그들이 행하는 행동이나 그들이 창출한 상품(제품이나 서비스)이 사회적으로 또는 대중에게 가치 있는 것을 제공하기 위해 진정성 있게 실천하고 꾸준하게 유지하는 것이다. '정직'을 실천하고 유지하는 것은 매우 어렵고 힘든 일이다. 그렇지만 진정성이 유지되지 않거나 정직하지 않을 경우에 아무리 크고 역사가 오래된 조직이라 하더라도 그 생존을 보장할 수 없다. 스마트해진 소비자들로부터 그에 상응하는 처벌을 받게 되기 때문이다.

정보화 사회의 도래로 모든 조직의 일거수일투족이 유리알 같이 들여다보이는 세상이다. '정직'은 해도 되고 안 해도 되는 것이 아니라 마땅히 하지 않으면 파멸에 이르는 기본 요인이다.

'정직'은 문화적인 요인과도 관계가 있다. 대한민국 국민이 가장 싫어하고 혐오스러워하는 것 중 하나가 속이는 것이다. 속이는 것은 남자들이 국방의 의무를 어기고 군대를 기피하는 것 못지않은 극혐의 대상이다. 그러므로 소비자의 인식을 차지하는 싸움에서 가장 중요한 요인은 바로 '진정성'이라 할 수 있다.

오늘날 소비자의 머릿속은 각종 기업과 조직에서 퍼붓는 마케팅의 융단 폭격으로 대단히 혼란스럽고 복잡하다. 그러므로 소비자들은 이 복잡함을 탈피하여 매우 간략한 정보와 경험을 가지고 머릿속에 인식의 사다리를 두게 된다. 그러므로 1등 조직이 되기 위해서는 자신이나 자신의 조직 또는 그 조직에서 창출한 상품(제품이나 서비스)을 가치 있게 만들기 위하여 소비자와 같이 생각하고, 그들이 바라는 내용을 최초로 또는 유일하거나 최고로 그리고 진정성 있게 제공하지 않으면 인식의 싸움에서 밀려나게 된다는 것을 명심해야 한다.

일강 칠방미인(一强七方美人)이 생존전략의 핵심이다

팔방미인(八方美人)은 모든 분야에서 뛰어난 사람을 의미한다. 팔(八)은 단순히 8을 뜻하기보다는 백(百), 천(千)과 같이 여러 가지, 모든 분야를 뜻하는 글자이다. 온갖 채소로 만든 요리를 팔보채(八寶菜)라고 하는 것과 같은 말이다. 그런데 팔방미인 소리를 듣고 자란 사람이 나중에 이렇다 할 성공을 이룬 경우는 많지 않다. 모든 분야를 다 잘하는 것보다 자기가 좋아하는 또는 특기가 있는 한 분야를 더 잘하고 그 외의 다른 분야는 어느 정도 구색만 갖추는 일강 칠방미인(一强七方美人)이 성공할 확률이 높다.

최근에 병원의 규모가 점차 커지고 있다. 상급종합병원에 가면 30개가 넘는 임상 분야가 존재한다. 그러나 어떤 병원이라도 모든 임상 분야를 다 잘할 수 없다. 메이요 클리닉이 아무리 세계 최고의 병원이라고 하지만 심장혈관 분야에서는 클리블랜드 클리닉이 더 앞선다. 선택과 집중이 필요하다. '중점 육성 센터'를 정하고 '병원 내 병원'을 만들어 어느 한 분야라도 타의 추종을 불허하도록 하는 것이 필요하다. 모든 분야를 다 잘하겠다고 하는 것은 어느 것 하나도 특별한 것이 없다는 말과 같다.

뷔페식당을 다녀오면 항상 하는 말이 있다. "너무 배부르다."와 "무엇을 먹었는지 모르겠다."이다. 뷔페식당에 가면 많이 먹을 수밖에 없다. 전략적으로 먹는다고 해도 애피타이저 겸 채소 위주로 한번 먹고, 회를 비롯한 차가운 음식 한번 먹고, 따뜻한 단백질 중심의 고기를 먹는다. 디저트로 과일과 떡을 먹고, 아이스크림이나 차로 입가심하는 것이 보통이다. 이렇게 먹어도 4~5번 정도의 왕복을 하게 되는 것이 뷔페식당이다. 뷔페식당에서는 찬 음식, 더운 음식을 섞어 먹고 과식하다 보면 무엇을 먹었는지 기억도 안 나고 심지어 배탈이 나기도 한다.

뷔페식당에서 성공적으로 식사할 수 있는 두 번째 선택 방법은 우선 뷔페식당을 한 바퀴 돌아보고 맛있는 음식을 선택한 후 그 음식을 집중 공략하는 방법이다. 이 전략은 그나마 배탈은 나지 않는다. 그런데 이 경우 뷔페식당에 오는 의미가 없다. 비싼 값을 내고 한 가지 음식을 한 번만 먹는다면 아깝고 부족하다는 생각이 든다. 그래서 이 전략도 매우 성공한 전략이라 하기 어렵다. 그렇기 때문에 진짜 고수는 뷔페식당 대신 전문식당을 찾는다. 김치찌개 하나는 끝내주게 하든지 손만두를 기가 막히게 만드는 식당에 가는 것이 진짜 고수다. 생선회를 먹을 때도 잘 먹는 사람은 절대 모둠 회를 시키지 않는다.

마이클 포터(Michael E. Porter)는 "전략이란 무엇을 할 것인가가 아니라 무엇을 포기할 것인가의 문제다."라고 하였다. '선택과 집중'은 경영적으로는 당연한 귀결인데 실제 이를 적용하는 것은 쉽지 않다.

우리나라 교육제도는 학교 성적에서 10과목 중 대다수는 과락인데 어느 한 과목에서 타의 추종을 불허하는 특출한 성적을 냈을 경우 뛰어난 인재로 평가하지 않는다. 이런 문화에서 성장한 사람들이 직장생활을 하다 보면, 조직 문화를 강요하는 직장에서 또다시 선택과 집중을 할 수 없게 된다. 머리가 좋으면 인간성이 떨어지고, 인간성이 좋으면 머리가 나쁘다고 평가받는다. 다시 모든 면에서 두루뭉술한 뷔페식당 같은 사람이 되어가는 것이다.

그런데 최근의 사회 환경은 매우 빠르게 변화하고 있다. 끊임없이 창의성을 요구받으며 달라야 살아남을 수 있다고 강조되는 사회다. 이렇게 상반된 문화의 영향으로 직장인들은 "달라야 산다. 그러나 다르면 안 된다."는 딜레마에 빠지게 된다. 과도기 시대를 살아가는 사람들의 어쩔 수 없는 고통이다.

다행히 최근에는 빠르게 변하는 환경 속에서 독특한 문화를 가진 신세대가 나타나고 있다. 이들은 기성세대들과 사고방식 자체가 다르다. 뷔페식당을 즐기기보다는 한 시간 넘게 기다리더라도 맛집을 찾아 줄 서기하는 것을 마다하지 않는다. 직장생활에서도 평생직장이나 주인의식보다 자신의 전문성과 성취감을 이룰 수 있는 직장을 선택한다. 맞지 않는다 싶으면 바로 자기에게 맞는 직장을 찾아 떠난다. 이들은 자기를 드러내고 자기가 무엇을 잘하는지를 알리기 위해 노력한다.

이런 변화에서 '모난 돌이 정 맞는다', '가만히 있으면 중간은 간다.' 같은 논리로 이들을 이해하려 하면 안 된다.

변화한 시대에 적응해야 하는 것은 자연의 진리이다. '죽도 밥도 안 된다'가 아니라 죽이나 밥이나 둘 중의 하나를 잘해야 한다. 강한 것은 하나다. 안 되는 것을 평균으로 끌어올리려고 애쓰지 말고, 확실한 하나를 남이 넘볼 수 없게 만드는 '일강 칠방미인'이 생존전략의 핵심이다.

한국 의료,
최상위를 지향하라

보건복지부에서는 매년 경제협력개발기구(OECD) 회원국들 간의 보건 지표들을 비교하여 발표한다. 2019년도 OECD 보건 통계에 따르면, 한국의 인구 대비 병상 수와 장비들은 OECD 회원국 중 최고 수준이다. 그런데 정작 병원에 가면 진료받기도 힘들고, 입원하기도 힘들며, 짧은 진료시간에 허무하기까지 하다. 왜 그럴까?

| 한국 의료자원은 무엇이 많고 무엇이 적은가? |

우리나라의 전체 병상 수는 인구 규모에 비교했을 때 세계 최고 수준이다. 보건복지부의 'OECD 보건 통계 2019'에 따르면 2017년 기준으로 한국 병원의 전체 병상 수는 인구 1,000명당 12.3개로서 일본(13.1개)에 이어 OECD 회원국 중 두 번째로 많다. OECD 회원국들의 인구 1,000명당 평균 병상 수(4.7개)의 2.6배나 많다.

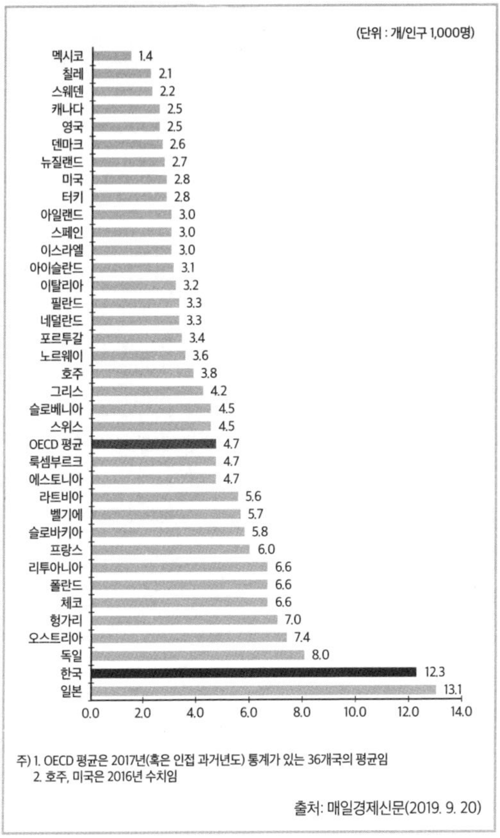

OECD 회원국의 인구 1,000명당 병상 수

그뿐만 아니라 우리나라는 MRI와 CT 같은 고가 의료장비도 OECD 평균을 훨씬 상회하여 일본이나 미국 등 일부 국가를 제외하고는 최상위 그룹에 해당한다. 한국 의료는 병상 수와 고가 장비를 포함한 물적 자원 부문은 OECD 국가 중 최상위권에 해당하는 것이다. 그러나 우리나라 임상 의사 수는 2017년 기준으로 인구 1,000명당 2.3명 수준이며, 이는 OECD 회원국 중 가장 적은 숫자이다. OECD 회원국의 평균은 인구 1,000명당 3.4명이다. 우리나라의 간호 인력은 인구 1,000명당 6.9명으로 OECD 회원국 평균(9.0명)보다 2.1명이 적은 편이다.

임상의사 수(2017)

(단위: 명/인구 천 명)

	독일	프랑스	일본	한국	미국	멕시코	OECD 평균
임상의사 수	4.3	3.2	2.4	2.3	2.6	2.4	3.4

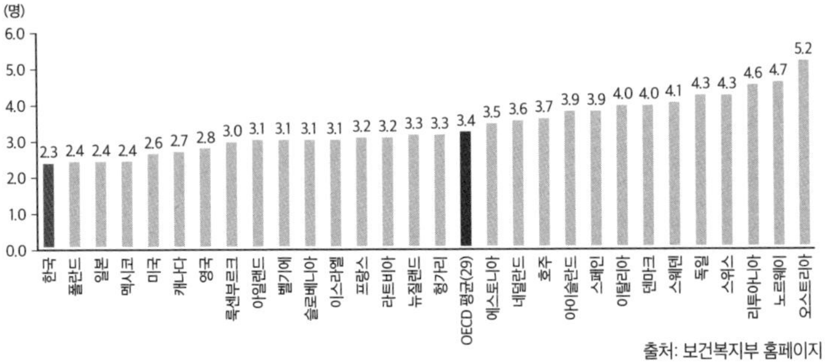

출처: 보건복지부 홈페이지

OECD 회원국의 임상의사 수

그런데 우리나라 국민들은 OECD 회원국과 비교했을 때 상대적으로 병원에 자주 가는 편이다. 우리나라 국민 1인당 의사에게 외래 진료를

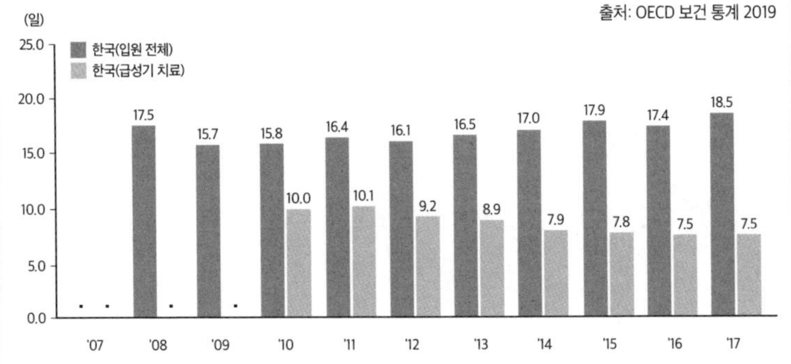

우리나라 국민의 연간 의료기관 이용 횟수

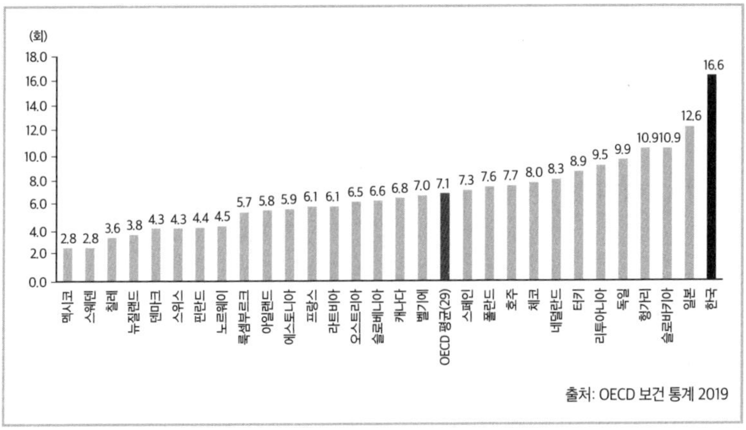

한국의 평균 재원일수

받은 횟수는 2017년 기준으로 연간 16.6회이다. OECD 국가 중 가장 많았고, 이는 OECD 회원국들의 평균(7.1회)보다 2.3배 높은 수준이다.

우리나라의 2017년 전체 입원 환자의 1인당 평균 재원일수는 18.5일로 OECD 국가 중에서 일본(28.2일) 다음으로 길었다. OECD 국가들의 평균 재원일수는 8.2일이다. 우리나라의 급성기 치료 평균 재원일수 역시 7.5일로 OECD 평균(6.4일)을 상회한다.

이를 보면 우리나라 보건의료 자원 및 이용 형태는 여러 가지 측면에서 불균형적이다. 하드웨어적인 측면에서는 OECD 회원국 중 최고 수준을 기록할 만큼 충분하지만, 인력 분야는 최하위 수준이다. 국민들은 상대적으로 OECD 회원국보다 병원에는 자주 가는 편이고, 평균 재원일수는 OECD 회원국보다 긴 편이어서 전체적으로 불균형적인 현상을 나타내고 있다.

| 의료자원 불균형은 어떤 문제를 야기하는가? |

❶ 진료시간이다.

의사 인력은 인구 1,000명당 가장 적은 편인데 한국 국민은 OECD 회원국 중 가장 자주 병원을 이용하는 편이므로 진료 시간이 짧을 수밖에 없다. 소위 말하는 3시간 대기 3분 진료 현상이 나타나는 것은 이와 같은 불균형 때문이다.

❷ 고가 검사를 많이 시행한다.

충분한 시간을 가지고 진료해야 할 임상의사 수가 OECD 중 최하위 수준이고, 병원을 이용하는 환자들은 많으니 짧은 진료 시간 동안 할 수 있는 일이 주로 어떤 검사를 할지 지시하는 것이 대부분이다. 또한 짧은 진료 시간으로 의사는 환자로부터 충분한 정보를 얻을 수 없으므로 다양한 검사를 통한 정보를 획득하는 구조이다. 우리나라 건강보험 체계도 검사에 대한 비용을 인정하고 있어 검사를 많이 할수록 수익구조가 좋아지므로 병원에 가면 검사를 많이 시행하는 것은 어찌 보면 당연한 현상이다.

❸ 병원에 오래 머무는 현상이다.

한국은 인구 1,000명당 병상 수가 OECD 회원국 중 가장 많은 편이기 때문에 입원환자 대비 병상 수가 상대적으로 많다. 그러므로 환자가 오랫동안 병상을 차지하고 있어야 노는 병상이 생기지 않게 된다. 물론 이와 같은 현상은 병원만의 잘못은 아니다. 국가 전체적으로 인구가 줄고 맞벌이 부부 및 고령사회를 맞이하여 환자가 집으로 돌아간다 하더라도 보호자가 없기 때문에 병원에 머무르는 시간이 길어지는 것이다. 그렇지만 일부 최상위 병원에서는 최대한 빨리 환자가 퇴원할 수 있어야 다른 신규 환자를 받을 수 있으므로(신규 환자는 여러 가지 검사를 시행해야 하므로 오랫동안 입원해서 이미 모든 검사를 다 받은 환자보다 일 평균 진료비가 높은 장점이 있다.) 재원 일수를 줄이기 위해 부단한 노력을 한다. 그러나 이런 현상은 극히 일부 최상위 계층의 병원에서만 나타날 수 있는 현상이다.

❹ 장기 입원을 부추기는 사회구조이다.

대부분의 환자가 수도권 대형병원으로 몰리면서 지방 중소병원들은 병상이 남아돌게 되고 입원하려는 환자 대비 병상이 많으니 오랫동안 입원해 있더라도 병원 입장에서는 나쁠 것이 없다. 환자 입장에서도 누구나 하나쯤은 가입하고 있는 실손보험으로 입원 일당 충분한 진료비가 보상되므로 누이 좋고 매부 좋은 것이 장기 입원이다. 이 때문에 소위 나이롱 환자들이 장기 입원하면서 전체적인 평균 재원 일수가 늘어나는 것이다.

❺ 의료 쇼핑 현상이다.

우리나라는 3분 진료 때문에 환자들이 충분한 설명이나 질환에 대한 정보를 충분히 파악할 수 없다. 따라서 진료 결과에 대한 확신을 못 하게 된다. 그러므로 의사의 진료 수준이나 지식보다도 어느 병원에 더 좋은 장비가 있는가에 따라 환자들의 병원 선택이 달라진다. 환자들은 어느 질환이 발견되면 해당 병원에서 진료하기보다는 더 좋은 장비가 있는 병원으로 옮기게 된다. 더구나 사회통신망(SNS)의 발달로 인하여 각종 병원 및 질환과 관련한 정보가 공개되고 공유되는 사회현상 때문에 환자들은 최소한 2~3군데 이상 병원을 방문한 후에 최종적으로 진료할 병원을 결정하게 된다.

❻ 쏠림 현상이다.

우리나라 의료전달체계는 1, 2차 병·의원에 방문하여 진료받은 후 중증질환이면 상급종합병원(3차 병원)에서 진료를 받을 수 있도록 하고 있다. 그러나 2017년 선택진료(특진제도)가 폐지되면서 중증 질환이라는 개념이 모호하다는 한계도 있지만, 추가로 부담하던 선택진료비(특진비)가 없어지자 경증환자라도 상급종합병원에 가면 안 된다는 규정이 없기 때문에 대부분의 환자들이 대형 상급종합병원으로 몰리는 현상이 발생하였다.

또한 정부의 보장성 강화 정책에 따라 비싼 비급여 항목들이 축소되고 건강보험 적용으로 바뀌면서 진료비 본인 부담이 줄어든 환자들은 부담 없이 수도권의 상급종합병원 진료를 이용하게 된 것이다. 더불어 건강보험뿐만 아니라 민간에서 적용하는 개인 실손보험의 지원으로 진료비 부담 없는 환자들의 대형병원 쏠림 현상은 예견된 것이었다.

정부는 이 같은 쏠림 문제를 해결하기 위하여 의료전달체계를 개선하고 서비스 질 평가를 통해 상급종합병원이 경증환자를 많이 진료할 경우 가산금을 낮추는 등 다양한 노력을 하고 있지만 아직까지 대형 병원으로의 환자 쏠림 현상을 막을 수 있는 특별한 묘책은 없는 상태이다.

이 밖에도 우리나라 의료 불균형을 야기하는 요인 중의 하나는 보험수가 체계이다. 우리나라는 행위별 수가제를 기본으로 하면서 일부 질환에 대한 포괄 수가제(묶음수가)를 적용하는 형태이다. 현재 우리나라 보험수가는 의사들의 직접적인 의료행위에 대한 보상보다는 장비에 의한 검사(대부분 비급여)를 더 높게 보상해주는 형태이다. 그렇기 때문에 병원들은 진료행위 개발보다 고가의 외제 신규 장비를 도입하고 그에 따른 신규 검사를 시행함으로써 원가를 뽑으려는 시도를 하게 된다. 그 결과 우리나라는 OECD 회원국 대비 고가의 장비들이 상대적으로 많아졌고, 이를 감당해야 할 환자들의 부담은 자꾸 커져 갈 수밖에 없다. 이에 따라 의대를 졸업하는 젊은 의사들이 직접적인 진료행위를 수행하는 외과 계열의 전공을 기피하는 현상까지 나타났다. 그뿐만 아니라 병원 간 고가장비 경쟁이 치열해서 국산보다는 고가의 외국산 장비들이 많이 도입되었고, 우리나라보다는 외국 의료장비업체의 수익만 올려주는 결과를 낳게 되었다.

그렇다면 이제부터 우리나라는 어떻게 제도·정책적인 혁신을 꾀함으로써 불균형을 탈피하고 OECD 회원국 간의 보건 통계 비교에서 불명예를 벗을 수 있을까?

| 의료자원 불균형을 해소하기 위해서는 어떤 정책이 필요한가? |

우리나라 보건의료가 성장하고 발전하기 위해서는 각 병원의 역할도 중요하지만, 정부의 역할과 정책이 가장 큰 영향을 미친다. 왜냐하면 우리나라의 건강보험체계는 사회보험체계이기 때문이다. 국민이면 누구나 건강보험료를 납부하는 의무를 갖게 되고 정부는 이를 근거로 의료인 수를 통제하고 진료 수가를 통제하며 장비 도입을 허가하는 등 전반적인 관리 행위를 하게 된다. 그러므로 우리나라 의료자원의 불균형 현상이 나타나게 한 것은 많은 부분 정부의 책임이 크다. 따라서 지금부터라도 정부의 보건의료 정책이 앞서 제시했던 문제점들을 해소할 수 있는 방향으로 정교하게 만들어져야 한다. 이를 위한 몇 가지 정책적인 방향을 제안한다면 다음과 같다.

❶ 형평성을 넘어 장기적인 안목과 균형을 추구해야 한다.

모든 의료기관이 동등하게 똑같이 다 잘 살 수는 없다. 장기적인 안목으로 각자의 역할을 달리하는 균형을 추구해야 한다. 또한 인구 1,000명당 의사 인력이 부족하다고 해서 당장 의사 배출을 늘리는 단기정책을 적용하는 것도 곤란하다. 병상 수 증설을 허가하는 것에 대한 철저한 시뮬레이션 검증 후 승인하는 제도로 가야 한다. 왜냐하면 우리나라 인구가 급속하게 감소하고 있기 때문이다. 한국에서 전문의를 배출하려면 의대 6년과 인턴 및 레지던트 기간 그리고 남자들의 경우 군대 복무기간까지 포함할 경우 12~13년을 기다려야 한다. 12~13년 후에는 우리나라

인구가 지금보다도 더 많이 줄어들 것이기 때문이다. 그래서 장기적인 안목과 균형적인 시각이 필요한 것이다.

의사 인력을 당장 늘리기보다는 질환의 구분과 의료전달체계를 명확히 하는 것이 중요하다. 모든 환자에게 동일하게 3분 진료를 허용하기보다는 심각한 질환은 오래 진료하고, 단순한 질환자는 지금처럼 3분 진료하는 방향을 설정하고 유지하는 등 균형을 추구하는 정책이 필요하다.

모든 병원에서 오래 진료할 것이 아니라 심각한 질환을 가진 환자들을 보는 병원을 지정하고, 그 병원에서는 오랫동안 제대로 된 진료를 하게 해야 한다. 그리고 그 병원에 대해서는 그에 맞는 보상을 함으로써 충분히 안심하고 진료할 수 있게 해야 한다. 반면, 가벼운 질환 치료기관에서는 박리다매할 수 있는 구조로 가는 것이 필요하다. 이와 같은 측면에서 봤을 때 여러 가지 우려의 목소리가 있지만 지난 2019년 9월 4일 발표된 의료전달체계 개편 정책이나 2020년 2월부터 적용하는 병상허가제와 같은 정책은 바람직한 정책 방향이라 볼 수 있다.

❷ 디지털 사이언스를 지향하고 선순환 구조를 만들어야 한다.

우리나라에서 의대에 진학하는 것은 상위 0.02%에 해당하는 최고의 수재들에게 가능한 일이다. 최고급 우수자원들이 의대를 졸업한 후 대부분 건강보험 수가에 맞는 질환 코드를 외워서 외국산 복제 약을 사용하거나 외국산 고가 장비를 도입하여 검사하고 진료하도록 하는 비전은 바람직하지 않다. 앞으로 일부 계층(또는 병원)에게 의료행위를 통하여 수집된 다양한 정보(빅데이터)를 활용하여 신의료기술과 외국산을 뛰어넘는 고가 장비를 개발할 수 있도록 지원하고 4차 산업혁명 시대를 선도

하는 역할을 수행하도록 하는 정책이 필요하다.

고가 장비에 의한 검사에 의존하기보다는 행위적 진료를 시행하는 외과계열 의사들에 대한 처우 및 수가 보상체계를 개선함으로써 병원 간의 장비 경쟁보다 진정한 의학적 접근이 이루어지도록 하는 선순환 구조를 만들어야 한다.

❸ 병상의 재구조화를 추진해야 한다.

우리나라는 인구 대비 병상 수가 많다. 지속해서 감소하는 인구를 전망할 때 인구 1,000명당 병상 수는 더 많아질 것이다. 그렇다고 병상을 없앨 수도 없다. 그러므로 정부의 정책 방향은 일부 병상들의 용도를 전환할 수 있는 방법을 모색해야 한다.

현재 우리나라의 의료기관의 구조를 보면 급성기와 요양기로 단순하게 구분된다. 그러나 가까운 일본만 하더라도 급성기와 회복기, 재활기, 요양기 등 다양한 단계로 구분되어 있다. 우리나라도 병상을 더는 늘리지 말고 현재 있는 병원과 병상을 효율적으로 활용하기 위하여 급성기와 아급성기 및 재활기의 환자를 수용할 수 있는 병원과 병상으로 재편하여 활용할 필요가 있다.

또한 코로나19와 같이 예기치 못한 전염병 예방과 치료를 위하여 전염병 감염에 관련된 병상을 확보해야 한다. 그리고 감염 환자 치료를 위한 병상을 평상시 1인용으로 사용할 수 있도록 하고 유사시에는 감염 병동으로 사용할 수 있도록 하는 탄력적인 용도 허용이 가능해야 한다. 이를 통하여 병상이 남아도는 것을 방지할 수 있고 고령사회에 대비하는 효과도 있을 것이다. 부가적인 효과로 재원 일수 관리도 자연스럽게 나타날 수 있으며 지역사회와 연계하는 커뮤니티 케어도 함께 이루어질 수 있다.

❹ 실질적인 권역 구분과 권역 내 완결 구조를 지향해야 한다.

진료 권역을 구분할 경우 권역 내 급성기, 아급성기, 재활기, 요양기 등이 모두 갖추어져야 한다. 이는 규모의 문제가 아니라 인구수에 따른 규모를 산정하여 그에 맞는 의료기관 구조를 편성하도록 하는 것이 중요하다. 권역 내에 제대로 된 진료 기능이 없다면 상대적인 진료 빈곤 현상을 겪게 될 것이므로 적절하고 균형된 편성이 핵심이다. 이와 같은 편성이 이루어졌는데도 권역을 넘어 진료를 받을 경우에는 개인에게 높은 비용을 부과함으로써 권역 내에서 진료가 이루어지도록 하는 것이 필요하다.

다만 예외적으로 모든 질환을 권역 내에서 해결하는 것은 불가한 부분이 있고 실질적인 희귀 난치성 환자들은 환자 수가 절대적으로 적다. 그러므로 이들은 국가 차원에서의 관리 체계 또는 2~3개의 권역을 묶은 거대 광권역에서 전문적으로 치료할 수 있도록 보완 체계를 만든다면 단점을 극복할 수 있다.

❺ 표준화를 지향해야 한다.

우리나라의 의료 관련 정보화 체계는 일부 통일된 정보 코드 이외에 각 병원 단위별 정보화 개발로 인하여 전체적인 표준이 맞지 않는 문제가 있다. 도시 개발로 비유한다면 난(難)개발 상태이다. 이와 같은 난개발 상태를 계획도시 형태로 바꾸어 전국적인 의료 정보를 하나의 통일된 체계로 만들어야 한다. 4차 산업혁명 시대에 대비하기 위한 표준화가 이루어져야 한다. 이를 통해 국가 차원에서 전국적인 환자 정보를 관리할 수 있다. 실시간으로 등록된 환자 중에서 희귀 난치성 환자 또는 권역별 인구 1,000명당 밀집도 등을 전국적으로 관리할 수 있게 된다. 다만, 이를 통제의 수단으로 추구한다면 일선 병원에서 거부할 수 있으므로 미래를 대비한 발전과 균형 차원에서 진행되어야 한다. 환자 진료에 더 효율을 기하는 방향으로 비전을 정하고 이를 추진해야 한다. 그리고 이와 같은 일을 추진하기 위해서는 무엇보다 정부와 일선 의료현장 간의 신뢰가 먼저 구축되어야 한다.

빠르게 변하는 시대, 4차 산업혁명 시대가 이미 우리 생활 속에 녹아들어오고 있다. 이런 상황에서 언제까지 의료자원의 불균형적인 현상을 통계로만 바라볼 수 없다. 이제 정부와 일선 병원 간의 신뢰를 바탕으로 미래를 향하여 올바른 정책을 실시함으로써 한국 의료가 OECD 회원국들의 모범이 되는 시대로 나아가야 한다.

포스트 코로나를 대비하는 의료 전략

코로나19의 확산으로 전 세계 감염관리 체계에 비상이 걸렸다. 이로 인한 여파로 세계 경제가 마이너스 성장을 기록하고 있을 뿐만 아니라 국경 폐쇄와 보호무역주의가 등장했다. 국내 경제도 코로나19의 영향으로 끝을 알 수 없는 마이너스 성장을 기록하고 있다. 그런데 더 큰 문제는 코로나19의 전염이 언제까지 이어질지 모른다는 불안감이다. 따라서 포스트 코로나에 대한 대비를 철저히 하지 않을 경우 큰 위기에 처할 수 있다.

| 코로나19로 인한 세계 경제와 의료기관의 변화 |

코로나19는 4차 산업혁명을 빠르게 앞당기는 변화의 기폭제가 되고 있다.

그동안 세계적 유행병(pandemic)은 문명을 변화시켰다. 14세기(1347~1352) 유럽 흑사병은 이탈리아 르네상스를 일으켰고, 17세기

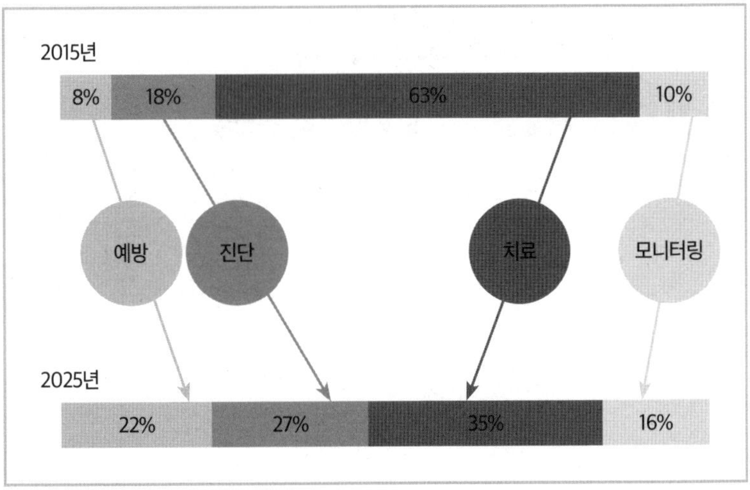

의료 패러다임의 변화, 2020년 중소기업 전략기술 로드맵

(1665~1666) 대역병은 영국의 산업혁명을 일으켰다. 20세기(1917~1918) 스페인 독감은 미국 중심의 물질적 주도권을 만들었다. 지금 21세기 코로나19는 새로운 4차 산업혁명의 변화를 일으킬 것이다. 문제는 '누가 이런 변화를 주도하고 잘 편승하여 미래를 선도할 것인가'이다.

의료의 패러다임도 변하고 있다. 중소벤처기업부와 중소기업기술정보진흥원에서 발표한 2020년 중소기업 전략 기술 로드맵에 따르면, 2015년 대비 2025년에는 예방과 진단 및 모니터링 분야가 늘어나고 치료 분야는 63%에서 35%로 약 45%가량 줄어들 것으로 전망하고 있다. 이유는 4차 산업혁명으로 인한 디지털화(digitalization) 때문이다

앞으로 미래는 4차 산업혁명을 미리 준비한 디지털 자이언트(Digital

Giant) 기업과 앵클 바이터(Ankle Biter)[1] 유니콘 기업들이 세계 시장을 지배할 것이다. 2000년 대비 2020년 글로벌 시장에서의 시가 총액 상위 10개 기업 중 20년 사이에 부동의 1위였던 GE가 10위 밖으로 밀려 나갔고, 마이크로소프트, 애플, 아마존, 구글이 1위부터 4위까지 차지하였다. 한국에서도 2위를 차지하던 현대자동차가 10위 밖으로 밀려 나갔고, 네이버와 카카오가 10위 안으로 들어오는 등 4차 산업혁명 시대를 앞서 가고 있는 기업들이 상위 10위 이내의 기업으로 진입하였다.

변화의 핵심은 코로나19에 가려진 4차 산업혁명의 물결이 본격적으로 모습을 드러냈고, 코로나19의 확산보다 더 빠르게 4차 산업혁명의 확산 속도가 빨라지고 있다는 것이다.

| 4차 산업혁명 가속 환경의 도래 |

그동안 우리나라의 4차 산업혁명 속도가 빨리 추진되지 못했던 이유는 각종 규제와 제한으로 빅데이터를 활용하지 못했기 때문이다. 그런데 코로나19를 기점으로 K-뉴딜 정책이 발표되면서 4차 산업혁명의 추진에 가속도가 붙는 양상이다. K-뉴딜 정책 중에서도 디지털 분과의 추진 정책은 의료 분야와 밀접한 관계가 있다.

주요 투자 분야로는 감염병 안심 인프라와 스마트 건강 관리 분야가 있다. 또한 비대면 진료 및 재택 의료 등의 제도 개선이 K-뉴딜 디지털

1 앵클 바이터(Ankle Biter)는 기존 업체의 존립 근간을 뒤흔드는 '아직 어리고 작지만 귀찮고 위협적인 존재'를 의미한다. IT 업계에서 사용되는 디지털 침입자라는 표현도 유사한 의미를 갖는다.

분과의 방향이다. K-뉴딜 디지털 분과에서는 의료정보 빅데이터 구축 및 활용 사업과 관련된 제도 개선 과제가 동시에 추진된다. 이를 위한 의료 데이터 중심 병원은 이미 선정되어 2단계 사업에 들어갔다.

각 지방자치단체도 4차 산업혁명과 관련한 여러 가지 사업을 추진하고 있고 분야도 다양하다. 의료 분야와 관련된 지자체의 대표적인 추진 정책들을 보면 강원도의 바이오 헬스케어(Bio Healthcare) 사업, 대전의 바이오 메디컬(Bio Medical) 사업, 대구의 스마트 웰니스(Smart Wellness) 등이다.

코로나19로 인한 의료계의 변화는 4차 산업혁명의 촉발에 따라 의료기관은 물론 일반 기업에서도 의료 데이터에 관심이 높아지면서 이를 활용한 2차적인 산업 개편이 발생할 것으로 예상된다. 더욱이 그동안 의료정보와 관련하여 통제되었던 각종 규제들이 풀어지면서 멀지 않은 시기에 의료기관이 아닌 일반 산업에서도 의료 유사 행위를 수행하거나 병원 없이 일부 실험실을 갖추고 의료진을 고용하여 의료행위를 수행하는 '눈에 보이지 않는 병원(Invisible Hospital)'이 탄생할 것으로 예상된다.

비(非)의료기관에서의 변화와 압력도 점차 증가하고 있다. DTC(Direct to Customer)로 그동안 제한되었던 유전자 검사 항목의 개선이 가능해졌다. 비의료기관이 의료기관에 의뢰하지 않고 검사할 수 있는 유전자 항목이 12개에서 56개로 확대되었다. 의료법상 의료행위의 범위가 모호하다는 문제가 제기됨에 따라 기업의 건강관리서비스 가이드라인 및 사례집이 발간될 예정이다. 이제는 의료기관과 비의료기관 간의 경계가 점차 허물어지고 비의료기관의 건강관리 가능 구역은 점차 확대될 것이다. 이런 변화 속에서 한국판 뉴딜을 실현하기 위해 정부는 160조 예산을 편성하고 데이터 3법(개인정보보호법, 통신망법, 신용정보법)을 개정하여 의료 데이터의 활용 가능성이 높아졌고 이와 같은 변화는 부(富)와 권력의 대이동으로 이어질 것으로 예상된다.

코로나19 관련 정책과 4차 산업혁명의 빠른 도래로 전문가들은 포스트 코로나에 대해 다양한 예측과 전망을 내놓고 있다. 그러나 미래가 어떻게 될지는 아무도 모른다. 1, 2, 3차 산업혁명의 정의는 과거에 대한 정의이고 후향적이기 때문에 어느 정도 머릿속에 그려지는 개념이다. 그러나 4차 산업혁명은 아직 완전하지 않은 미래 예측이므로 그 개념과 방향이 불확실하다. 그렇다면 어떻게 포스트 코로나 시대에 대비할 것인가?

그 방법은 함께 이 고비를 극복하는 것이다. 그 세부적인 6가지 전략은 다음과 같다.

1. 현상에 현혹되지 않고 실체(본질)를 구분하라.
2. 혼자서는 안 된다. 연결하고 협업하라.
3. 사람(소비자)이 중심이다. 고객에게 집중하라.
4. 지속 가능한 경영을 위하여 선제적으로 준비하라.
5. 모든 것은 시스템이다. 함께 극복하라.
6. 미래를 내다보는 리더십을 추구하라.

원격진료는 왜 쉽지 않은가?

2020년 2월 말 중국 우한에서부터 발생한 코로나19로 그동안 금지되었던 전화 진료가 한시적으로 허용되었다. 보건복지부는 2020년 2월 24일부터 5월 10일까지 전국 3,853개 의료기관의 전화 진료가 26만 건 이상 이뤄졌다고 밝혔다.(이후 지속해서 전화 원격진료가 허용된다면 그 건수는 계속 증가할 것이다). 이와 같은 변화는 코로나19로 사회적 거리 두기 비대면(untact) 문화의 영향이 컸다고 볼 수 있다. 정부는 이와 같은 변화에 힘입어 원격진료를 '한국판 뉴딜' 정책의 일환으로 추진하고자 하였으나 여러 가지 반대에 부딪혀 원격진료 대신 비대면 진료라는 어정쩡한 명칭으로 원격진료를 추진하려 하고 있다.

왜 그럴까? 대부분의 일반인은 '비대면 시대라면 당연히 비대면 진료 또는 원격진료를 해야 할 텐데 왜 이리 시끄럽지?' 하고 의아해할 것이다. 더구나 정부와 청와대까지 나서서 원격진료를 주장하는 상황이기 때문에 궁금한 것이 많을 수밖에 없다.

현재 우리나라는 원격진료(또는 원격의료, 비대면 진료, 스마트 진료, U헬스케이 등 다양한 명칭이 있다.)를 할 수 있는 충분한 검토와 준비가 되지 않은 상태이다. 그런데 코로나19로 한시적으로 시행한 전화진료가 생각보다 많이 이루어졌고, 환자들의 반응도 나쁘지 않기 때문에 정부는 이를 계기로 원격진료를 적극적으로 추진하려는 모양새이다. 그러나 원격진료는 생각보다 많은 사회적인 이슈가 있고 원격진료를 하기 위해서는 상당한 준비가 필요하며 고려해야 할 사항이 많다.

원격진료는 4차 산업혁명이라는 신기루에 편승하여 첨단의 이미지와 외형을 지닌 듯 보이지만 실제로는 많은 문제점을 내포하고 있고, 너무도 많은 이해관계가 얽혀 있다. 이해관계자들 사이의 견해차도 첨예하다.

| 원격진료의 개념과 쟁점 |

❶ WHO(세계보건기구)의 정의

1997년 세계보건기구는 원격진료에 대하여 '서로 떨어진 공간에서 모든 의료 분야 전문가들이 질병이나 부상의 예방, 진단, 치료, 의료공급자들에 대한 꾸준한 교육 그리고 지역사회와 주민들의 건강 향상을 위한 유용한 정보와 의료서비스를 ICT를 사용하여 교환하고 공급하는 행위'로 정의했다.

❷ 우리나라 의료법의 정의

우리나라 의료법 제34조에서는 원격의료를 이렇게 정의하고 있다. "의료인(의료업에 종사하는 의사·치과의사·한의사만 해당한다)은 의료법 제33조 제

1항(의료기관 내에서 의료업을 하여야 한다)에도 불구하고 컴퓨터·화상통신 등 정보통신기술을 활용하여 먼 곳에 있는 의료인에게 의료지식이나 기술을 지원하는 원격의료(이하 '원격의료'라 한다)를 할 수 있다."

원격의료는 크게 두 가지 형태이다. 첫째, 의료법 34조의 정의처럼 의료인이 의료인에게 의료 지식이나 기술을 지원하는 경우, 둘째, 의료인이 환자에게 의료서비스를 진행하는 경우이다. 이 중에서 현재 우리나라의 의료법상 허용된 경우는 첫째 경우이다. 즉, 의사가 다른 의사에게 화상으로 의료적 지원을 진행해 함께 환자를 치료할 수는 있지만, 의사가 현장에 있는 다른 의료인을 통하지 않고 직접 환자에게 의료를 제공하는 것은 불법이다.

그런데 지금 현재 원격진료와 관련하여 시끄러운 이유는 아직까지 법적인 허용 절차가 만들어지지 않은 의료인과 환자 간의 진료를 원격으로 허용하려는 움직임 때문이다.

| 원격진료에 대한 찬반 주장 |

원격진료를 적용하는데 찬반 논란은 여러 가지가 있지만 대표적인 주장을 요약하면 다음과 같다.[1]

1 "원격진료, 왜 이렇게 시끄러울까?", 헬스컨슈머, 2020. 5. 18 기사 재편집

❶ 찬성 입장

첫째, 인구 감소와 고령화로 노인, 장애인, 정신질환자들이 의료서비스를 필요로 하는 경우가 증가하고 있는데 그때마다 대상자들을 의료기관으로 이송하는 것은 사회적, 경제적 비효율이 발생하다.

둘째, 현재의 의료 방식은 급성 질환 진료 중심의 낡은 시스템이다. 사회와 의료기술의 발전, 그리고 고령화와 함께 도래한 만성질환 시대에 부합하는 새로운 원격의료 시스템이 필요하다.

즉, 찬성하는 입장은 기술 발전과 인구 변화 그리고 코로나19와 같은 전염병 도래에도 대비할 수 있는 새로운 패러다임인 원격진료가 필요하고 세계적인 추세인데 왜 적용하지 않는가 하는 주장이다.

❷ 반대 입장

첫째, 원격의료가 제도화되면 유명 대형병원으로 환자가 쏠리게 되므로 영세한 병원과 의사들이 경제적 타격을 입는다.

둘째, 원격의료는 진단과 치료의 과정이 안전하지 않다.

셋째, 원격진료로 동네 의원들이 무너지면 대면 진료 중심의 1차 보건의료 체계가 무너진다.

넷째, 우리나라는 나라가 크지 않아 가까운 거리에 의료기관이 있으며 인구밀도가 낮아 환자가 의료기관을 방문하기 힘든 나라들과는 상황이 다르다.

즉, 현재 의료전달체계도 문제없는데 영세 병·의원을 위협하는 원격의료 정책은 잘못된 것이다.

찬성과 반대 주장의 세부적인 내용을 파악해 보지 않는다면 양쪽 주장 모두 설득력이 있다. 그러나 양쪽 주장을 구체적으로 살펴보면 맞는 것과 맞지 않는 것이 포함되어 있다.

| 원격진료 시행 관련 찬·반 양론의 문제점 |

❶ 개념 문제

현재 우리나라에서의 원격진료는 복합적인 의미로 사용되고 있다. 때로는 정치적 목적으로 '눈 가리고 아웅' 하는 식의 용어까지 등장하면서 문제를 더 복잡하게 만들고 있다. 그러나 우리나라 의료법 34조에서 정의한 개념과 세계보건기구(WHO)의 정의에서 보듯이 '원격진료'라는 공식적인 명칭이 있으므로 이를 사용하는 것이 바람직하다. 원격진료라는 명칭을 정확하게 사용하더라도 부가적으로 결정해야 할 내용이 수없이 많다. 물론 이런 개념상의 문제는 원격진료 도입 여부를 결정한 후 하나씩 정립해 나갈 수도 있다. 그렇지만 정치적인 필요성에 편승하여 원격진료 대신 개념이 명확하지 않은 용어를 사용하면서 이를 시행하겠다는 정책이 먼저 발표되었으니 혼란이 발생할 수밖에 없다.

범위의 문제

첫 번째, 원격진료는 사용하는 기기의 종류에 따라 적용되는 범위가 달라진다. 예를 들어 코로나19에 한시적으로 적용하고 있는 것처럼 전화 진료를 원격진료라고 할 수 있고, 화상 통화를 원격진료라고 할 수 있다. 더 나아가 챗봇, 인공지능 스피커, 웨어러블 디바이스 기반의 진료까지 원격진료라고 할 수 있다. 4차 산업혁명의 의미에서 원격진료의 범위를 본다면 후자를 의미하지만, 현실적으로는 전화 진료조차도 코로나19가 아니라면 원격진료인지 아닌지 불분명한 문제가 있다.

두 번째는 원격진료 내용의 문제이다. 어떤 진료 내용을 원격진료라고 할 것인가의 문제이다. 즉, 원격진료가 화상 진료, 전화 진료, 채팅 진료, 이메일 진료 등과 같은 진료인지 아니면 데이터 분석인지 또는 1차 의료기관에서 해석할 장비가 없어 멀리 떨어져 있는 전문기관이나 큰 규모의 병원에 의뢰하여 물어보는 2차 소견 요청인지 불분명하다. 뿐만 아니라 멀리 떨어져 있는 환자에 대한 건강 정보 모니터링도 원격진료가 될 수 있으므로 원격진료의 내용도 불명확하다.

주체의 문제

우리나라 의료제도는 1, 2, 3차 의료전달체계를 적용하고 있고 의사와 환자가 얼굴을 마주 보고 진료하는 대면 진료를 시행하고 있다. 그런데 원격진료를 적용하면 누가 의료를 제공할 수 있는가의 문제에서부터 의사라면 1, 2, 3차 구분 없이 모두 원격진료를 할 수 있는 것인지, 의료전달체계에 따라 1, 2, 3차 병원을 기준으로 제한을 둘 것인지, 지역별로 제한을 둘 것인지 등 원격진료를 수행할 주체가 불분명하다.[2]

현재 코로나19로 한시적 전화 진료는 모든 의사가 원격의료를 제공할 수 있다. 그러므로 향후 원격진료를 시행할 때 현재와 같이 모든 의사에

2 한국의 원격의료에 대한 생각, 그 생각에 대한 생각, 최윤섭의 헬스이노베이션 홈페이지 중에서 재편집

게 원격의료를 허용할 경우 의료전달체계가 붕괴되고 대형병원 쏠림 현상이 더 심화될 것이라는 반대 의견이 나오고 있는 것이다. 더구나 지금까지 의료전달체계는 1차 의료기관은 가벼운 질환에 대하여 외래 진료를 중심으로 하고, 2차 의료기관은 입원 가능한 진료를 시행하며, 3차 의료기관은 중증환자 진료를 하도록 하면서 환자가 3차 병원으로 직접 내원하지 못하도록 하는 시스템이다. 그런데 만일 모든 의사에게 원격진료를 허용할 경우 1차 병·의원은 직접적인 타격을 받게 될 수밖에 없다. 그렇다면 원격진료도 의료전달체계에 따라 적용해야 하는데 그럴 경우에는 시간이나 물리적 제한을 없앨 수 있는 원격진료의 장점이 사라지는 딜레마에 빠지게 된다.

대상의 문제

현재 우리나라 원격진료는 의료법상 의료인이 의료인에게 지식과 기술을 전하는 형태만 허용되어 있다. 그런데 원격진료를 전면적으로 도입하게 된다면 원격진료를 받을 수 있는 대상은 ① 한국의 환자라면 누구나 이용할 수 있는 형태 ② 만성질환, 호흡기 질환 등 일부 특수 질환 대상자만 이용할 수 있는 형태 ③ 어느 특정 지역에 있는 환자들을 대상으로 하는 형태 ④ 도서 산간 지역이나 벽오지, 군부대, 원양어선에 있는 환자만 대상으로 하는 형태 ⑤ 현재와 같이 의료진 간에만 적용하는 형태 등 다양한 형태가 가능하다.

이와 같은 대상의 문제에 있어 미국은 특별한 제한이 없는 편이다. 일본의 경우 도입 초기(1997년)에는 도서벽지 환자 및 9가지 만성질환자(재택 당뇨병 환자, 재택 고혈압 환자, 재택 천식환자, 재택 산소요법을 하고 있는 환자,

욕창 있는 재택 요양환자, 재택 뇌혈관 장애 요양환자 등)를 대상으로 허용한 후 단계적으로 확대하여 2015년부터는 전면적으로 적용하고 있다. 미국은 국토의 면적이 크고 우리와 다른 의료 시스템을 가지고 있기 때문에 예외적으로 생각하더라도 일본은 원격진료 최초 도입부터 전면 적용까지 약 18년의 준비 기간을 가진 셈이다. 우리나라에서도 원격진료를 적용한다면 일본과 같이 단계적으로 적용하는 것이 부작용을 최소화할 수 있는 대안이 될 것이다.

❷ 법과 제도 문제

의료전달체계

우리나라 의료전달체계는 병·의원과 종합병원의 역할을 구분하여, 환자들이 먼저 병·의원을 거친 다음 필요한 경우 종합병원으로 가도록 하는 시스템이다. 그렇지만 우리나라의 의료전달체계는 다소 느슨하게 적용되고 있어 환자가 1차 병원을 거치지 않고 3차 병원으로 바로 갈 수도 있고, 1, 2차 병원은 진료 목적이 아니라 단순히 3차 병원으로 가기 위한 의뢰서 발급 목적으로만 가는 경우도 흔하다. 이로 인하여 상급종합병원 쏠림이라는 현상이 발생하기도 하고 일개 병원의 병상 수가 3,000병상에 육박하는 기형적인 구조까지 탄생하게 되었다.

이와 같은 현실에서 시간적, 물리적인 제약이 없어지는 원격진료의 주체와 대상이 불명확한 상태로 원격진료가 적용된다면, 한국의 전체적인 의료 시스템은 혼란에 휩싸일 수밖에 없다. 그러므로 원격진료를 도입하기 위해서는 먼저 의료전달체계를 확고히 하는 것이 선결되어야 한다.

의료전달체계가 명확해지면 원격진료도 의료전달체계를 근간으로 대면 진료의 대체수단으로 사용하게 될 때 혼란이 적어질 수 있을 것이다.

그렇다면 원격진료에 앞서 선행되어야 할 의료전달체계는 왜 확고하게 정립되지 못했는가? 의료전달체계 문제 또한 원격진료처럼 개념상의 문제, 제도상의 문제가 복잡하게 얽혀 있기 때문에 쉽게 풀지 못하는 과제 중 하나이다. 정부는 2019년 9월 단기적인 의료전달체계 개편에 대한 의지를 발표하고 세부적인 내용을 2020년 6월에 발표하려 했으나 코로나19로 새로운 의료전달체계의 발표를 미루고 있다. 하지만 정부도 의료전달체계의 중요성을 잘 인지하고 있다.[3]

의료전달체계 개편이 복잡한 이유는 지역을 어떻게 구분할 것인지, 중증과 경증 환자를 어떻게 구분할 것인지, 급작스러운 질병으로 인하여 응급실로 찾아온 환자들을 어떻게 할 것인지, 그동안 진료받아 왔던 재진 환자들을 어떻게 할 것인지 등 다양한 문제를 안고 있다.

환자의 입장에서도 이동의 자유와 진료를 받을 권리가 분명히 있는데 의료전달체계에 따라 이동과 진료를 제한할 경우 위헌적인 요인까지 갈 수 있다. 즉, '나는 비록 감기에 걸렸지만 수도권 대학병원의 진료를 꼭 받아야겠다', '나는 돈을 더 내더라도 큰 병원에서 진료를 받아야겠다'라는 환자들을 막을 수 없다는 문제가 있다. 이에 따라 의료의 공공적인 성격 때문에 국가에서 관리해 오고 있는 건강보험과 의료체계임에도 불구하고 돈 있는 사람들은 의료전달체계와 관계없이 큰 병원에서 진료를 받을 수 있는 형태가 나타나 빈익빈 부익부 현상도 나타날 수 있다. 거기에

3 "의료전달체계 개편안 발표 전격 연기…7월 중 매듭", 메디컬타임스, 2020. 6. 12일자 중에서 재편집

의료전달체계 개편에 수반되는 수가 체계는 의료전달체계를 더 복잡한 문제로 만들기에 충분하다.

수가 문제

의료수가는 국내외를 막론하고 정치적, 국가적, 경제적인 문제를 야기한다. 한국에서도 우스갯소리로 '한국의 의료문제는 A부터 Z까지 수가 문제이다'라고 할 정도로 대부분의 문제가 수가와 연관되어 있다. 이는 대한민국 건강보험 체계가 전 세계적으로 가장 단시간 내에 전 국민 건강보험까지 실현하는 과정에서 적은 재원으로 전 국민 건강보험을 적용하다 보니 불가피하게 적용된 낮은 수가로 태생적인 문제를 안고 있다. 그러므로 의료전달체계나 원격진료 모두 국가에서 관리하고 있는 건강보험 수가를 어떻게 배분하여 수요자, 공급자, 의료기관 등 관련 주체 모두 불만 없이 적용할 수 있느냐는 난제에 부딪치게 되는 것이다.

만일 건강보험 재정이 풍부하여 모든 연관 주체들에게 좋은 방향으로 적용하면 문제가 해결되겠지만, 한국 건강보험 수가 문제는 고령사회 도래로 인한 노인 의료비의 빠른 증가와 건강보험 재정의 고갈 위기 등으로 쉽게 수가를 올려줄 수 없는 상황이다. 건강보험 재정은 국민들의 건강보험료 징수를 통하여 이루어지기 때문에 재정 확충을 위한 건강보험료의 인상은 물가의 인상으로 연계되고 정치적인 이슈가 되기 때문에 이 또한 쉽게 인상하지 못하는 구조이다.

원격진료 수가도 마찬가지다. 코로나19 때문에 한시적으로 적용된 '전화 상담 관리료'는 환자의 본인부담금이 전면 면제되는 한시적인 방법이다. 그렇지만 코로나19 사태가 종료되고 정식으로 원격진료가 적용되는 경우에는 보험 재정상의 문제로 지금 형태와 달라질 수밖에 없다. 예를 들어 ① 대면진료보다 더 주는 방법 ② 대면진료보다 적게 주는 방법 ③ 대면진료와 똑같이 주는 방법으로 구분해 볼 수 있다.

첫째, 대면진료보다 수가를 더 주는 방법이다. 이 주장은 의료기관에서 요구하는 수가이다. 왜냐하면 원격진료를 적용하기 위한 원격진료 시스템을 구축해야 되고, 이를 담당할 인력이 필요하므로 비용이 투자된다. 그러므로 의료기관은 당연히 이 비용을 수가에 반영해 달라고 요청할 것이다. 이 경우 얼마를 더 줄 것인가, 재원 마련은 어떻게 할 것인가의 문제가 대두된다. 이 문제는 단순한 듯하지만 원격진료를 시행하고자 하는 목적이 발전된 ICT를 통하여 저렴한 가격으로 거동이 불편한 환자들의 시간을 확보하고 진료비를 절감하기 위한 것인데 결과적으로 재원이 더 들어가게 되므로 목적이 전도되는 문제가 발생한다.

둘째, 대면진료보다 수가를 적게 주는 방법이다. 이는 정부가 바라는 방법이다. 그런데 이 방법을 의료기관 입장에서 보면 기존에 하던 대면진료를 그대로 유지할 경우 추가적인 투자도 필요 없고 복잡하지도 않을 수 있는데 괜히 원격진료를 위해 추가로 투자하고 수가도 덜 받게 되는 형국이므로 원격진료의 필요성을 느끼지 않는다. 환자 입장에서는 수가가 낮으므로 부담없이 '닥터 쇼핑'을 부추길 수 있다. 집에 앉아서 전국의 의사들을 골라가면서 동일한 질병에 대해서 여러 번 진료를 받는 행태가 발생할 것이다. 대면 진료를 적용하여 시간적, 물리적 한계를 주고 있는 현재 의료시스템에서도 저수가로 인한 '병원 쇼핑'이나 '닥터 쇼핑'이 문제인데 저수가 원격진료는 이런 현상을 더 발생시키게 된다. 결과적으로 여러 번의 중복 진료를 통한 의료비 상승까지 이어질 수 있다.

셋째, 대면진료와 동일한 수준의 수가를 적용하는 방법이다. 이는 이미 원격진료를 시행하고 있는 미국 대부분의 주에서 적용하는 방법이다. 환자나 의료기관 양쪽 모두에게 최소한의 부담이 되는 방법이기도 하다. 그렇지만 의료기관 입장에서 보면 어떻게든 원격진료를 위해서는 추가적인 투자가 불가피하므로 수가는 동일하더라도 초기 구축비는 국가에서 지원해 줘야 한다는 요구를 할 가능성이 높다.

❸ 영리성과 사업 전망

의료 영리화

원격의료를 반대하는 대표적인 이유 중 하나가 의료 영리화이다. 그렇다면 원격진료로 의료의 영리화가 가능할 것인가?

사실상 현행 한국의 의료법과 의료 제도 안에서의 의료 영리화는 불가능하다. 왜냐하면 의료 영리화가 이루어지기 위해서는 건강보험을 영리화할 수 있도록 하는 방법이나 영리법인 병원을 허용하는 방법이 있어야 가능한데 우리나라에서는 현재 두 가지 모두 불법이다.

둘째, 원격의료와 의료 영리화는 별개의 문제이다. 왜냐하면 원격진료에서 영리화가 가능하다면 대면진료 상태에서도 가능하기 때문이다.

셋째, 설립 주체의 문제가 있다. 우리나라 의료법에서 병원 설립의 주체는 의료인이나 비영리법인이다. 비영리법인에서 설립한 병원은 비영리병원으로 운영되어야 한다. 만일 현재 비영리법인이 영리병원으로 바꾸려고 한다면 기존의 병원을 폐업하고 새로 영리병원으로 설립해야 가능하다. 그런데 이때 비영리법인은 법적으로 사회적 재산이므로 매매할 수 없으며, 폐업할 경우 국가에 귀속되어야 한다. 그러므로 의료의 영리화는 불가능하다.

넷째, 영리병원이 생긴다 하더라도 일부 비급여 의료행위에 집중하는 특화된 병원일 가능성이 크다. 그러나 한국 의료 수준은 이미 세계적이므로 환자들이 비싼 비급여를 제공하면서 영리병원을 이용하려 하지 않는 것이다. 또한 영리병원이 돈을 벌기 위해서는 돈이 많은 서울 지역에 있어야 그나마 가능성이 있는데 서울, 수도권 지역은 이미 포화 상태이다.

다섯째, 현행법상 우리나라는 요양기관 당연지정제가 적용되므로 국민건강보험의 적용을 받는 이상 의료비를 마음대로 올려 받을 수 있는 비급여 항목이 거의 없으므로 영리를 취할 수 있는 방법이 극히 제한적이다.

여섯째, 소규모의 동네 의원은 원격진료와 무관하게 이미 영리적으로 운영되고 있다. 개인이 설립한 동네 의원은 이득이 발생할 경우 의사 개인이 자유롭게 취득할 수 있고, 의원을 사고팔 수도 있다. 즉, 우리나라 의료 시스템은 개인이 설립한 소규모 병·의원은 이미 영리병원이다. 다만, 대규모 투자가 이루어질 수 있는 법인에서 운영하는 의료기관은 비영리이다.

원격진료 전망

원격진료를 통한 의료산업은 언론 매체의 보도처럼 4차 산업혁명 시대에 우리나라의 미래를 책임질 수 있는 새로운 먹거리이며 선도 분야가 될 수 있을 것인가?

실상은 그렇지 못하다. 원격진료 산업이 발전하기 위해서는 돈을 벌 수 있어야 한다. 그러나 우리나라 건강보험 수가는 저수가일 뿐만 아니라 원격진료 수가가 높게 책정될 가능성이 낮으므로 수익을 내기 어려운 구조이다. 더구나 한국에서는 진료를 포함한 모든 필수 의료 행위, 의료기기의 가격까지 정부가 정해준다. '모든 필수적인 의료 행위를 급여화하겠다'는 문재인케어가 시행된 이후, 정부의 가격 결정력은 더욱 높아졌다.[4] 그뿐만 아니라 원격의료 관련 회사는 요양기관이 아니므로 의료법상 진료비를 직접 받지 못한다. 따라서 원격의료 분야에 뛰어든 회사는 의사와 환자를 중간에서 연결해주는 플랫폼 정도의 역할을 수행할 수 있을 뿐이다. 그렇기 때문에 원격진료 참여기업은 일회성 초기 구축비 정도의 수익 발생이 가능하다. 그것도 원격진료 구축비에 대한 정부의 보조가 있을 경우에 그렇기 때문에 돈을 벌 수 있는 가능성은 매우 낮다.

또 하나의 부정적인 전망은 실제 수익을 많이 발생시킬 수 있는 중증 환자는 원격진료가 아니라 병원에 입원하여 진료를 받아야 하기 때문에 직접 대면 진료가 불가피하다. 따라서 원격진료 대상 환자는 대부분 가벼운 증상의 재진 환자가 주 대상이므로 원격진료는 수익성이 높을 수 없다. 따라서 원격진료를 통한 수익을 발생시키려면 박리다매 말고는 방법이 없다. 그런데 우리나라 의료기관의 이용실태를 보면 코로나19가 성행하고 있는 시점에도 대형 종합병원에는 코로나19 발생 이전의 90% 수준으로 환자가 내원하고 있다. 이를 보면, 우리나라 환자들은 원격진료 대비 대면진료를 더 선호하는 성향이 있다고 볼 수 있다. 그러니 이래저래 원격진료를 통한 수익성은 낮을 수밖에 없다.

---

4 문재인케어 쟁점: 비급여의 급여화, 건강보험료 인상 등 부작용 우려, 입소스, 2019. 3. 19일자

미국의 원격진료 이용자를 보면 적용 초기인 2005년의 206명 수준에서 12년이 경과한 2017년 20만 명 수준으로 증가하였다. 많은 성장세를 이루었지만 전체 환자에서 차지하는 비율로 보면 1,000명당 0.02명에서 1,000명당 6.57명으로 증가한 수준에 불과하다. 더구나 한국은 미국처럼 나라가 크지 않고 대면진료비가 비싸지 않기 때문에 원격진료 이용 환자는 미국보다 성행하지 않을 가능성이 매우 크다.

종합해 보면, 우리나라에서 원격진료와 관련하여 기업체들이 매력을 느끼고 전격적으로 뛰어들 가능성은 매우 낮다. 일부 희망이 있는 분야는 탈모, 발기부전, 금연, 피임 등과 같이 환자가 외부에 노출되기 싫어하거나 명확하게 진단이 이루어질 수 있는 일부 질환 정도가 가능할 것이다. 그러므로 대대적인 원격진료를 위한 기업투자보다는 중소기업이나 스타트업들이 참여할 가능성이 높다.

그러므로 우리나라에서 원격진료 기술을 개발하여 성공하려고 한다면, 원격진료 자체를 통한 수익 창출보다는 원격진료를 통한 데이터 확보와 이를 통한 2차적인 산업에서 수익을 발생시킬 수 있는 구조를 찾는 것이 바람직할 것이다. 또한 내수시장보다는 세계적으로 우수성이 입증된 의료기관의 빅데이터를 이용하여 전 세계적으로 통할 수 있는 원격진료 장비와 시스템을 구축하고 수출하는 방법이 활로가 될 수 있을 것이다.

❹ 안전 문제

원격진료는 의사의 감각을 모두 사용할 수 없다. 그러므로 대면진료보다 위험하다. 원격진료를 초진으로 하는 경우와 약 처방 등을 중심으로 한 재진인 경우 안전성 부분에서는 차이가 있다. 당연히 재진 환자가 상대적으로 안전하게 원격진료를 받을 수 있다. 입원해서 진료를 받아야 하는 환자가 원격진료를 요청한 경우와 단순한 감기 환자가 원격진료를 요청한 경우도 안전상의 문제는 매우 다를 수밖에 없다. 안전에 관한 또 다른 문제는 환자가 판단하는 원격진료와 의료진이 생각하는 원격진료에 대한 체감적인 느낌이 다르다는 것이다.

가톨릭대학교 은평성모병원에서 코로나19가 발생한 2020년 2월 23일~3월 8일까지 6,840명의 전화 진료 환자를 대상으로 전화 진료에 대한 만족도를 조사한 결과, 응답한 환자 906명 중 87%가 "상태를 설명하는 데 문제가 없었고 진료가 만족스러웠다."고 밝혔다. 그렇지만 전화 진료를 실시한 의료인(155명)의 85.8%는 불만을 표시했다. "대면 진료는 청진, 촉진을 하면서 환자의 안색과 걸음걸이도 살필 수 있다. 전화 진료는 그렇게 하지 못해 시간이 오래 걸리고 불편하다."는 이유 때문이었다.[5] 그러므로 원격진료가 안전하게 제대로 잘 이루어지기 위해서는 의료기관 인증평가와 같은 형태의 원격진료의 질 관리에 대한 철저한 가이드라인이 필요할 수도 있다.

4차 산업혁명이 우리 곁에 이미 다가와 있다. 코로나19가 종식된다 하더라도 또 다른 전염병들이 더 빠른 주기로 도래할 것이 예측되는 현시점에서 원격진료 도입에 대한 논의는 분명히 필요하다. 그러나 원격진료를

---

5 한시 허용된 전화 진료… 환자 87% 만족, 의료진은 86% 불편, 동아일보, 2020. 5. 2일자 중에서 재편집

적용하기 위해서는 사전에 해결해야 할 여러 가지 문제점들이 산재해 있다. 내수시장만으로는 원격 시장에 대한 사업 전망이 크지 않기 때문에 원격진료를 하여 수익성을 확보하겠다는 신기루를 버리고 도서벽지 등 접근이 어려운 지역과 특정 질환을 대상으로 시작하여 단계적으로 영역을 넓혀가는 방법이 바람직할 것이다. 비즈니스적인 측면에서는 원격진료 자체만의 비즈니스 모형은 거의 존재하지 않으므로 원격진료로 데이터를 확보하고 이를 바탕으로 한 2차적인 비즈니스 개발에 관점을 두는 것이 현시점에서의 우리나라 원격진료의 방향이다.

방심하지 않는 골리앗이 되라

다윗과 골리앗 이야기를 모르는 사람은 별로 없다. 다윗과 골리앗 이야기를 하다 보면 99%의 사람들은 골리앗을 멍청이로 알고, 다윗을 용기 있고 현명한 사람으로 안다. 현대사회에서는 다윗을 거대 기업 속에서 틈새를 찾아 화려하게 등극하는 스타트업에 비교하기도 한다.

그런데 다윗이 골리앗을 어떻게 이겼을까? 성경에 언급된 것을 기반으로 추정해보면 골리앗의 키는 2m 93cm, 몸을 두른 갑옷의 무게는 57kg, 그가 든 창은 창날만 7kg이 되었다고 한다. 그런 골리앗을 군대 갈 나이도 안 된 소년이 이겼으니 이성적으로 따지면 말도 안 되는 소리다.

당시의 전투는 최고 장수들이 나와서 먼저 한번 붙은 후에 전 군대가 맞붙어 싸우거나 아니면 대표 장수끼리의 싸움으로 전쟁의 승패까지 결정할 때도 있었다. 골리앗도 "너희는 한 사람을 택하여 내게로 보내라. 그럴 리 없지만 그가 싸워서 나를 죽이면 우리가 너희의 종이 되겠고, 만일 내가 이겨 그를 죽이면 너희가 우리의 종이 되어 우리를 섬겨야 한다."며 이스라엘에게 도전했다. 이스라엘은 겁에 질려 무려 40일이 지나도록 꼼

짝도 못 하고 응전할 수도 없는 상태였다. 그런데 이때 양치기 소년 다윗이 아무런 보호 장치 없이 맨몸으로 그것도 물매 돌 다섯 개만으로 골리앗과 싸워보겠다고 나섰고 결과적으로 이겼다고 하니 믿기 힘든 이야기라고 할 수 있다.

그런데 정말로 둘의 싸움에서 다윗이 승리하였고, 다윗은 나중에 이스라엘의 왕까지 된다. 다윗과 골리앗 이야기를 통해 모두 알고 있는 것처럼 완전무장한 3m에 가까운 거구 골리앗에게 갑옷으로 덮이지 않은 유일한 부분이 있었으니 그것은 얼굴이었고, 유일한 약점이었다. 다윗은 골리앗의 급소를 물매 돌로 타격하여 쓰러뜨렸고 여기까지는 누구나 다 아는 내용이다.

성경 이야기로 유명한 다윗은 미켈란젤로에 의하여 다비드상으로 태어났다. 이탈리아 로마 피렌체 시청 베키오 궁전 앞 시뇨리아 광장에 다비드상이 있다. 이 다비드상이 공개되자 많은 사람들의 관심을 끌기에 충분하였고 일부 사람들은 다비드상의 일부분을 떼어 가서 보관하려고 하는 바람에 지금 서 있는 다비드상은 모조품이라고 한다. 그런데 미켈란젤로가 26세 때 만들었다고 하는 당대 최고의 조각 다비드상의 오른손을 살펴보면 돌멩이가 들려 있는 디테일을 볼 수 있다. 미켈란젤로는 골리앗을 쓰러뜨렸던 핵심역량, 바로 그 돌멩이를 빠뜨리지 않았던 것이다.

다비드 조각상 오른손에 쥐어져 있는 돌멩이처럼 스타트업은 골리앗과 같은 기존 대기업과 정면 승부로는 도저히 이길 수 없기 때문에 다윗의 전략을 써야 한다. 그런 전략을 사용하여 거대 기업을 쓰러뜨린 사례는 많다. 예를 들면, 블록버스터를 쓰러뜨린 넷플릭스, 노키아를 쓰러뜨린 애플, 거대 호텔 체인을 힘들게 하는 에어비앤비 같은 사례가 그런 사례이다.

그런데 다윗과 골리앗 이야기를 오늘날 기업 운영에 잘 되새겨 보면, 그리고 주인공을 스타트업이 아닌 대기업으로 바꿔서 생각해 보면, 골리앗과 다윗과 같은 관계 또는 상황 역전의 위기에 처한 기업이 한두 개가 아니다. 그렇다면 이번에는 반대로 골리앗의 입장에서 생각해 보면 어떨까?

우리는 대부분 다윗 이야기에 취해 다윗의 역량에만 집중하고 이를 본받으려 한다. 분명히 필요한 일이다. 그런데 한편으로 잘 생각해 보면 실제로 무서운 실력자는 다윗에게 아직 당하지 않고 남아 있는 골리앗이다. 옆 동네 사는 골리앗이 방심하다가 다윗에게 당한 것을 보고 정신을 차린 골리앗이 이제 학습을 시작했다면 정말로 무서운 경쟁력을 가질 수 있다.

골리앗은 어떻게 변신해야 할까? 두 가지 전략을 취할 수 있을 것이다.

먼저, 가장 큰 약점인 얼굴 부분을 가리는 것이다. 얼굴만 가리면 다윗이 물매 돌로 골리앗을 쓰러뜨릴 수 있는 방법이 거의 없다. 그러니까 업계의 골리앗은 자신의 약점(얼굴이 무엇인지)을 찾고, 이를 개선하는 전략을 취해야 한다. 이것이 방심하지 않는 골리앗이 되는 첫 번째 방법이다.

두 번째 전략은 민첩해지는 것이다. 골리앗이 아무리 키가 크고 힘이 세더라도 57kg의 갑옷과 자루까지 합쳐 최소한 15kg인 창을 더하여 전체적으로 70kg 이상이나 되는 거추장스러운 갑옷을 벗어 던져야 한다.

그 갑옷은 구태의연한 의사결정 프로세스일 수도 있고, 고정관념일 수도 있다. 이런 무게를 감당하면서 재빠른 다윗을 잡을 수 없다. 물매 돌을 던질 때 피할 수 있고, 요리조리 빠져나갈 다윗을 잡기 위해서는 갑옷을 던지고, 무거운 창도 가벼운 무기로 바꿔 들어야 한다. 프로세스 개선 또는 일부 별동대를 만들어 손쉽게 다윗을 대응할 수 있도록 해야 한다.

최근 대형 조직들이 디지털 혁신, 즉 다윗의 물매 돌에 한 대 맞고 어리둥절하면서 나도 어떻게 하면 저런 물매 돌을 던질 수 있을까 하는 자세로 다윗을 벤치마킹하려 한다. 그래야 할까? 아니다. 골리앗에게는 이미 다윗을 이길 수 있는 엄청난 잠재력이 있다. 다윗이 던질 물매 돌의 위협을 느낄 것이 아니라 골리앗 스스로 잠재력을 되찾는 것이 더 좋은 방법이다. 방심하지 않고 민첩한 골리앗이 되면 천하무적이기 때문이다.

다윗이 절대 이길 수 없는 골리앗, 골리앗은 자신을 제대로 돌아보고 자신에게 의외로 많은 핵심역량이 내부에 있다는 것을 알아야 한다. “하~ 세상 사는 재미없네. 저런 조그만 다윗에게 당하다니……” 하고 있을 것이 아니라 다윗에게 물매 돌을 맞지 않도록, 맞아도 끄떡없도록 하는 것이 필요하다.

| INSIGHT |

지속해서 성장하는 8가지 방향과 동력원

매년 국내 100대 기업, 포춘지 선정 50대 기업이 발표된다. 그런데 이들을 10년, 20년, 30년 단위로 비교해 보면, 그중에 살아남는 기업은 얼마 없고 순위가 바뀌거나 사라지는 기업이 대부분이다. 불과 10년 전만 해도 기업의 평균 수명이 30년이라고 했는데, 최근에는 절반 수준인 15년에서 16년 정도에 불과하니 환경에 적응하지 못하는 조직이나 혁신하지 못하는 조직은 도태될 수 있다는 의미이다. 그런데 이와 같은 심각한 순위 변동과 생존 리스트 중에서도 순위 변동 없이 상위권을 유지하며 100년 넘게 살아있는 조직들이 있다. 그들의 비밀은 무엇일까?

이 비법은 기업뿐만 아니라 모든 조직 특히, 병원과 같은 서비스 조직에서도 벤치마킹해야 한다. 그들의 생존전략 비법은 여러 가지가 있지만 중요한 3가지를 찾는다면, 존재 목적과 고객 중심 그리고 지속적인 혁신 추구를 들 수 있다.

| 분명한 존재 목적 |

당신이 속해 있는 조직의 존재 목적은 무엇인가? 장수기업들은 이 문제에 가장 주목한다. 어느 조직이든 그 조직의 존재 목적은 가장 중요한데, 당신 조직의 존재 목적이 무엇인지 확실히 대답할 수 있는 조직은 생각보다 많지 않다. 설령 있다 하더라도 최고 경영층부터 사원들까지 이를 명확히 이해하는 경우는 드물다.

목적이 중요한 이유는 어떠한 위기가 닥쳤을 때 되돌아볼 수 있는 기준이 되고 나침반과 같은 역할을 하기 때문이다. 조직이 운영되는 동안 수없이 많은 위기를 겪게 된다. 오일 쇼크, IMF 사태는 물론 경쟁 조직이 옆에 들어오거나 정치적인 상황, 각종 규제는 물론 심지어 전쟁 등과 같은 위기를 수없이 겪게 된다. 이와 같은 위기에서 힘을 발휘하는 것이 목적이요 이념이다. 또한 목적은 장기적인 관점으로 생각하고 의사결정을 할 수 있도록 중심을 잡아주는 역할을 한다. 그러므로 목적에는 구성원들의 가슴을 뛰게 하는 '의미'가 있어야 한다. '왜 이렇게 해야 하지?', '내가 이렇게 하는 것이 맞나?'라는 질문에 답을 줄 수 있는 내용이 들어 있어야 한다. 목적을 정하고 구성원들의 자발적인 헌신을 이끌어내기 위해서는 머리에 호소하는 목적과 가슴에 호소하는 목적을 동시에 추구해야 한다. 가슴에 호소하는 목적은 구성원들이 일을 통해 의미를 찾게 할 수 있고 가슴 뛰게 할 수 있다. 당신이 속한 조직은 분명한 목적이 있는가?

| 무엇보다 고객 우선 |

어느 조직이든 고객이 없는 조직은 존재 이유가 없고 생존할 수도 없다. 모든 시스템의 중심을 차지하는 가장 중요한 부분은 고객이다. 모든 것이 고객에서 시작하여 고객에서 끝난다. 그러므로 고객을 모든 결정과 행동의 중심에 놓아야 한다. 어느 조직이든 고객 중심을 외치지만 고객을 실제 업무의 중심에 놓는 조직은 많지 않다. 날로 경쟁이 치열해지고 불확실성이 더해가는 경영환경에서 고객에게 답을 묻고 고객을 섬기는 것은 조직 생존의 초석이다.

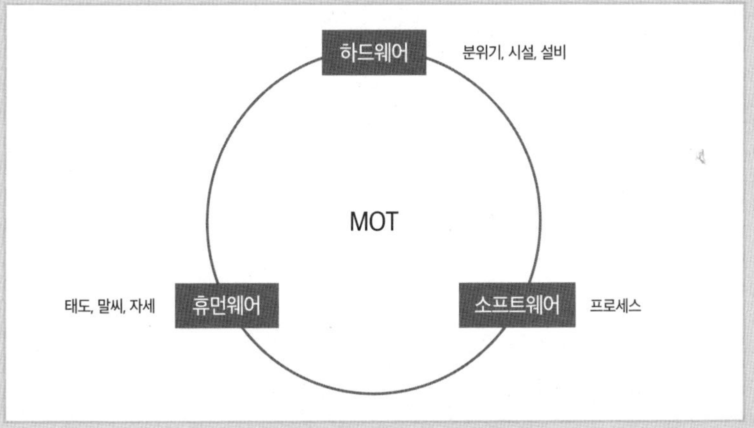

고객 접점(MOT)

의사결정과 행동의 기준에는 재무목표, 사업부, 제품, 브랜드 등 여러 가지가 있다. 그러나 장수 생존기업의 대부분은 고객을 가장 중요하게 여기도록 노력한다. 첫 번째 결정적 순간(MOT)부터 마지막 결정적 순간까지 소비자의 마음을 사로잡고 있는가? 장수기업들은 결정적 순간과 접점에서 고객에게 더 나은 가치를 제공하면 매출, 이익 등 재무적인 성과는 자연히 따라온다는 믿음을 가지고 있다. 당신의 속한 조직은 진정으로 고객을 최우선으로 하고 있는가?

| 지속적인 혁신 |

환경변화에 적응하지 못하면 생존을 할 수 없다. 환경에 적응하기 위한 방법은 혁신이다. 모든 생물이 환경 변화로 자연 도태하거나 진화한다는 찰스 다윈의 진화설과 마찬가지로 조직은 환경 변화에 맞춰 진화해야 한다. 진화의 방법이 곧 혁신이다. 이것이 장수기업의 생존 비결이다.

기업이 존속하는 동안 평탄한 삶만 살아오지는 않는다. 존속기간이 길면 길수록 위기를 여러 번 경험하게 되며, 위기 때마다 새로운 혁신을 하여 더 강한 조직으로 살아남게 된다. 피터 드러커는 《21세기 지식경영(Management Challenges for 21st Century)》[1]에서 "변화를 선도하는 것을 임무로 받아들이지 않는 기업은 결코 살아남을 수 없다."고 하였다. 혁신은 기업의 생존에 있어 필수불가결한 요소이다. 그런데 어느 조직은 생존하고 어느 조직은 도태된다.

---

1 피터 드러커, 《21세기 지식경영》, 한국경제신문, 2002

지속해서 성장하려면 8가지 방향과 동인이 있어야 한다.

❶ 목적과 연결된 혁신이 중요하다.

만일 어느 조직의 목적이 돈을 버는 것에 목적을 둔다면 윤리적, 비윤리적인 상황을 가리지 않고 돈 버는 데만 집중할 것이다. 그러나 '고객의 삶에 감동을 주고 가치를 전달하는 것'이 목적이라면 구성원들은 스스로 자부심을 가지고 자발적인 노력을 할 수 있다. 혁신은 목적에서부터 시작하여야 한다. 그리고 목적은 보편타당하고 사람 중심의 목적이 수립되어야 한다.

❷ 핵심역량을 명확히 해야 한다.

대부분의 조직은 자신들의 핵심역량을 잘 모른다. 자신들의 핵심역량이 무엇인지 스스로 알지 못한다면 경쟁의 무기가 없는 것과 같다. 경쟁을 일종의 전쟁이라 할 때 상대방보다 우리가 가지고 있는 무기의 장점이 무엇인지를 명확히 모른다면 경쟁이 쉽지 않다. 혁신을 위해서는 자신의 핵심 강점을 명확히 알아야 한다.

❸ 전략이다.

전략은 '왜(Why)'에 대한 물음에 '무엇을(What)', '어떻게(How)' 해야 한다고 답할 수 있어야 한다. 그리고 만일 '그렇게 하지 않으면(What If) 어떻게 될 것이다'라는 것을 분명히 해야 한다. 전략은 어디서 경쟁하고 어떻게 이길 것인가를 분명하게 직원에게 제시함으로써 혁신에 일조할 수 있도록 한다. 그리고 전략의 첫 번째 물음인 '왜(Why)'에서는 해당 조직의 존재 목적과 환경 변화 요인이 반드시 반영되어 있어야 전략의 일관성을 유지할 수 있다. 이와 같이 분명한 전략은 구성원들에게 지금과는 다른 차별적인 방식으로 일을 하게 만든다.

❹ 시스템적인 추진이 필요하다.

혁신을 이루기 위해서는 혁신의 방향을 정하고, 추진하고, 점검하고, 피드백할 수 있는 시스템이 필요하다. 혁신 아이디어를 찾아내고 정립할 뿐만 아니라 단계별로 검증해 주는 프로세스가 필요하다. 이를 위해서는 생각이나 보고서에 그치는 혁신이 아니라 이를 구체적으로 실천하고 점검할 수 있는 구조가 함께 만들어져야 한다.

❺ 조직문화가 형성되어야 한다.

혁신이 확산되기 위해서는 지금 하고 있는 일이 바람직하다는 인식뿐만 아니라 그것이 조직문화로 정착되어 당연히 그렇게 하는 것이 맞고, 그렇게 하는 것이 그 조직의 일원인 것 같은 생각이 들도록 해야 한다.

❻ 리더십이다.

리더는 끊임없이 혁신을 이야기하고 방향을 제시하며 구성원들에게 꿈과 희망의 길을 보여주는 것이 필요하다. 또한 이를 직접 실행하고, 지속해서 성공 스토리를 만들어 공유함으로써 구성원들이 동기부여가 되도록 할 때 혁신은 더욱 탄력을 받을 수 있다.

❼ 고객이다.

모든 비즈니스의 정점에는 고객이 있어야 한다. 지속해서 성장하는 기업에는 반드시 고객을 우선하고 고객과 소통하는 것을 중시하는 문화와 전략이 포함되어 있다.

❽ 진정성이다.

고객의 수준이 높아진 영향도 있지만 정보화 사회를 맞이하여 모든 비즈니스 체계가 투명하게 공개될 수밖에 없다. 이런 상황에서 진정성을 잃는 경우 지속해서 성장할 가능성은 없다.

INSIGHT

6장

창의성은
95%가 습관이다

|ISSUE|

창의성을 높이는 5가지 방법

흔히 지식과 기술은 열심히 노력하면 실력을 높일 수 있다고 생각한다. 기초부터 하나씩 늘리면 향상할 수 있다고 생각한다. 그런데 창의성은 어떤가? 많은 사람이 창의성은 '노력하는 것이 아니라 타고나는 것'이라고 생각한다. 그렇지만 인류 역사상 가장 창의성이 뛰어난 사람이라고 평가받는 아인슈타인(Albert Einstein)도 수없이 많은 실패와 역경 속에서 상대성 이론을 만들어 냈다. 추상화의 대가 피카소(Pablo Picasso)는 창의성의 천재라고 불리는 사람이지만, 우리가 보고 또 알고 있는 유명한 작품들은 그가 생전에 만든 약 50,000점에 해당하는 작품 중 극히 일부일 뿐이다. 끝없는 실패와 연습이 천재를 만든 것이다.

한자로 '創(창)' 자는 다양한 의미를 가지고 있다. 기발하고 좋고 뛰어난 뜻이라기보다는 '비롯하다', '시작하다', '다치다', '상하다', '혼이 나다', '슬퍼하다', '몹시 놀라거나 심한 괴로움을 겪어 진저리가 나다'와 같은 뜻을 가지고 있다. 즉 창의성은 타고나는 것이 아니라는 의미이다. 누구나 제대로 된 방법으로 수없이 연습하고 실패를 경험하는 과정에서 창의성을 높일 수 있다.

그렇다면 창의성을 높일 수 있는 방법은 무엇일까? 창의성을 높이는 방법과 관련하여 여러 가지 이론과 주장들이 있지만, 가장 많이 적용할 수 있는 창의성을 높이는 다섯 가지 방법은 다음과 같다.

❶ 지식의 양을 늘린다.

지식의 양을 늘리기 위해서는 새로운 것들을 배우고 연습하여 낯선 분야를 알아가는 것이 필요하다. 새로운 정보를 접했다면 열린 마음으로 받아들이려는 자세가 있어야 한다. 지식의 양을 늘리기 위해 가장 좋은 방법은 직접 경험하는 것이다. 그러나 우리가 모든 것을 직접 경험하는 것은 불가능하기 때문에 타인의 경험과 지식을 받아들여 지식을 넓혀야 한다. 책이나 인터넷으로 간접적으로 경험하는 것이 방법이다. 간접적인 경험에서 무엇인가를 나의 지식으로 만들고 기억하는 데는 보고, 듣고, 읽고, 쓰는 과정이 필요하다.

그중에서 눈으로 보는 것이 가장 많은 정보를 받아들일 수 있는 방법이다. 그러나 눈은 너무나도 많은 정보를 한꺼번에 볼 수 있기 때문에 대부분의 것은 그냥 흘려보내게 된다. 그러니 눈으로 본 것이라도 전부 기억할 수는 없다. 보는 것은 수많은 보이는 것 중에 중요한 것을 세심하게 볼 때만 기억할 수 있다. 그러므로 보기만 하는 것이 아니라 누군가에게 본 것에 대한 정보를 듣고, 관련되는 정보를 찾아서 읽고, 또 중요한 대목을 쓸 때 비로소 그 정보가 나에게 지식이 된다.

독서는 눈으로 보고, 읽고, 중요한 대목은 쓰기까지 할 수 있는 가장 바람직한 지식 습득의 방법이다. 빌 게이츠나 워런 버핏 같은 기업가나 오바마 전 미국 대통령, 정약용 같은 리더들은 엄청나게 많은 독서량을 자랑한다. 그리고 그들은 읽은 책의 내용을 열린 마음으로 습득하고 새로운 지식으로 받아들이고 이를 실천하는 자세를 유지하였다.

❷ 여행한다.

독서는 책에 기술된 글자를 보는 것이기 때문에 보기는 하지만 다양한 것을 보지는 못하는 한계점이 있다. 또한 독서는 듣는 부분에 한계점이 있다. 요즘은 오디오 북이 개발되어 들을 수 있는 책이 있기도 하지만 어느 정도 한계가 있다. 독서가 간접 지식을 얻는 가장 좋은 방법인 것은 분명하지만, 일정 부분의 한계, 즉 보고 듣는 것을 보완하기 위한 방법이 필요한데 그것은 바로 여행이다. 여행을 통하여 늘 경험하는 것과 다른 장소를 가보는 것이다. 그것이 어디든 상관없다. 반드시 여행이 아니더라도 내가 평소에 하던 습관과 다른 습관을 하는 것도 좋은 방법이다.

예를 들면, 집에서 회사까지 출퇴근하는 길을 평상시와 다른 길로 가보는 것이다. 이런 경험으로 새로운 것을 보고 들을 수 있다. '어? 이 길에 이런 것이 있었어?', '아! 우리 집 근처에 이런 근사한 곳이 있었구나!', '저기는 왜 젊은이들이 많이 모여 있지?'와 같은 새로운 경험을 하게 된다. 하물며 출퇴근 길이 아니라 아직 안 가본 박물관을 간다거나, 처음 가보는 지방을 간다거나, 자주는 아니지만 처음 가보는 다른 나라를 여행할 때 얼마나 많은 새로운 것을 경험할 수 있겠는가?

새로운 경험으로 새로운 지식이 쌓인다. 독서로 지식을 늘리고, 여행으로 새로운 지식을 쌓음으로써 창의성을 높일 수 있다.

❸ 의심한다.

독서와 여행으로 받아들여진 지식과 정보는 우리가 어렸을 때부터 배웠던 지식의 형태로 머릿속에 쌓이게 된다. 그런데 이 상태로 그냥 두면 과거에 배웠던 지식에 조금 더 많은 지식의 양이 생겼을 뿐 새로운 지식이나 창의성은 생기지 않는다. 그러므로 의심하는 습관이 필요하다.

우리가 당연히 알고 있고, 초등학교 때부터 교육받아 왔고, 살아가면서 상식이라고 생각하는 것들을 의심해 보는 것이다. '이거 언제부터 그랬어?', '원래는 뭐였어?', '다른 것은 없는 거야?'와 같이 항상 옳다고 여겨왔던 것을 의심해 보자.

물은 정말 위에서 아래로만 떨어질까? 사람은 아프면 반드시 죽어야만 할까? 뜨거운 것을 만질 수 있는 방법은 없을까? 이렇게 당연한 것을 의심하는 과정에서 물을 거꾸로 올리는 펌프가 발명되고, 수없는 연구와 도전으로 당연히 죽어야만 하는 질환을 극복할 수 있었다. 뜨거운 것을 만질 수 있는 장갑을 만들기도 했다.

❹ 질문한다.

의심을 하면 질문은 자연스럽게 따라온다. 모든 생각은 우리의 기억 속에서 탄생한다. 그렇기 때문에 우리 머릿속에 들어있는 지식을 의심하고 자꾸 물어보는 것이다. 여기서 중요한 것은 질문을 늘 똑같은 형태로 하기보다 새로운 질문을 시도하는 것이 좋다. 그래야 지금까지 없었던 새로운 창의적인 생각을 할 수 있다.

예를 들어 반대로 생각해 보는 것이다. 역발상이 필요하다. 전혀 관계없는 것들을 연결 지은 후 거기서 떠오르는 질문을 던져 보기도 해야 한다. 예전에 맛있게 먹었던 아이스크림과 전혀 상관없는 커피를 생각하여 다른 질문을 하는 것이다. 차가운 아이스크림에 뜨거운 커피를 섞어 먹는 게 가능할까? 이 질문으로 탄생한 것이 아포가토(affogato)[1] 아닌가? 다양한 시각으로 생각하고 싶다면 같은 문제에 색다른 질문을 던져 보는 것이 중요하다.

❺ 연결한다.

창의적인 사람들은 머릿속에 있는 지식과 경험과 정보를 의심하고 질문하는 과정뿐만 아니라 전혀 다른 분야와 연결하여 제3의 창의적인 생각을 한다. 여러 가지 지식과 경험을 생각하고 연결하여 새로운 재창조를 한 가장 대표적인 사람은 스티브 잡스이다. 지금 한시라도 우리 곁에서 떨어지면 안 되는 휴대폰은 이와 같은 연결 노력으로 만들어진 결과물이다.

과거에는 인터넷이 발전하지 않아 머릿속에 있는 지식과 정보를 조합하여 아이디어를 만들어 낸 반면, 요즘은 모르는 것을 인터넷에 검색하면 쉽게 찾을 수 있다. 그렇다 보니 의심하고, 질문하고, 연결하는 것을 게을리할 수 있다. 그렇지만 쉽게 얻은 지식과 정보는 오래 기억되지 않는다. 아주 감명 깊은 유튜브 콘텐츠라 할지라도 보는 동안은 다 이해할 수 있지만 이것을 다시 누군가에게 설명해 주려고 하면 쉽지 않다.

요즘 같은 정보의 홍수 시대에는 모든 분야의 가벼운 정보를 수집하기

---

1 아포가토(affogato)는 부드러운 바닐라 아이스크림에 진하고 뜨거운 에스프레소를 얹어 내는 이탈리아의 디저트 음료이다. 아포가토라는 단어는 이탈리아어로 affogare(빠뜨리다, 익사시키다)의 수동태로서, '(물 등에) 빠진'이라는 뜻이다. 가장 널리 알려진 것은 바닐라맛의 젤라토에 커피를 끼얹어 먹는 젤라토 아포가토(gelato affogato)로, 차갑고 달콤한 아이스크림이 뜨겁고 쌉쌀한 에스프레소와 조화롭게 어우러져 커피 향을 한껏 즐길 수 있다.

보다는 다양한 분야에 관심을 가진 후 관심 있는 분야 또는 흥미로운 분야의 지식을 내가 이해하고 활용할 수 있는 지식으로 만드는 노력이 필요하다. 그래야 그 지식을 다른 분야와 연결하고 융합할 수 있다.

창의성을 기르는 방법은 이외에도 다양하겠지만, 위에서 설명한 다섯 가지 습관을 지속하여 활용하면 지금까지 없었던 창의적인 생각을 하는 데 한 걸음 더 나아갈 수 있다. 그리고 다섯 가지 습관에 더하여 지금까지 개발한 생각을 좀 더 키우거나 발전시킬 수 있는 도구(tool)와 기술(skill)을 적용하면 우리의 생각을 풍부하게 만들 수 있다.

그는 어떻게 노벨 물리학상을 받았을까?

브라이언 올디스(Brian Aldiss)[1]는 "어린이다움이 죽은 시체를 가리켜 어른이라 부른다(When childhood dies, its corpses are called adults)."라고 하였다. 성인이 되면 여러 가지 제약 조건이나 영향 등을 고려하여 생각이 복잡해진다. '이것을 하면 저 사람은 어떨까?', '상대 기업에서는 어떨까?', '내부 경쟁 부서에서는 어떨까?', '윗사람이 흡족해할까? 등 정치적, 사회적인 여건과 관계를 고려하고 자신의 과거 경험에 비추어 실수나 후폭풍이 없는 방향을 선택한다. 그러다 보니 문제와 대안과의 괴리가 생기거나 다른 방향으로 나아가기도 한다.

반면 어린이는 있는 그대로 사물을 보고, 하고 싶은 대로 하고, 호기심을 갖지만 정치·사회적, 경험적 왜곡은 하지 않는다. 그런 이유로 너무 쉽게 또는 기발하게 의도치 않게 문제를 해결하는 경우가 종종 있다.

---

1 브라이언 올디스는 잉글랜드의 SF작가이다. 소설가로서는 헬리코니아 삼부작(Helliconia Trilogy)으로 알려져 있고, 휴고상과 네뷸러상을 받았다. 스티븐 스필버그 감독의 영화 〈A.I.〉에 영향을 주기도 했다.

테오도어 핸슈의 노벨 물리학상을 받게 된 연구의 구분

독일의 테오도어 핸슈(Theodor Hansch)[2]는 어떻게 자기가 노벨 물리학상을 받게 되었는지를 위와 같은 그림으로 표현하였다. 핸슈는 어른 닭이 눈에 보이는 먹이만을 추구하는 것을 '목적지향 연구'라 하였다. 목적지향 연구를 하다 보니 먹이에 한눈이 팔려 울타리 뒤가 뚫려 있는 것을 보지 못하고 먹이도 못 먹더라는 것이다. 그런데 병아리는 어미 닭의 보호구역에서 벗어나 여기저기 돌아다니다가 뒤쪽에 열려 있는 울타리를 통해 밖으로 돌아 쉽게 먹이에 접근할 수 있다. 핸슈는 이것을 '호기심으로 하는 연구'라고 명명하였다. 그리고 핸슈는 이 그림으로 자기가 노벨 물리학상을 받은 것도 어미 닭과 같은 자세가 아니라 병아리 같은 유연한 생각으로 우연치 않은 시도를 하여 알아낸 연구성과 때문에 노벨상을 받은 것이라는 설명을 하였다.

성인의 고정관념과 어린아이의 동심도 같은 이치이다. 어른은 자신의 지식과 경험을 근거로 목표 지향적으로 행동하다 보니 앞에 보이는 목표

2 테오도어 볼프강 핸슈는 독일의 물리학자이다. 레이저 분광학 분야의 연구로 2005년 노벨 물리학상을 수상했다.

에만 집중하여 목표에 도달하는 다양한 방법이나 더 쉽게 갈 수 있는 길을 찾지 못한다. 과거에 있었던 일 또는 다른 경쟁자가 시도하고 있는 일, 이미 한번 검증된 방법을 따라 하거나 벤치마킹에 의존한다. 그리고 뒤로 돌아가거나 반대로 생각하는 것은 잘못된 선택이며 바람직하지 않은 것 또는 위험성이 많이 내포된 방법이라고 치부한다. 그 결과 선도자가 되거나 혁신을 이루지 못하고 또다시 새로운 프로젝트 팀을 만들어 같은 실수를 반복한다.

이와 같은 고정관념 또는 자신의 경험이나 지식만으로 문제를 해결하려는 태도는 2차 산업혁명 시대까지는 나름대로 성공한 경우가 많이 있었다. 그러다 보니 기성세대들의 고정관념은 더 견고하게 굳어져 온 것이다. 일찍이 벤저민 프랭클린은 "세상에는 아주 단단한 세 가지가 있다. 강철, 다이아몬드 그리고 자기 자신에 대한 인식이다."라고 하지 않았던가? 그러나 지금은 4차 산업혁명 시대이다. 하루에도 수없이 많은 정보들이 생성된다. 어제의 상식이 오늘 잘못된 지식으로 판명나는 경우가 비일비재하다.

4차 산업혁명 시대의 변화는 정보의 빅데이터화에서 시작한다. 과거에 의미 없는 쓰레기라고 생각하던 정보가 저장기술의 발전과 저장공간이 늘어나면서 정보들이 한곳에 모이고 알고리즘이 찾게 해 준다. 그러므로 4차 산업혁명 시대는 빅데이터에서 새로운 알고리즘을 찾아 이를 사업화하면 대박 신화를 이루기도 한다. 빅데이터는 사업뿐만 아니라 운동경기의 승패, 선거, 사고, 기후 등 다양한 예측에 활용된다. 이런 환경 변화에서 한 개인의 지식과 경험 그리고 고정관념은 거대한 우주 안에 존재하는 쌀알에도 미치지 못할 수도 있다. 그러므로 창의적인 생각이나 혁신을 이루기 위해서는 보다 유연한 사고방식과 태도를 취하는 것이 필요하다. 그리고 유연한 사고방식을 갖는 가장 좋은 방법이 독서와 사색이다. 아이러니하게도 첨단정보 과학기술 사회에서 가장 필요한 것이 아날로그적인 독서와 사색인 셈이다.

4차 산업혁명 시대에는 간접 경험을 하는 독서, 생각을 키우는 독서, 상상력과 창의력을 발휘하는 사색 그리고 어린아이와 같은 강한 호기심이 있어야 한다. 그렇지 않으면 빅데이터에게 물어보거나 인공지능에게 물어보는 수동적인 방법에 중독되고 만다. 아주 열심히 공부하고 노력해서 지금까지 존재했던 상식에 대한 실마리를 이해했다고 치자. 그런데 그 상식이 어느 날 잘못된 지식이라고 드러나는 게 허다한 세상에 고정관념과 경험 및 지식의 한계에 빠지면 우리는 십중팔구 잘못된 선택이나 한계에 부딪히게 된다.

그림에 수학을 적용해 기하학의 미를 성취한 화가

창의성은 인류 발전의 근간이었다. 창의성은 인간이 하는 모든 활동의 필수 요소이다. 기사를 작성하는 기자, 작전 중인 군인, 공부하는 학생, 사업을 발전시키려는 사업가, 새로운 것을 발명하는 기술자, 증거를 찾아내고 변론을 준비하는 변호사 등 사람들은 항상 새로운 개념, 새로운 조직, 새로운 작품을 창조한다. 그리고 문제를 만나면 새롭고 혁신적인 방식으로 해결책을 내놓는다. 예술 작품을 만드는 것만 창작이 아니다. 각종 학문적인 접근이나 발명 그리고 사업에서뿐만 아니라 실생활에서 뜻밖의 돌파구나 방법을 찾는 모든 행위가 창작이고 창의력이다.

미하이 칙센트미하이는 "창의적인 사람과 보통 사람을 구분 짓는 한 단어가 있다면 그것은 '복합성'이며, 그들의 정체는 하나가 아니라 다수다."라고 하였다. 한계를 거부하는 다재다능의 힘 《폴리매스》의 저자 와카스 아메드 역시 다양한 폴리매스, 즉 박학다식하며 다재다능한 천재들의 사례를 통해 천재들은 전문가로서 한 분야에만 집중하기보다는 다양한 분야에서 재능을 나타내는 사람이라면서 그들의 융합성과 연결성을 찬양하였다. 즉, 창의적인 사람이 되기 위해서는 단순히 하나만을 추구하거나 한 분야의 전문지식만을 이용하는 데는 한계가 있다는 지적이다.

모든 사람은 창의성이나 창의적 잠재력이 많다. 창의적 산물은 잡종이 있는 곳에서 발아하고 자라고 열매를 맺는다. 이런 점에서 세상의 모든 창의력의 산물은 다양성이 섞인 잡종이다. 생물학적인 측면에서 '잡종'은 식물의 '교차 수분' 혹은 동물의 회종 교배를 의미한다. 하지만 생물학 분야뿐만 아니라 융합 혹은 통합을 뜻하는 '잡종'이라는 개념은 어떤 형태로든 여러 사회에 항상 존재해 왔다.

우리 인간에게 많은 영향을 미치는 위대한 아이디어는 그 속성상 여러 가지 개념을 통합한 개념이다. 《세계를 바꾼 아이디어》의 저자 펠리페 페르난데스아르메스토는 위대한 아이디어는 다양한 영역의 다양한 관념을 끊임없이 통찰함으로써 중요한 것이 태어난다고 하였다. 아이디어는 번식하고 서로 접촉하며 증식한다. 이와 같은 변화의 양상은 학문적인 측면에서는 다양한 분야의 지식이나 학문을 이종교배하는 것, 즉 융합적인 접근을 하는 형태로 발전하였다. 이것을 학제 간 연구라 한다.

혼합과 융합 그리고 이를 통한 '잡종'이라는 개념과 별개로 창의성의 또 다른 한 분야는 연결성이다. 성공은 한 분야의 아이디어를 빌려와 다른 아이디어에 적용하고 발전시킬 때 그 결과로 나타난다. 그러므로 혁신이란 새로운 관점 즉 기존과 다른 원리로 바라볼 때 발생한다. 21세기 혁신 분야에서 가장 많은 영향을 미친 스티브 잡스는 연결성에 대하여 이렇게 말했다.

“창의성이란 서로 연결하는 능력이다. 창의적인 사람들에게 어떻게 대단한 일을 해냈는지 물어보라. 자신이 딱히 한 일은 없고 그저 뭔가를 보았을 뿐이라고 느끼기에 어쩌면 세상이 보내는 칭송에 그들은 약간 죄책감을 느낄지도 모른다. 그들은 연결을 하여 해결책이 더 선명하게 보였을 뿐이다. 그들은 그동안의 경험을 연결하고 종합해 새로운 것을 창조할 능력이 있었다. 다른 사람들보다 더 많이 경험했고, 그 경험에 관해 더 많이 생각했기에 가능한 일이었다. 불행히도 이런 자질은 매우 희소하다. 우리 업계에서 일하는 사람들은 대부분 다양한 경험을 해보지 않았다. 그들에게는 연결할 만한 점들이 부족하기 때문에 해당 문제를 폭넓은 관점에서 보지 못하고 일차원적인 해결책만 내놓을 뿐이다. 인간의 경험에 대한 이해의 폭이 넓을수록 더 훌륭한 디자인이 나온다.”(스티브 잡스, 〈와이어드〉지, 1995년 2월)

창의성이란 다양한 경험과 지식을 통합하는 과정이 무의식 속에서 진행되다가 어느 순간 창의적인 아이디어로 나오는 것이다. 그러므로 아이디어란 기존 재료들을 새로 조합한 것일 수도 있다. 그런 이유로 서로 연결하여 새로운 지식이나 보는 시각을 찾아내는 통찰이란 서로 멀리 떨어진 시간에 뇌에서 일어난 모든 과정과 의식이 축적되는 순간 갑자기 나타나는 것이다. 대부분의 사람에게는 각각 동떨어진 사실이 단편적인 지식에 불과하지만 창의적인 사람에게는 그 지식이 각기 다른 지식을 연결하는 고리가 될 수 있다.

융합이나 통찰의 형태는 예술과 과학이 만났을 때 창의적인 것으로 나타날 수 있다. 상대성 이론을 밝힌 아인슈타인은 음악을 좋아했고, 레오

나르도 다빈치는 〈최후의 만찬〉 그림에서 수학을 적용해 완벽한 기하학의 미를 성취했다. 서로 다른 것을 보고, 연결하고, 새로운 것을 찾아낼 수 있는 창의력은 뇌의 가소성 때문이다. 인간의 뇌는 상호연결성뿐만 아니라 가소성을 지닌다. 뇌의 화학적 성질과 구조는 경험으로 물리적 변화를 겪는데 이것이 뇌의 가소성이다. 인간의 뇌는 행동을 결정하지만 고정된 물질이 아니기 때문에 행동에 따라 뇌의 성격이 변한다.

과거의 경험은 대부분 의식에서 사라지더라도 여러 방식으로 우리 삶을 형성한다. 따라서 다양한 경험이 인간의 정체성을 결정한다. 이와 같은 특성에 대하여 《메디치 효과》의 저자 프란스 요한슨은 "다양한 문화와 영역, 학문이 하나의 지점에서 만나 함께 흘러가는 것은 새로운 경험이다. 그것들이 한 지점에서 연결될 때 기존의 개념들은 충돌하거나 결합을 시도하면서 마침내 새롭고 획기적인 아이디어들을 형성한다."고 하였다. 현대 뇌과학 측면에서 볼 때에도 인간의 뇌는 끊임없이 새로운 신경 회로를 창조하고, 기존 회로를 변경해 새로운 경험에 적응하고, 새로운 정보를 익히고, 새로운 기억을 창출한다.

이와 같이 창의력은 갑자기 떠오르는 천재적인 감각을 가진 일부 사람들만의 전유물이 아니라 인간의 뇌는 누구나 창의적인 사고를 할 수 있다. 전혀 다른 것이 만나는 융합 또는 통찰을 발견할 수 있으며, 각각의 지식과 경험들의 연결성이 중요한 역할을 한다. 그리고 이것이 가능한 것은 정체하지 않고 끊임없이 변화하는 뇌의 가소성 때문이다. 그렇기 때문에 현대사회로 접어들수록, 교육과정이 높아질수록 점점 더 세분화되고 전문화되는 추세나 교육과정은 창의력을 점점 더 좁히고 죽이는 결과를 초래하고 있는지도 모른다.

브레인스토밍의 4원칙과 장·단점

집단의 창조성을 이끌어내기 위해 가장 널리 이용되는 방법은 1950년대 알렉스 오스본(Alex Faickney Osborn)이 소개한 '브레인스토밍'이다. 오늘날 누구든지 어떤 난해한 문제나 과제를 만났을 때, 개인보다는 그룹일 때 문제나 과제를 해결하기 위해 브레인스토밍을 가장 많이 사용한다.

브레인스토밍에서 brain은 '두뇌'이고, storm은 '폭풍' 또는 '돌격이나 습격'이라는 뜻으로, 뇌에 폭풍을 일으켜 문제를 해결하는 것을 뜻한다. 그러므로 브레인스토밍은 일상적인 사고 기법이 아니라 거침없이 자유롭게 생각하도록 격려함으로써 좀 더 다양하고 우수한 아이디어를 얻는 일종의 아이디어 창조 기법이다.

| 브레인스토밍 진행 방법 |

브레인스토밍을 효과적으로 진행하기 위해서는 몇 가지 주의할 사항이 있다. 특히 브레인스토밍을 이끌어 가는 진행자(facilitator)의 역할이 중요하다.

- 아이디어를 주고받기 편하도록 참여자는 5~8명으로 한다.
- 사전에 진행 규칙과 내용은 안내한다.
- 회의가 시작되면 규칙 내용을 다시 한번 주지시킨다.
- 리더 1명과 서기 1명을 정한다.
- 진행 시간은 1시간 이내로 하는 것이 좋다.
- 아이디어가 원활히 나올 수 있도록 분위기를 조성한다(아이스 브레이킹).
- 아이디어가 나오지 않거나 침묵하면 중재자가 토론에 개입한다.
- 서기는 도출되는 아이디어를 기록한다.
- 시간 종료 후 유사 내용을 그룹핑한다.
- 그룹 단위로 묶인 아이디어의 우선순위를 정한다.
- 가장 좋은 아이디어를 선택한다.

| 브레인스토밍 4원칙 |

❶ 비판 금지

다른 사람의 아이디어는 절대로 비판하지 않는다. 비판받은 사람은 움츠러들게 마련이다. 비판은 새로운 아이디어 발상을 제한하게 만든다. 제출된 아이디어를 비판하지 않는다.

❷ 자유분방

자유분방한 분위기에서 창의적인 아이디어를 환영하며, 시간제한을 둔다. 자유로운 발상으로 아이디어의 한계를 극복해 본다. 어리석게 보이는 아이디어도 의무적으로 제출시킨다.

❸ 질보다 양

질보다 양을 추구하며 아이디어의 수가 많으면 그중에 좋은 아이디어가 반드시 있게 마련이다. 가능한 많은 아이디어를 제출시킨다.

❹ 편승 환영

모든 아이디어를 참가자들이 볼 수 있도록 기록한다. 이렇게 함으로써 모든 사람이 다른 사람의 아이디어에 편승하여 추가적인 아이디어를 발전시키게 된다.

| 브레인스토밍의 장·단점 |

브레인스토밍의 창시자 오스본은 브레인스토밍을 통한 창의성의 성과가 개인의 성과보다 50%는 더 높을 것이라고 주장했다. 하지만 60년이 흐른 지금까지 이 주장에 대하여 많은 연구를 한 결과 오스본의 주장대로 좋은 성과를 내는 경우와 그렇지 않은 경우가 동시에 존재하기 때문에 브레인스토밍은 장점과 단점이 분명하게 존재하는 기법이라 할 수 있다.

브레인스토밍의 장점은 다음과 같다.

① 주제의 다양성(variety of subject)이다. 브레인스토밍은 쉽게 실행할 수 있고, '무엇이 옳은지, 어떠한 대안을 선택해야 하는 것이 좋은지'와 같은 판단을 필요로 하는 주제가 아니라면 어떠한 주제를 가지고도 적용할 수 있다.

② 시너지 효과(synergy effect)이다. 브레인스토밍은 아이디어의 질보다 양에 초점을 맞춘 것으로 다량의 아이디어를 도출해낸다. 다른 사람의 의견을 참고하여 창의적인 조합도 가능하다. 또한 여러 가지 발상들이 모여 수정되고 개선하는 방안을 거치면 대단한 아이디어가 도출될 수도 있다.

③ 표현의 자유(freedom of speech)이다. 브레인스토밍은 비판과 비난을 자제하는 것을 원칙으로 삼고 있기 때문에 집단의 구성원들이 비교적 부담 없이 의견을 표출할 수 있다.

④ 효율적 시간관리(time management)이다. 브레인스토밍은 한 시간 이내로 권장하고 40분 정도 발상 시간이 정해져 있으므로 아이디어 회의의 시간 관리가 효율적으로 이루어진다.

반면에 브레인스토밍의 단점은 다음과 같다.

① 산출 방해(production blocking)가 나타난다. 브레인스토밍은 타인의 이야기를 경청하도록 하기 때문에 타인의 이야기를 듣는 과정에서 자신의 아이디어 산출을 방해할 수 있다. 그룹 내에 집단적 성향을 가진 사람이 많은 경우 또는 일치를 강요하는 압력이 있을 경우에는 자신의 의견을 왜곡하여 발언하기도 한다.

② 평가 불안(evaluation apprehension)이 작용한다. 브레인스토밍은 비판 금지를 원칙으로 하지만 집단 내에 권위 인물이 존재하거나 집단 성원들이 사회적 상호작용에 대해 불안을 느낄 때 훨씬 적은 아이디어가 생성된다. 또한 대다수의 의견과 유사한 아이디어를 제안하는 '강화 현상'이 나타나기도 한다.

③ 무임승차(태만)가 나타난다. 아이디어가 집단 수준에 합해지기 때문에 다른 구성원들의 노력에 단순히 무임승차하는 링겔만 효과(Ringelmann Effect)[1]가 나타난다. 또한 브레인스토밍으로 도출된 아이디어나 결론을 그룹 구성원 모두가 최선의 결과라고 여기게 되어 단점이나 비판을 간과하는 현상이 나타나기도 한다.

④ 시간 낭비(wasting time)가 될 수도 있다. 브레인스토밍을 할 때 아이디어의 기준이나 목적이 불확실하거나 목표에 대한 성취동기가 없는 경우에는 과도한 시간이 투자되어 오히려 작업의 효율성이 떨어질 수도 있다. 또한 너무 많은 인원이 참여할 때는 오히려 시간의 낭비가 일어날 가능성이 있다.

---

1 링겔만 효과(Ringelmann Effect)는 집단 속에 참여하는 개인의 수가 늘어갈수록 성과에 대한 1인당 공헌도가 오히려 떨어지는 현상 즉, 그룹 속에 참여하는 개인의 수가 늘어날수록 1인당 공헌도가 오히려 떨어지는 현상이 발생한다. 이는 혼자서 일할 때보다 집단 속에서 함께 일할 때 노력을 덜 기울이기 때문에 나타나는 현상이다.

질문스토밍으로 두뇌 활동에 질문을 던져라

창의력을 발휘할 때 어김없이 등장하는 브레인스토밍(brainstorming)은 만능인가? 실제로 브레인스토밍보다 한 단계 더 깊이 들어가서 좋은 효과를 낼 수 있는 것은 '질문(question)'이다.

질문을 통한 브레인스토밍이 더 중요한 것에 대하여 할 그레거슨(Hal Gregersen)은 하버드 비즈니스 리뷰 2018년 3~4월호에서 'Better Brainstorming'이라는 제목으로 질문의 중요성을 강조하고 있다. 일종의 질문스토밍(question-storming)이다.

질문스토밍은 질문으로 혁신과 변화를 이끌어내는 방법으로 무작정 답을 찾는 것이 아니라 질문을 하여 답을 찾아가는 방법이다. 즉 질문스토밍은 답 대신 가장 유망하고 강력한 몇 개의 질문을 건지는 것이 목표이다. 질문을 만들어 내고 그 질문들 중 최고의 질문을 선택하여 그것을 중심으로 아이디어를 수렴하는 것이 열쇠이다.

| 질문스토밍 진행 방법 |

❶ 분위기 조성

질문스토밍을 시작하기 위해서는 먼저 관심 있는 과제(주제)를 선택한다. 지금까지 차질을 겪고 있거나 아주 흥미로운 느낌을 가진 것이면 좋다. '이것에 대해 어떤 새로운 질문으로 돌파구를 마련할 수 있을까?'라고 생각하는 것이 출발점이다.

주제(과제) 선정이 끝나면 새로운 각도에서 도전을 생각할 수 있도록 몇몇 사람들을 초청해야 한다. 질문스토밍은 혼자서도 가능하지만 다른 사람들을 참여시키는 것은 더 넓은 지식 기반에 접속하고, 참석자들이 건설적인 마음가짐을 유지할 수 있게 도와준다. 참석자를 구성할 때 이 문제에 직접적인 경험이 없고, 인지유형이나 관점이 전혀 다른 사람을 2~3명 포함하는 것이 좋다. 그들은 이 문제에 관해 잘 알지도 못하고 이해관계도 없는 상태이기 때문에 다른 참석자들이 할 수 없는 놀라운 질문을 할 수도 있다.

답(해결안)을 도출해 내는데 초점을 맞추는 전통적인 브레인스토밍에서는 아이디어 폭발 단계만 참석자들의 참여가 있고, 그 결과는 대부분 개인이 도출한다. 이는 다른 사람의 아이디어에 올라타거나 자신의 의견이 판단 받을 것 같은 두려움 같은 그룹 역학이 참석자들의 생각을 방해할 수 있다. 그리고 내향적인 사람들은 말하는 것을 꺼리거나 나서지 않기 때문에 주도적이거나 고위직에 있는 개인이 결론을 유도하는 경향이 높다. 하지만 질문스토밍에서는 좋지 않은 영향을 미치는 그룹 역학이

상대적으로 낮다. 질문스토밍은 조용한 사람에게도 다른 관점을 이야기할 수 있는 기회를 줄 수 있다. 누구에게도 어떤 관점을 주장하라고 요구하지 않기 때문에 좀 더 편안하게 의견을 낼 수 있다. 질문들에 초점을 맞춘다는 것은 결국 자동으로 대답을 하려는 반응을 이끌기 때문에 문제에 대한 더 깊은 탐구로 확장되는데 도움이 된다.

❷ 규칙

사람들이 모였으면 먼저, 문제와 규칙을 간략히 설명한다. 사람들은 종종 세부적인 사항을 요구하지만 제약사항이나 질문의 방향을 정하는 자세한 설명보다 전체적인 그림을 제공하는 수준에서 도전과제를 공유하는 게 좋다. 이 문제를 해결하면 어떤 더 나은 변화가 일어날 수 있는지에 대해 설명해 주는 수준으로 하는 것이 좋다.

두 번째 단계에서는 왜 이 문제에 갇혔는지, 왜 아직 해결되지 못했는지를 간략히 설명한다. 문제에 대한 설명 후 왜 질문이 필요한지 알려준다.

• 질문은 새로운 문제를 던지고 새로운 영역으로 들어서게 하는데 도움이 된다.

• 질문은 개방적이고 짧고 단순한 것이 좋다.

• 만약? 그럴 수도 있다면? 왜 안 되겠어? 같은 추측성 질문보다는 무엇이 작동하는지 안 하는지, 왜 그런지와 같은 묘사형 질문이 더 좋다.

• 단순히 회상하게 하는 질문보다 창조적 합성을 요구하는 인지적으로 복잡한 질문이 더 효과적이다.

• 질문이 해당 그룹이 성취하길 원하는 것에 대한 강력한 신념에 기반하지 않는다면 고역스러우면서도 방해가 될 수 있다.

• 질문이 공격적으로 사람들을 곤혹스럽게 하거나 자신들의 아이디어에 대한 보증되지 않는 의심을 던지게 하거나 두려운 분위기를 조성한다면 오히려 역효과를 낼 수 있으니 조심해야 한다.

세 번째 단계에서는 질문스토밍의 2가지 규칙을 설명한다.

첫째, 참석자들은 질문만 할 수 있다. 해결책을 제안하려는 혹은 다른 사람들의 질문에 대답하려는 사람들은 제한해야 한다.

둘째, 질문의 틀을 만들게 되는 사전 설명이나 정당화 같은 말은 하지 않아야 한다. 이는 듣는 사람들에게 문제를 피하고 싶어 하는 방향에서 문제를 바라보게 할 것이기 때문이다.

❸ 질문스토밍

질문스토밍에서는 가능한 많은 질문을 집중적으로 생각할 수 있는 4분 동안의 시간을 갖는다. 통상적으로 질문스토밍도 브레인스토밍에서처럼 다른 사람들의 기여를 비판하지 않는다. 놀랍고 도발적인 질문일수록 더 좋다. 주의할 것은 사람들이 질문을 던지기 시작할 때 대답을 하면 안 된다.

중요한 것은 질문의 양이다. 주어진 시간 안에 가능한 많은 질문들을 해보라고 요청하고(최소 15개) 질문을 짧고 단순하고 새롭게 표기한다. 말한 것들을 그대로 적는 것이 좋으므로 화이트보드 대신 종이, 컴퓨터, 태블릿에 적는다. 시간이 다 되면 성과를 확인한다. 참여자들의 느낌은 어떤가? 질문스토밍으로 전보다 좀 더 긍정적이 되었는가?

성과 확인 후 다음 세션을 가질 수도 있고, 다음 날 다시 시도할 수도 있다. 혹은 다른 사람들을 참여시켜 세션을 가질 수도 있다. 이런 과정을 통하여 사람들이 문제를 보는 관점을 바꾸는데 도움이 된다.

❹ 본래의 과제 확인 및 실행

질문스토밍을 마친 후 새로운 길을 제안하는 질문들이 있는지 살피면서 질문들을 검토한다. 이와 같은 세션에서 문제를 재구성하거나 문제를 해결하는 새로운 시각을 제공하는 최소 하나 이상의 질문이 나올 것이다. 흥미를 끄는 것, 해오던 방식과는 다른 것, 혹은 조금 불편한 느낌이 드는 것들 몇 가지를 선택하라.

왜 이 질문이 중요하거나 의미가 있는지 분명히 하고 그중에서 더 중요한 핵심 질문들을 선택한다. 질문을 선택했다면 선택된 질문을 확장하는 것이 중요하다. 그 질문이 정말로 중요한지, 왜 중요한지 그리고 그것을 실행하는데 만나게 될 수 있는 장애물은 무엇인지 이해하면서 가능한 해결책의 영역을 확장할 수 있다.

마지막으로 가장 바람직한 새로운 방법을 시도해 볼 수 있는 질문을 선택하고 이것을 진실 탐구자처럼 수행한다. 이 과정에서 도요타의 5Why나 스탠퍼드의 마이클 레이의 'the highest goal' 등의 방법을 이용할 수 있다. 그리고 그 해결 대안에 따른 행동 계획을 수립한다.

| 질문스토밍의 필요성과 장점 |

질문스토밍은 답이 아닌 질문을 하여 과거의 인지 편향을 밀어내고 미지의 영역을 쉽게 모험적으로 갈 수 있도록 해준다. 이 방법론은 가치 있는 새로운 방식으로 문제를 다시 구성하는 과정이다. 이 방법은 사람들이 보다 창의적으로 생각하는 습관을 가질 수 있게 도와주고 사람들이 혁신적인 무언가를 찾고 있을 때 사람들에게 통제감을 느끼게 한다. 이것은 번개처럼 떠오르는 생각을 마냥 앉아서 기다리는 대신 할 수 있는 무언가를 제공한다. 사고가 고착되는 것 같을 때 혹은 새로운 가능성을 상상할 때 이 방법을 이용할 수 있다. 그러므로 질문스토밍은 단순한 브레인스토밍보다 깊이 있는 사고와 다른 관점에서의 혁신적이고 창의적인 해결 대안을 찾아낼 수 있다.

질문스토밍이 잘 이루어지기 위해서는 질문을 반기고 질문하는 것을 북돋아주는 '질문의 문화(culture of inquiry)'가 필요하다. 단순하게 상사나 리더의 지시를 받아 적고 질문하지 않는 침묵의 조직이 아니라 우리가 하는 일에 도전을 주고 새로운 아이디어를 찾는 문화를 구축하는 데 효과적이다.

브레인라이팅으로 조용히 그러나 강하게 창의하라

브레인스토밍은 한두 사람의 아이디어로 진행되거나 대세에 치중하는 경향이 생길 수 있다. 이러한 단점을 보완하기 위해 나온 개념이 아이디어를 종이에 적어 만들어 내는 '브레인라이팅(brainwriting)'이다.

브레인라이팅은 독일의 베른트 로르바흐(Bernd Rohrbach) 교수가 창안한 아이디어 발상법이다. '침묵의 브레인스토밍'이라고도 한다. 이 기법이 만들어지게 된 동기는 브레인스토밍의 단점을 극복하는 것에서 출발한다.

브레인스토밍을 직접 해보면 모임을 리드하는 몇몇 사람들만 열심히 하고 정리되는 경우가 많다. 그러나 브레인라이팅은 책상에 둘러앉아 각자 주제에 대한 아이디어를 글로 적은 후 종이를 옆으로 돌려 의견을 공유하는 것이다. 옆 사람은 아이디어를 읽은 후 더 발전시키거나 새로운 아이디어를 추가하고 다시 옆 사람에게 넘긴다. 이 과정을 반복해 한 바퀴를 돌고 나면 자신과 동료들의 생각을 읽으며 아이디어를 개발하는 시간을 갖는 것이다. 이와 같은 방법을 통해 브레인라이팅은 한쪽에 치우치거나 몇몇 사람의 주도로 이루어지지 않고 누구에게나 공평하게 의견을 제시하는 기회가 생기게 된다.

연구에 따르면 브레인라이팅은 기존의 브레인스토밍보다 창의적인 아이디어를 40% 더 생산한다고 알려졌다. 침묵 속에서 참가자들 개개인의 사고를 최대로 살리며 집단 발상의 장점도 살릴 수 있다.

| 브레인라이팅 진행 방법 |

브레인라이팅은 일반적으로 다음과 같이 진행된다.

먼저 함께할 주제 또는 질문을 정한다. 각자 포스트잇에 질문에 대한 생각을 적게 한다. 포스트잇 한 장에 한 가지 생각만 쓰게 한다.

브레인라이팅 중에서 가장 많이 사용하는 '6-3-5 브레인라이팅'의 진행 방법은 다음과 같다.

① 브레인라이팅 양식을 준비하고 진행할 주제를 정한다.

② 6명을 한 조로 구성한다. (꼭 6명이 아니어도 된다.)

③ 5분 이내에 1번 참여자가 3개의 아이디어를 적고 2번 참여자에게 전달한다.

④ 두 번째 참여자도 역시 5분 이내에 3개의 아이디어를 적는다.

위 과정을 계속 반복한다. 내용이 다 채워지면 함께 이야기하면서 좋은 아이디어에 표시하고 해당 아이디어를 발전시킬 방법을 이야기한다.

주제 <   >

	A	B	C
1			
2			
3			
4			
5			
6			

브레인라이팅 용지의 예

브레인라이팅을 할 때 준비물은 브레인라이팅 양식, 포스트잇, 필기구이다.

브레인라이팅에서 주의할 점은, 포스트잇을 분류할 때 기준을 명확히 설정하고 분류하는 것이다. 분류가 어려울 때는 일단 남겨두었다가 전체적인 분류가 끝난 후에 다시 생각해서 분류한다. 내용이 불분명한 경우는 쓴 사람에게 정확한 의도를 물어본다. 브레인라이팅은 참가자들이 프로그램의 참여 의도와 목표가 명확히 공유된 상태에서 진행하는 것이 좋다.

| 브레인라이팅의 장·단점 |

브레인라이팅의 장점은 다음과 같다.

① 모든 사람이 평등하게 사고하고 발언자가 특정인에게 치우치지 않

는다.

② 침묵하면서 개인 발상을 하므로 발언 때문에 사고가 방해되지 않는다.

③ 발표를 망설이는 다수의 의견을 이끌어낼 수 있다. 예를 들어 브레인라이팅 중에 '6-3-5 브레인라이팅'은 한 바퀴가 돌고 나면 30분에 총 108개의 아이디어를 얻을 수 있다.

한편 브레인라이팅의 단점은 참가자 간에 서로 자극하는 상승효과를 기대할 수 없다는 점이다. 조용히 자기의 생각을 종이에 적기만 하기 때문에 상승효과가 다소 낮을 수 있으므로 진행자의 역할이 매우 중요하다.

스캠퍼로 들고, 뜯고, 맛보고, 즐기고~

스캠퍼? 낯선 이름이다. 스캠퍼는 브레인스토밍 기법의 하나로 브레인스토밍 기법을 창안한 오스본의 체크리스트를 에이벌(bob Eberle)이 7개의 키워드로 재구성하여 발전시킨 것이다. 스캠퍼(SCAMPER)는 Substitute, Combine, Adapt, Modify, Put to other uses, Eliminate, Reverse의 영어 앞글자를 조합하여 만든 말이다.

브레인스토밍이 사고의 제약 없이 다양한 안건을 마음껏 도출하는 방법이라면 스캠퍼는 사고의 영역을 7개의 키워드로 정해놓고 이에 맞는 새로운 아이디어를 생성한 뒤 실행 가능한 최적의 대안을 골라내기 때문에 브레인스토밍보다 구체적인 안을 도출하기 좋다.

| 스캠퍼(SCAMPER)의 7가지 질문과 사례 |

① Substitute(대체하기): 기존의 것을 다른 것으로 대체함으로써 고정

적인 시각을 다른 시각으로 바라볼 수 있게 하는 질문이다. 즉, 'A 대신 B를 쓰면 어떨까?', 'A의 성분을 B가 아닌 C로 하면 어떨까?' 같은 질문이다. 예)콩으로 만든 메주

② Combine(결합하기): 두 가지 이상의 것을 결합하여 새로운 것을 도출할 수 있게 하는 질문이다. 즉 'A와 B를 합치면 어떨까?' 같은 질문이다. 예)수상스키

③ Adapt(응용하기): 어떤 것을 다른 목적과 조건에 맞게 응용해 볼 수 있도록 하는 질문이다. 즉 'A를 B 외에 C에도 사용하면 어떨까?', 'A와 비슷한 것은 무엇일까?' 같은 질문이다. 예)떡케이크

④ Modify(수정하기), Magnify(확대하기), Minify(축소하기): 어떤 것의 특성이나 모양을 변형하고 확대 또는 축소하여 새로운 것을 생각해 볼 수 있도록 하는 질문이다. 즉, 'A의 특성을 변형한다면 어떨까?', 'A를 확대하면 어떨까?', 'A를 축소하면 어떨까?' 같은 질문이다. 예)휴대용 선풍기

⑤ Put to other uses(다른 용도로 사용하기): 어떤 것을 전혀 다른 용도로 생각해 볼 수 있도록 하는 질문이다. 즉 'A를 B 용도 외에 C 용도로 사용하면 어떨까?' 같은 질문이다. 예)베이킹파우더 청소 세제

⑥ Eliminate(제거하기): 어떤 것의 일부 또는 제거가 가능한 기능들을 찾아보는 질문이다. 즉, 'A의 일부를 제거한다면 어떨까?' 같은 질문이다. 예)선을 제거한 무선청소기

⑦ Reverse(반전하기), Rearrange(재정렬하기): 어떤 것의 순서, 위치, 기능, 모양 등을 바꾸거나 재정렬하여 새로운 것을 생각해 볼 수 있도록 하는 질문이다. 즉, 'AB를 BA로 바꾸면 어떨까?', 'A의 역할을 바꾸면 어떨까?' 같은 질문이다. 예)누드김밥

| 스캠퍼 준비와 진행 |

① 참여자 선정하기: 스캠퍼는 다수의 인원으로 진행하도록 한다.

② 시간 정하기: 스캠퍼의 정해진 회의 시간은 없다. 그러므로 주제에 따라 1시간 단위로 진행하는 것이 좋으며, 이를 넘길 때는 휴식 시간을 가진다.

③ 세부 진행 순서

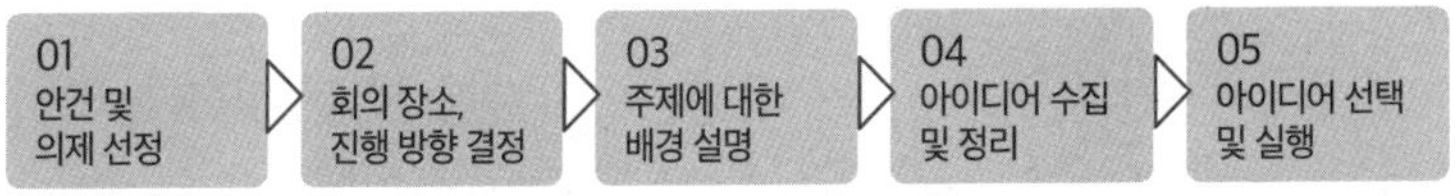

| 스캠퍼 수행 원칙 |

① 비판 금지: 공감되지 않는 아이디어라 할지라도 비판하거나 무시하지 않고 수용한다.

② 다다익선: 최대한 많은 아이디어를 모으고 서로 다른 아이디어들을 합쳐가며 새로운 아이디어를 도출한다.

③ 함께 선택: 아이디어 수집 후 리더와 참여자 모두가 함께 최종 아이디어를 선택한다.

| 스캠퍼의 장점과 단점 |

스캠퍼는 짧은 시간에 많은 양의 아이디어를 얻을 수 있는 장점이 있다. 7가지의 명확한 질문 영역이 있기 때문에 초보자도 쉽게 활용할 수 있다. 스캠퍼를 효과적으로 활용하는 방법 중의 하나로 백화점이나 통신판매 카탈로그를 이용하는 것이다. 다양한 상품을 보면서 그 상품들의 특성이나 형태 등을 스캠퍼 기법에 적용하면 쉽게 많은 아이디어를 만들 수 있다.

스캠퍼의 단점은 7가지 분야의 질문으로 한정한다는 것이다. 그러나 7가지를 기본으로 더 많은 질문을 확장하면 얼마든지 응용할 수 있다.

아이디어를 평가하는 아이디어

브레인스토밍이나 브레인라이팅 또는 스캠퍼, 마인드맵 등 다양한 기법을 통하여 창의적이고 새로운 아이디어가 나왔을 때, 이 아이디어를 어떻게 종합적으로 평가하고 더 좋은 점을 찾아 보완하고 개선할 수 있을까?

대부분은 하나의 아이디어에 대하여 장점을 이야기하다 보면 그쪽으로 의견이 몰리거나 또는 반대 의견으로 의견이 몰리기도 한다. 더 심각한 것은 장점과 단점을 뒤죽박죽 이야기하다 보면 빠트리거나 미처 생각하지 못한 점들이 발생할 수 있다. 이와 같은 문제를 해결하는 방법은 없을까?

PMI 기법이 있다. PMI 기법(Plus-Minus-Interesting Method)은 1973년 에드워드 드 보노(Edward de Bono)가 고안한 것으로 아이디어의 장점과 단점을 측정할 수 있어 아이디어 평가에 많이 사용된다. PMI 기법은 의견을 장점, 단점, 흥미로운 측면 등으로 고려하여 득과 실을 분석한 후 제일 나은 선택을 하도록 도와주는 기법이다. 이 기법은 신제품을 개발하는 단계, 문제를 해결하는 과정, 동시에 여러 가지 요인들을 따져볼 때 적합한 기법이다.

Plus(강점)는 아이디어를 실행했을 때 긍정적인 면을 떠올리는 것이고, Minus(약점)는 부정적인 면을 생각하는 것이다. 또한, Interesting(흥미)은 아이디어의 흥미로운 점을 찾아내는 것이다. 궁극적으로 PMI 기법은 제안된 아이디어 가운데 무엇이 최선책인지를 파악하여 결정하는 방법이다.

| PMI의 필요성 |

PMI 기법이 필요한 이유는 간단하다. 새롭게 도출된 아이디어가 어떤 점을 가지고 있는지를 평가할 수 있게 그에 대한 아이디어를 찾는 기법이다. 구체적으로는 다음과 같은 필요성 때문에 만들어진 기법이다.

① PMI가 없다면 처음에는 좋지 않은 의견처럼 보이고, 또는 좋은 의견처럼 보이지만 사실은 반대인 경우를 빠뜨릴 수 있다.

② PMI는 아이디어가 좋고 나쁘고가 아니라 흥미로운 점까지 보여준다.

③ PMI가 없다면 그 의견의 좋고 나쁜 점을 보지 못하고 그 당시의 감정으로 판단할 수 있다.

④ 제시된 아이디어에 자유롭게 또는 중구난방의 의견을 제시하기보다 장점은 장점만, 단점은 단점만 그리고 흥미롭거나 재미있는 내용은 그것만 집중적으로 생각하고 정리하여 아이디어를 종합적으로 판단할 수 있다.

| PMI 진행 방법 |

① PMI의 의미를 집단 구성원에게 설명한다. Plus(강점: 제시된 아이디어의 좋은 점), Minus(단점: 제시된 아이디어의 나쁜 점), Interesting(흥미로운 점: 제시된 아이디어와 관련하여 흥미롭게 생각되는 점)

② 각 영역별로 아이디어를 생성한다. P를 고려할 때에는 P에만 집중해야 한다. M, I는 마음에 두지 않는다. 또한 M이나 I를 할 때에도 그것에 해당하는 것만 집중해야 한다.

③ PMI 결과를 발표하고 논의한다.

④ 세부 진행 절차

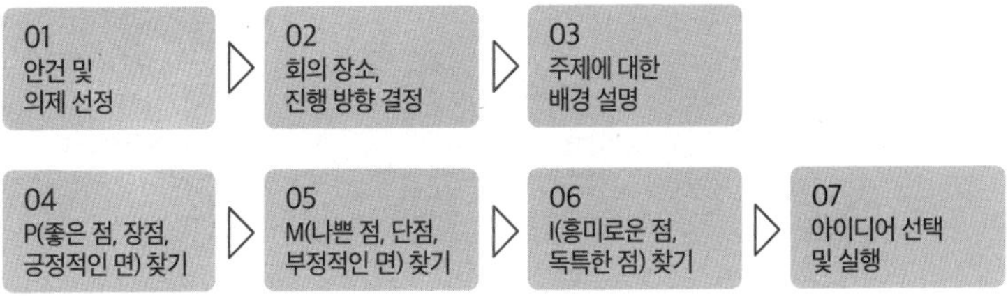

| 예시: 지하철에 좌석을 모두 없애자 |

- **P(Plus)**
  - 더 많은 사람이 탈 수 있다.
  - 타거나 내리기가 더 쉽다.
  - 제작하거나 수리하는 비용이 적게 든다.

· **M(Minus)**

- 갑자기 정차할 경우 승객들이 넘어질 수 있다.
- 노인이나 장애인들은 불편하다.
- 짐을 들고 있거나 아기를 데리고 있을 경우 불편하다.

· **I(Interesting)**

- 한 량은 의자가 없게 하고 한 량은 있게 한다면 어떨까?
- 맨 앞이나 맨 뒤에만 의자가 있게 하면 어떨까?
- 한 번은 의자가 있는 차량, 한 번은 의자가 없는 차량으로 번갈아 가며 운행하고 골라 타도록 하면 어떨까?

만다라트, 칸만 채우면 만들어지는 아이디어

만다라트 기법은 일본의 디자이너 이마 이즈미 히로아키(今泉浩晃)가 구상한 기법이다. 'Manda(본질의 깨달음)+La(달성 및 성취)+Art(기술)'의 합성어로 '본질을 깨닫는 기술' 또는 '목적을 달성하는 기술'을 뜻한다.

만다라트는 가장 큰 주제 및 목표를 세우고 이에 대한 해결법, 아이디어, 생각들을 확산해 나가는 형태로 생각을 더욱 쉽게 정리하고 한눈에 조합하여 확인할 수 있다. 누구나 쉽게 발상을 전개하거나 목표를 관리하는데 도움을 준다. 이 기법은 일본의 괴물 투수 오타니 쇼헤이(大谷翔平)가 고등학교 1학년 때 세워놓은 계획표로 더욱 유명해졌다.

| 만다라트 실행 방법 |

만다라트는 표를 그리는 것에서부터 시작하는데 만다라트 표는 9×9 표로 총 81칸을 가지고 있다. 실제 칸을 채워가는 방식은 다음과 같다.

오타니 쇼헤이의 만다라트 계획표(출처: https://geonlee.tistory.com/104)

① 자신의 핵심 목표를 가장 중심에 적는다.

② 핵심 목표를 이루기 위한 8개의 세부 목표를 핵심 목표 주변에 적는다.

③ 적어 놓은 세부 목표 8개를 바깥 3×3표의 중심에 적는다.

④ 핵심 목표에 따른 세부 목표를 적었던 것처럼 세부 목표별로 달성하기 위한 방법 8가지를 주변에 적는다.

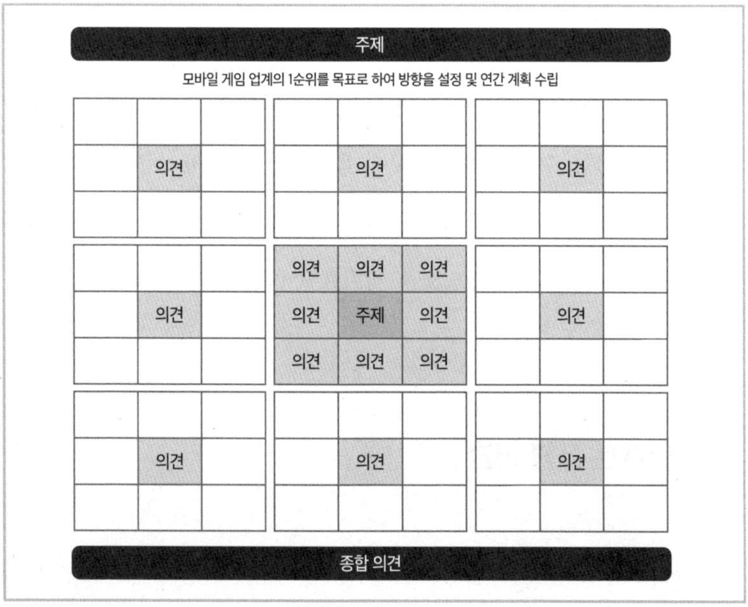

만다라트 양식

만다라트는 이런 과정으로 핵심 목표 1가지, 그 핵심 목표를 이루기 위한 세부 목표 8가지, 그리고 각 세부 목표를 이루기 위한 방법 8가지씩 64가지의 달성 방법이 생긴다.

만다라트 표를 작성하고 이를 실천하기 위한 목표를 세울 때 최종 목표(final goal)와 수행 목표(performance goals)를 구분해야 한다. 예를 들어 마라톤 완주가 최종 목표라면 이 달성에 도움이 되는 '매일 30분씩 조깅'은 수행 목표가 된다. 목표를 정할 때 SMART 기법이 매우 유용하게 사용될 수 있다.

SMART 기법은 조지 도란(George T. Doran)이 1981년에 'There's S.M.A.R.T. Way to Write Management Goals and Objective'라는 글을 통해 처음 알린 목표 수립 기법으로 SMART 각각의 첫 글자에 해당하는 내용을 중심으로 목표를 세우는 기법이다.

• S(Specific): 목표는 명확하고 구체적이어야 한다. 구체적인 목표를 설정하기 위해서는 아래 6가지 W에 대한 질문을 해보아야 한다.

Who: 누구의 목표이며, 누가 하는가?

What: 무엇을 달성하고 싶은가?

Where: 어디서 달성하려는 것인가?

When: 목표 달성에 필요한 시간은?

Which: 목표 달성에 필요한 조건과 제약은?

Why: 목표 달성 이유와 목적은? 나에게 주어진 보상은?

• M(Measurable): 목표는 정량화되고 측정할 수 있어야 한다. 즉, 얼마나 많이 해야 하는가? 그리고 목표 달성 여부를 어떻게 확인할 수 있는가? 이 질문의 답을 생각하는 것이다.

• A(Attainable 또는 Assignable): 달성 가능한 목표를 세워야 한다.

• R(Realistic 또는 Relevant): 도달 수 있는 현실적인 목표를 설정해야 한다.

• T(Timely): 목표를 달성해야 하는 기간을 반드시 정해야 한다.

이와 같은 만다라트는 머릿속에 있는 정보와 아이디어의 힌트를 간단한 포맷을 통해 놀랄 만큼 다양하게 끌어내 준다. 또한 모인 인원이 불어날수록 정리할 수 없을 만큼 많은 아이디어가 나올 수 있다. 그리고 아이디어의 재료들이 한 테이블에 올려져 있기 때문에 일일이 생각할 필요 없이 아이디어가 쉽게 나온다.

만다라트는 나선형 구조로 움직이는 머리의 구조에 가장 적합한 생각의 도구이다. 따라서 펼친 아이디어들로 다채로운 아이디어 조합의 묘미를 느낄 수 있다.

| 만다라트의 장점 |

① 모든 내용을 한 페이지로 확인할 수 있다. 가로, 세로 9칸 총 81칸의 사각형을 채우는 과정에서 수많은 아이디어를 한 페이지로 시각화할 수 있다.

② 틀에 있는 공백을 메우는 심리가 적용된다. 공백을 메우는 과정에서 다양한 아이디어가 발생한다. 또한 생각이 멈춰있는 상태에서 생각이 활성화되는 효과도 있다.

③ 논리적이고 구체적인 생각을 정리할 수 있다. 중심 토픽, 주요 토픽, 하위 토픽으로 분류된 칸에 내용을 기입하면서 자연스럽게 논리체계가 생성되며 세부적인 내용을 적는 과정에서 생각이 구체화 된다.

마인드맵, 생각의 가지에 또 가지를 쳐라

마인드맵(Mind Map)은 1971년 영국의 심리학자 토니 부잔(Tony Buzan)이 만든 생각 도구이다. 마인드맵은 생각하고 있는 것, 기억하고 있는 내용을 마음속에 지도를 그리듯이 줄거리를 이해하며 정리하는 방법이다. 마인드맵은 아이디어를 시각화하고 개발하는 기법으로 사람의 뇌는 사방으로 아이디어를 방출하고 자연적인 고리를 통해 이를 연결하는 특성을 갖는다는 것에서 착안한 기법이다.

마인드맵은 선형적 메모와 달리 이러한 뇌의 작용 방식을 보조한다. 따라서 브레인스토밍, 복잡한 프로젝트 계획, 비즈니스 기획안부터 소설 플롯에 이르기까지 모든 것에 활용할 수 있다.

| 마인드맵 구성 요소 |

❶ 방사형 구조

마인드맵은 대자연의 구성 원리인 방사형 구조로 만든다. 방사형은 중앙의 중심 이미지에서 주 가지가 뻗어 나가며, 점점 그 굵기가 얇아지는 형태이다.

❷ 중심 이미지

중심 이미지는 주제, 제목, 생각 등을 표현하는 그림이다. 중심 이미지는 가능하면 중앙에 크고 화려하게 입체적으로 그리는 것이 좋다. 만일 스케치북 크기의 종이에 작업한다면 중심 이미지는 적어도 어린아이 주먹 크기 정도로 그리는 것이 좋다.

❸ 주 가지와 부 가지

주 가지는 중심 이미지에 연결된 나뭇가지 모양의 선이다. 중심 이미지에 가까울수록 굵고, 밖으로 뻗어 나가면서 점점 가늘게 그리는 것이 좋다. 또한 범주별로 같은 색상으로 구분하면 아이디어와 생각을 정리하기 쉽다.

❹ 키워드

가지가 끊어지는 것을 막기 위해 키워드는 가능하면 가지 끝이 아닌 가지 위에 쓰는 것이 바람직하다. 가지 위에 키워드를 쓸 때는 주의해야 할 것이 있는데, 하나의 가지 위에는 하나의 키워드만을 써야 한다.

❺ 이미지

손으로 그리는 마인드맵의 특징이 바로 이미지이다. 가능하면 키워드와 관련된 이미지를 많이 그리는 것이 좋다. 예쁘고 복잡하게 그리는 것보다 간단하지만 다양한 색상을 사용해 입체적으로 그리면 도움이 된다.

| 마인드맵 작성 7원칙 |

• 종이의 중심에서 시작한다.

• 중심 생각을 나타내기 위해 이미지나 사진을 이용한다.

• 전체적으로 색깔을 사용한다.

• 중심 이미지에서 주 가지로 연결한다. 주 가지의 끝에서부터 부 가지로 연결한다. 그리고 부 가지의 끝에서 세부 가지를 연결한다.

• 구부리고 흐름 있게 가지를 만든다.

• 각 가지당 하나의 키워드만을 사용한다.

• 전체적으로 이미지를 사용한다.

| 디지털 마인드맵 |

종이 말고 디지털을 이용할 경우 편집과 수정이 쉽고 공유가 간편하며, 다양한 부가기능이 있다. 그러므로 디지털 마인드맵을 활용하는 방법도 바람직하며, 다양한 프로그램을 무료로 활용할 수 있다.

| 마인드맵 예시 |

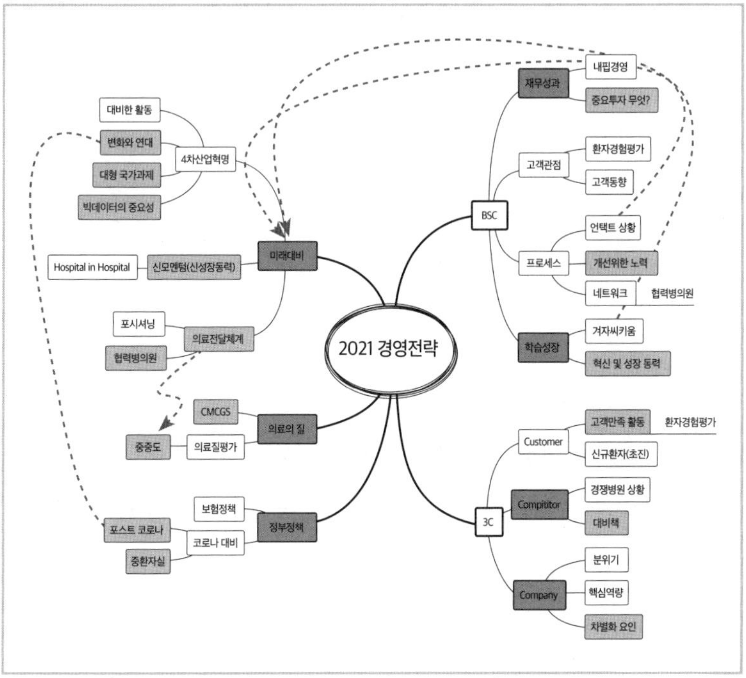
2021 경영전략
미래대비
4차산업혁명
대비한 활동
변화와 연대
대형 국가과제
빅데이터의 중요성
신모멘텀(신성장동력)
Hospital in Hospital
의료전달체계
포시셔닝
협력병의원
의료의 질
CMCGS
의료질평가
중증도
정부정책
보험정책
코로나 대비
포스트 코로나
중환자실
BSC
재무성과
내핍경영
중요투자 무엇?
고객관점
환자경험평가
고객동향
프로세스
언택트 상황
개선위한 노력
네트워크
협력병의원
학습성장
겨자씨키움
혁신 및 성장 동력
3C
Customer
고객만족 활동
환자경험평가
신규환자(초진)
Compititor
경쟁병원 상황
대비책
Company
분위기
핵심역량
차별화 요인

6색 사고모자를 쓰고 입장을 바꿔 생각하라

6색 사고모자 기법(Six Color Thinking Hats Method)은 영국의 심리학자 에드워드 드 보노(Edward de Bono)가 개발한 기법이다. 이 기법은 아이디어를 생성하고자 할 때 또는 브레인스토밍이 끝난 뒤 아이디어를 평가하는데 사용할 수 있다.

사람이 생각할 때는 뇌의 엔도르핀 뇌하수체에서 분비되는 신경 펩티드, 신경을 구성하는 아미노산 화합물이 뇌를 돌아다니면서 인간의 기분과 사고에 영향을 미친다. 6색 사고모자 기법은 뇌의 특별한 화합물질을 유발해 사고에 영향을 주는 조건과 신호를 조건화하는 과정에서 뇌에 퍼진 화학 물질이 다를 때마다 다른 생각을 하도록 유도하는 방법이다.

6색 사고모자 기법은 6가지 색깔의 모자를 쓰고 의도적으로 한 번에 한 가지만 사고하게 하는 개념이다. 이렇게 하면 감정과 논리를 분리하고 정보와 독창성을 분리시킬 수 있다.

| 6색 사고모자의 원리 |

• 한정된 사고의 역할을 할 수 있다.

사고의 가장 큰 제한은 자아를 방어하기 때문인데 이로 인해 생각의 오류를 범하게 된다. 모자를 쓰면 자아의 손상 없이 자유롭게 생각하고 말할 수 있다. 품바 복장을 하면 나도 모르게 품바 역할을 하게 되는 것과 같은 이치이다.

• 주의 집중을 유도한다.

단순한 반응 이상의 사고를 하려면 하나의 사고에서 다른 사고로 주의를 환기시켜 줄 수단이 있어야 하는데 여섯 개의 모자가 그 역할을 한다.

• 활용하기 쉽다.

다른 색의 모자가 다른 사고를 유도하는 방법이므로 모자를 쓰라는 말 하나로 창의적 사고를 요구할 수 있다. 부정적 사고를 멈추게 하거나 감정적인 반응을 요구하는 등 모자 하나로 자연스러운 유도가 가능하다.

• 서로 다른 색의 모자들이 뇌 속의 화학 물질을 유도할 수 있도록 작용한다.

| 6색 사고모자의 활동 순서 |

① 주제 정하기

② 역할 분배: 각기 다른 여섯 가지 색깔의 모자를 쓴다.

③ 토의 및 토론: 각자 다른 색깔의 모자에 해당하는 사고를 통해 발언

한다.

④ 기술 습득: 사고의 훈련과 토의 기술이 습득되면 6색 모자 없이 토의를 진행한다.

6색 사고모자기법은 가급적 긍정적인 사고를 한 뒤 비판적으로 평가할 수 있도록 황색 모자를 먼저 사용한 뒤 흑색 모자를 사용하면 좋다. 아이디어 생성을 위해서는 백색-녹색-황색-흑색-청색-적색 순서로 하고, 아이디어의 평가를 위해 사용할 경우에는 그 반대 순서(적색-청색-흑색-황색-녹색-백색)로 진행하는 것이 일반적이다.

| 6색 사고모자의 역할 및 사고 방향 |

① **하얀 모자**(Information): 객관적, 중립적인 사실과 정보

• 역할: 이미 검증된 정확한 정보를 제시하고 중립적이고 객관성을 유지한 의견을 제시한다.

• 사고 방향

- 우리는 어떤 정보가 필요한가?
- 우리가 가지고 있는 정보는 어떤 것이 있는가?

② **초록 모자**(Creative Thinking): 창의적, 확산적, 혁신적

• 역할: 기존의 사고에서 벗어나 새로운 시각과 창의적인 아이디어를 제시하고, 약점을 보완할 대안을 제시한다.

• 사고 방향

- 다른 방법은 없을까?

- 새로운 아이디어는 없을까?

- 보완할 개선방안은 무엇일까?

③ **노란 모자**(Optimistic Thinking): 긍정적, 낙관적, 강점, 실현 가능성, 건설적, 가치, 이점

• 역할: 논리적인 근거를 기반으로 장점을 찾고 달성할 수 있는 명확한 실행 방안을 제시한다. 현재 상황을 긍정적인 면을 통해 극복할 수 있도록 유도한다.

• 사고 방향

- 어떠한 가치가 있는가?

- 어떻게 구체화될 수 있는가?

④ **검정 모자**(Critical Thinking): 논리적, 부정적, 신중한 검토, 비판, 잠재 위험, 실패 요인, 오류

• 역할: 기존의 경험, 지식, 정보와 맞지 않는 것, 부정확한 것, 위험한 것 등을 논리적으로 제시한다. 아이디어를 검토하고 결점을 찾고 개선할 때 사용한다.

• 사고 방향

- 잠재적 위험은 어떠한 것이 있는가?

- 실패할 요인은 무엇인가?

- 무엇이 잘못될 수 있는가?

⑤ **빨간 모자**(Intuitive Thinking): 직감, 감정, 정서

• 역할: 두려움, 걱정, 의심, 예감 등 다양한 감정들에 의해 의견을 제시한다. 이때 의견의 정당성이나 이유, 근거는 필요 없다.

• 사고 방향

- 어떤 느낌이 드는가?

- 무엇이 매력적인가?

⑥ **파란 모자**(Thinking on Thinking): 통제, 초연함, 냉정함, 모니터링, 객관적, 사고의 정리, 결론 도출

• 역할: 객관적, 이상적 판단을 기반으로 사고를 정리하고 요약하여 결론을 제시한다. 리더의 역할로 효율적인 토론을 위해 시작 전 논점을 설정하기도 하고 사고와 다른 모자에 대한 지시와 통제를 하는 역할을 한다.

• 사고 방향

- 결론은 무엇인가?

- 더 필요한 부분이 있는가?

- 다음 할 일은 무엇인가?

| 6색 사고모자의 장점과 단점 |

① 장점

• 사고의 범위를 지정해 줌으로써 편하게 그 생각만 할 수 있다.

• 논쟁이 필요 없으므로 불필요한 감정 소모도 없으며 생각과 일의 속도가 빠르다.

• 한쪽으로 치우친 생각을 하지 않는다.

② 단점

• 각 단계 외에 다른 단계의 생각이나 아이디어가 있어도 당장 말할 수 없다.

• 의견이나 생각이 나지 않는 단계가 있으면 완벽하게 활용할 수 없다.

|INSIGHT|

생각은 걷는 자의 발끝에서 나온다

사고방식은 '논리적 사고'와 '창의적 사고'로 구분할 수 있다. '논리적 사고'는 개념적 수단, 특히 언어를 사용하는 논리 법칙에 적합한 사고방식이다. 그중에서도 논리적 사고는 추론적(推論的) 사고방식을 말한다. 주어진 상황이나 수집된 자료 또는 제시된 주장의 정당성을 증거와 합리적인 추론에 근거하여 평가하는 사고를 말한다.

반면에 '창의적 사고'는 어떤 사물을 합리적으로 추론하고 정당성을 찾기보다는 다양한 시각으로 보는 방법으로 새로운 아이디어를 가지고 접근하는 방식이다. 즉, 새로운 의견을 생각해 내는 것이다.

창의적 사고를 하는 접근 방법은 다양하다. 그중에서도 우리가 일상생활에서 쉽게 경험하고 연습할 수 있는 창의적인 접근 방법은 다음과 같다.

❶ 다양한 관점으로 접근하라.

다양한 관점으로 접근하는 것은 남들이 생각하지 못한 것을 묻고, 남들이 생각하지 못한 것을 답해 보는 것을 습관화하는 것이다. 즉, 새가 한 마리 날아가는 것을 보고 '새가 날아가네' 하는 평범한 생각을 넘어서 남이 하지 않는 새로운 생각을 해 보는 것이다. '새가 뒤로 날 수는 있을까?', '깃털이 없으면 새가 날 수 있을까?'와 같은 생각이다.

커피 한 잔에도 그냥 막연한 커피를 생각할 것이 아니라 '커피에 설탕 말고 소금을 넣으면 어떨까?', '커피에 달고나를 넣으면 어떨까?'라고 생각하여 소금 커피와 달고나 커피가 탄생했다. 더 나아가 '커피에는 항상 물을 부어야 하나? 밥에 비벼 먹으면 안 될까?', '아이스크림이랑 먹는 방법은 없을까?', '커피로 방석을 만들 순 없을까?'와 같은 전혀 다른 접근을 함으로써 밥 대신 빵에 뿌리는 커피로 케이크가 탄생했을 것이고, 엉뚱한 질문을 하여 어느 날 커피 향 나는 방석이 크게 히트할지도 모른다.

이와 같이 창의적인 사고를 하는 첫 번째 방법은 다양한 관점으로 접근하는 것이다.

❷ 관심을 가지고 자세히 관찰하라.

얼마 전 친구가 이것을 맞히면 커피 한 잔 사준다며 사진을 보내 주었다. 한참을 들여다봐도 무슨 꽃의 수술인 것 같기는 한데 잘 모르겠다고 하니 "자세히 보면 다른 세상이 보여." 하며 '자기애'라는 꽃말을 지닌 목련꽃 수술이라고 알려 주었다. 이 꽃 하나로 친구와 이런저런 이야기를 주고받으며 사고의 확장을 넓힐 수 있었다.

창의적인 사고를 높이려면 궁금한 것이 있을 때 한번 분해해 보는 것도 좋은 방법이다. 어렸을 적부터 나는 궁금한 것이 많아 그 대상을 뜯어보고 분해하는 일이 많았다. 그런데 공교롭게도 내 손은 똥손인지 분해하고 난 뒤 그것을 제대로 조립하지 못했다. 그런 이유로 어머니에게 자주 혼나기도 했다. 결혼 후 아내가 혼수로 해온 신혼살림 중에서 고장 난 것을 내가 분해한 후 다시 제대로 조립하거나 고친 적이 거의 없다. 그래서인지 몇 번의 시행착오를 목격한 아내는 무엇이든 고장 나면 절대로 나에게 수리를 맡기지 않는다. 아내뿐만 아니라 딸아이도 "아빠는 고장 내잖아."라는 말을 내가 무엇인가를 시도하기도 전에 내뱉는다. 덕분에 고장 내는 일은 없지만 동시에 무엇인가 새롭게 알아내는 일도 그만큼 줄어든 듯하다.

그럼에도 창의적으로 생각하기 위해서는 주변 세계에 관심을 가지고 관찰하는 태도와 분해하고 갈라 보는 습관을 길러야 한다. 자세히 살펴보고 관찰하면 새로운 것을 발견할 수 있다. 창의력은 새로운 관점으로 바라보고 다양한 경우를 생각해 보는 연습이기 때문이다. 태어날 때부터 창의적인 사람은 극소수이다. 대부분 창의적인 생활과 습관으로 만들어진다.

❸ 의도적으로 새로운 것을 시도해 보라.

얼마 전 지인이 페이스북에 평생 처음 당한 난감한 일을 올렸다. 국내 굴지의 설계회사 고위 임원인 지인은 어느 날 회사 유니폼 안쪽에 지갑을 넣어 둔 채로 재킷으로 갈아입고 진료차 친구가 운영하는 병원에 갔다. 그런데 진료를 마칠 때까지 지갑이 없던 것을 모르던 지인은 진료비 납부 때나 되어서야 지갑이 없는 것을 발견하고 병원장인 친구에게 진료비는 물론 약값까지 신세를 졌다. 다음에 술 한 잔 사기로 하고 병원을 나와 다음 스케줄인 국회도서관 강당으로 향했다. 세미나에 참석하려니 지갑 속의 신분증이 없어 출입을 못 하는 상황이 발생하였다. 하는 수 없이 아내에게 연락해 집에 있는 주민증과 돈을 가져오게 한 다음 차를 아내 편에 보내고 세미나에 참석했다. 세미나가 끝나고 집에 가려고 지하철을 오랜만에 탔다. 아내에게 현금만 받고 신용카드는 없는 상태라서 어렵게 물어 현찰로 지하철표를 구입하고 집 근처 전철역에 내려 마을버스를 타려니 신용카드가 아니라서 버스 환승이 안 되었다. 버스 요금이 얼마인지도 몰라 출입구에서 우물쭈물하다가 평생 처음으로 낯선 주민들과 마을버스 기사에게 핀잔만 듣고 버스도 못 탔다. 이건 아니다 싶어 정신을 차리고 집에 가는 방법을 어찌해야 할까 고민하려고 한적한 지하철역으로 다시 내려가는데 구두 밑이 허전했다. 아뿔싸! 구두 밑창이 터져 있었다. 순간 등에 식은땀이 나면서 머릿속이 하얗게 되었다. 아내에게 또다시 SOS를 청하여 겨우 집으로 돌아오고 나니 한심했다.

따지고 보면 회사에서 집도 제대로 못 찾아온 사람이 되었으니 지인은 참으로 난감했을 것이다. 나는 댓글에 '참으로 난감했겠다'는 동조가 아니라 '부사장님은 참 좋은 경험하셨다. 얼마나 좋은 경험을 했느냐? 난감하긴 했겠지만 또 다른 세상을 본 것에 대하여 감사하게 생각하시라.'라고 달았다. 그런 경험이 없이 계속 자가용으로 비서가 챙겨주는 일정대로만 움직이고 행동했다면 지하철을 어떻게 타고, 마을버스를 어떻게 환승하는지, 요금이 얼마인지, 구두 밑창이 나갔으면 어디서 어떻게 수리해야 하는지 몰랐을 것이다. 그러나 그런 경험을 하여 그분은 다음번에는 제대로 된 길 찾기를 할 수 있을 것이다. 운전 중에 주변의 구두수선 코너가 어디 있는지 눈길을 주었을 것이다. 그만큼 그분의 경험과 시야가 넓어진 것 아니겠는가?

이 밖에도 창의적인 사고를 하는 방법은 많다. 새로운 질문을 해본다거나, 평상시 관심 분야가 아니어도 '어, 이거 좋은 생각인데?'라는 것에 해당하는 다양한 정보를 수집하는 노력도 좋은 습관이고 방법이다. 또한 이렇게 다양하게 수집된 정보나 자료들을 연결하고 융합을 하고 재구성하는 습관을 길러서 제3, 제4의 창의적인 사고가 탄생할 수도 있다. 그리고 이와 같은 습관이나 연습에 더하여 기존에 개발된 창의력 사고 기법을 가미해 준다면 누구나 창의적인 생각을 할 수 있다.

고정관념에 빠질 경우 '미로 찾기'를 할 때 우리의 선택은 시작 소리와 함께 얼마나 빨리 미로 속으로 뛰어들어가느냐 하는 선택밖에 못 하게 된다. 빨리 들어가 봐야 겨우 힘들게 출구를 찾거나, 도중에 막혀 포기하는 수 말고는 없는데도 앞뒤, 옆을 안 보고 미로 안으로 들어가려고만 한다. 만일 어린아이의 동심이라면, 유연한 사고를 갖추고 있다면, 미로 찾기 게임이지만 반드시 그 안으로 들어가서 출구를 찾아야 하는 것이 아니라 밖으로 돌아 출구를 찾을 수도 있고, 혹시 다른 길은 없을까? 호기심을 발휘할 수도 있다.

4차 산업혁명 시대에 사고방식의 핵심은 유연성이다. 직진 본능이 아니라 상자 밖으로 나가서도 보고, 뒤집어서도 보고, 거꾸로도 보고, 분해도 해보고, 각종 호기심을 발휘해야 한다. 그리고 이를 위해서는 개인의 지식과 경험에는 한계가 있기 때문에 독서와 사색이 중요하다. 4차 산업혁명 시대에 150여 년 전에 살다 간 니체의 명언이 우리가 나아갈 방향을 인도하고 있다. "생각은 걷는 자의 발끝에서 나온다."

인사이트 좀 있는 사람

1판 1쇄 발행 2021년 4월 8일
1판 2쇄 발행 2021년 4월 19일

지은이 박병태
펴낸이 백미옥
펴낸곳 리더북스
출판등록 2004년 10월 15일(제2004-000132호)
주소 경기도 고양시 덕양구 지도로 84, 301호(토당동, 영빌딩)
전화 031)971-2691
팩스 031)971-2692
이메일 leaderbooks@hanmail.net

ISBN 979-11-90616-32-4 03320

- 잘못된 책은 서점에서 바꿔드립니다.
- 책값은 뒤표지에 있습니다.

리더북스는 독자 여러분의 책에 관한 아이디어와 원고 투고를 설레는 마음으로 기다리고 있습니다. 책으로 엮기를 원하는 아이디어가 있으신 분은 이메일 leaderbooks@hanmail.net로 간단한 개요와 취지, 연락처 등을 보내주세요.

INSIGHT
인사이트
좀 있는 사람